中国式

农业农村
现代化

姜长云 ◎ 著

人民东方出版传媒
东方出版社

图书在版编目（CIP）数据

中国式农业农村现代化 / 姜长云 著 . — 北京：东方出版社，2024.1
ISBN 978-7-5207-3493-6

Ⅰ.①中… Ⅱ.①姜… Ⅲ.①农业现代化－研究－中国②农村现代化－研究－中国 Ⅳ.① F320

中国国家版本馆 CIP 数据核字（2023）第 105759 号

中国式农业农村现代化
（ZHONGGUOSHI NONGYE NONGCUN XIANDAIHUA）

作　　者：	姜长云
责任编辑：	李　斌　王学彦　申　浩
出　　版：	东方出版社
发　　行：	人民东方出版传媒有限公司
地　　址：	北京市东城区朝阳门内大街 166 号
邮　　编：	100010
印　　刷：	北京明恒达印务有限公司
版　　次：	2024 年 1 月第 1 版
印　　次：	2024 年 1 月第 1 次印刷
开　　本：	660 毫米 × 960 毫米　1/16
印　　张：	18.25
字　　数：	180 千字
书　　号：	ISBN 978-7-5207-3493-6
定　　价：	68.00 元
发行电话：	（010）85924663　85924644　85924641

版权所有，违者必究

如有印装质量问题，我社负责调换，请拨打电话：（010）85924602　85924603

前言

一、中国式现代化与中国式农业农村现代化

党的二十大提出了新时代新征程中国共产党的使命任务，明确要"以中国式现代化全面推进中华民族伟大复兴"[1]。2023年12月召开的中央经济工作会议进一步强调，"必须把推进中国式现代化作为最大的政治，在党的统一领导下，团结最广大人民，聚焦经济建设这一中心工作和高质量发展这一首要任务，把中国式现代化宏伟蓝图一步步变成美好现实"，要"以高质量发展的实际行动和成效，为以中国式现代化全面推进强国建设、民族复兴伟业作出新的更大贡献"[2]。

习近平总书记早就强调，"农业农村农民问题是关系国计民生

---

[1] 《党的二十大报告辅导读本》，人民出版社2022年版，第19、20页。
[2] 《中央经济工作会议在北京举行　习近平发表重要讲话》，学习强国网，https://www.xuexi.cn/lgpage/detail/index.html?id=14397309329 05317640&item-id=1439730932。

的根本性问题，必须始终把解决好'三农'问题作为全党工作重中之重""新时代'三农'工作必须围绕农业农村现代化这个总目标来推进""没有农业农村现代化，就没有整个国家现代化。在现代化进程中，如何处理好工农关系、城乡关系，在一定程度上决定着现代化的成败""实现农业农村现代化是全面建设社会主义现代化国家的重大任务，是解决发展不平衡不充分问题的必然要求"。[①]在2023年12月19日至20日召开中央农村工作会议前，习近平总书记对"三农"工作作出重要指示时强调，"以加快农业农村现代化更好推进中国式现代化建设"。[②]可见，中国式农业农村现代化是中国式现代化至关重要的子系统，推进中国式农业农村现代化对于全面推进强国建设、民族复兴伟业具有举足轻重的重大意义。中国式农业农村现代化，也是观察中国式现代化的一个重要窗口。

党的十八大以来，在以习近平同志为核心的党中央坚强领导下，中国农业农村发展出现沧桑巨变，推进中国式农业农村现代化已有良好开端。到2023年，我国粮食总产量连续9年超过65000万吨，2023年已达69541万吨；农村居民人均可支配收入增速连续多年超过城镇居民人均可支配收入增速，城乡收入差距不断缩小。乡村振兴的成长范例竞相涌现。乡村产业串珠成链、成群结网的发展，不仅诠释着带动农民增收致富的密码，还通过

[①] 习近平:《论"三农"工作》，中央文献出版社2022年版，第221、274、276、301页。
[②] 《中央农村工作会议在京召开　习近平对"三农"工作作出重要指示》，中国政府网，https://www.gov.cn/govweb/yaowen/liebiao/202312/content_6921467.htm。

提升乡村产业发展水平、乡村建设水平、乡村治理水平相得益彰，不断谱写着"有力有效推进乡村全面振兴，以加快农业农村现代化更好推进中国式现代化建设"的壮丽篇章。

20年前发端于浙江的"千万工程"，已经成为建设宜居宜业和美乡村的"灯塔工程"，成为探索中国式农业农村现代化道路的"旗舰工程"。其体现的发展理念、工作方法和推进机制，正在深刻影响中国式农业农村现代化进程，为我们在此进程中"集中力量抓好办成一批群众可感可及的实事"提供了榜样。

近年来，各具特色的乡村文化符号、乡村品牌产品活力四射，正在成为加快农业农村现代化的"宝塔"。新型经营（服务）主体昭示的科技范儿，土特产经济显露的人文情，从不同角度擦除着人们对农业乡村的传统记忆，也一再让世人刮目相看。产业融合、城乡融合、数字农业、数字乡村、城乡医疗卫生共同体、城乡教育共同体，带动乡村活力竞相迸发，乡村魅力不断彰显，乡村潜力加快释放，城乡公共服务均等化水平明显提升。农业农村现代化的进展，日益彰显了美丽中国的乡风乡韵乡情，昭示着和美乡村的农耕农趣农味；也推动"让农民就地就近过上现代文明生活"由梦想走进现实。中国农民乃至城乡居民的美好生活，日益吸引全球的关注和世界的目光。推进中国式农业农村现代化的进展，不仅点燃了推动中国式现代化高质量发展的激情，也不断刷新着对中国式现代化的期待。

二、使命、责任与努力

国家的呼唤、时代的要求,就是研究者的使命。在 2023 年 12 月中央经济工作会议、中央农村工作会议召开之际,笔者推出了《中国式农业农村现代化》这本书。希望通过这本书,帮助我们更好地理解什么是中国式农业农村现代化,何为推进中国式农业农村现代化的底线思维,中国式农业农村现代化应该向何处去,应该怎样推进中国式农业农村现代化。也希望借助这本书,引发各位朋友和亲爱的读者更多关注中国式农业农村现代化,更好地讨论中国式农业农村现代化,也更多助力中国式农业农村现代化。刚刚举行的中央经济工作会议要求"切实增强做好经济工作的责任感使命感,抓住一切有利时机,利用一切有利条件,看准了就抓紧干,能多干就多干一些,努力以自身工作的确定性应对形势变化的不确定性"。这句话对推进中国式农业农村现代化也是适用的。

习近平总书记在党的二十大报告中提出,"中国式现代化,是中国共产党领导的社会主义现代化,既有各国现代化的共同特征,更有基于自己国情的中国特色"。[①] 中国式农业农村现代化是推进中国式现代化最艰巨最繁重的任务。在 2017 年 12 月召开的中央农村工作会议上,习近平总书记就强调,"如期实现第一个百年奋斗目标并向第二个百年奋斗目标迈进,最艰巨最繁重的任务在农

---

① 《党的二十大报告辅导读本》,人民出版社 2022 年版,第 20 页。

村，最广泛最深厚的基础在农村，最大的潜力和后劲也在农村"。[①]那么，如何读懂中国式农业农村现代化？本书第一章将通过三个关键词，与大家共同探讨如何理解中国式农业农村现代化。在此基础上，进一步探讨中国式农业农村现代化的政策寓意和政策导向。最后，将中国式农业农村现代化放到中国式现代化的坐标系中进行考察，力求放宽视野，帮助我们更好地深化对中国式农业农村现代化的认识。

近年来，习近平总书记反复强调要统筹发展和安全，要坚持底线思维和极限思维，采取有力措施防范化解重大风险。2023年12月召开的中央经济工作会议进一步强调，坚持不懈抓好"三农"工作，要"以确保国家粮食安全、确保不发生规模性返贫为底线""毫不放松抓好粮食等重要农产品稳定安全供给""必须坚持高质量发展和高水平安全良性互动，以高质量发展促进高水平安全，以高水平安全保障高质量发展，发展和安全要动态平衡、相得益彰"。[②] 2023年12月召开的中央农村工作会议要求"抓好粮食和重要农产品生产""提高产业和就业帮扶实效，推动建立农村低收入人口和欠发达地区常态化帮扶机制"。[③]那么，推进中国式农业农村现代化应该如何坚持底线思维呢？本书第二章对此进行了回答，在推进中国式农业农村现代化的过程中，要注意守住确

---

① 习近平：《论"三农"工作》，中央文献出版社2022年版，第237页。
② 《中央经济工作会议在北京举行 习近平发表重要讲话》，学习强国网，https://www.xuexi.cn/lgpage/detail/index.html?id=14397309329053176 40&item-id=1439730932。
③ 《中央农村工作会议在京召开 习近平对"三农"工作作出重要指示》，中国政府网，https://www.gov.cn/govweb/yaowen/liebiao/202312/content_6921467.htm。

保国家粮食安全和重要农产品有效供给、确保不发生规模性返贫两条底线。结合巴西案例进一步强调，动摇了其中一条底线，很可能导致另一条底线失守。在此基础上提出，拓展联农带农的视野，有利于夯实推进中国式农业农村现代化的底线。

中国式农业农村现代化是与乡村振兴密切相关的两个概念。习近平总书记早就强调，"农业农村现代化是实施乡村振兴战略的总目标，坚持农业农村优先发展是总方针，产业兴旺、生态宜居、乡风文明、治理有效、生活富裕是总要求，建立健全城乡融合发展体制机制和政策体系是制度保障"。2023年12月召开的中央经济工作会议提出，"要锚定建设农业强国目标，学习运用'千万工程'经验，有力有效推进乡村全面振兴"[1]。同月召开的中央农村工作会议要求"锚定建设农业强国目标，把推进乡村全面振兴作为新时代新征程'三农'工作的总抓手"[2]。那么，应该如何看待加快建设农业强国与全面推进乡村振兴的关系？我们认为，全面推进乡村振兴包括加快建设农业强国和建设宜居宜业和美乡村两大支柱。2023年元月，我在东方出版社出版了《农业强国》一书，这是国内第一本关于农业强国的研究专著。在此基础上，我们对农业强国问题进行了进一步研究，相关研究成果构成本书第三章。该章提出，中国式农业农村现代化是加快建设农业强国的行动指南，在加快建设农业强国的过程中需要廓清加快建设农业强国与

---

[1] 《中央经济工作会议在北京举行　习近平发表重要讲话》，学习强国网，https://www.xuexi.cn/lgpage/detail/index.html?id=1439730932905317640&item_id=1439730932。
[2] 《中央农村工作会议在京召开　习近平对"三农"工作作出重要指示》，中国政府网，https://www.gov.cn/govweb/yaowen/liebiao/202312/content_6921467.htm。

实现农业现代化、与建设宜居宜业和美乡村、与全面推进乡村振兴、与中国式现代化等几组重要关系。随着农业强国建设的推进，部分省份把推进农业强省建设作为促进农业强国建设落地见效的现实举措，构建农业强国、农业强省指标体系并衡量其进展，成为许多研究者乃至地方政府面临的现实课题。那么，怎样看待农业强国、农业强省及其衡量，该章第三节将聚焦回答这一问题。鉴于加快建设农业强国亟待深化相关理论和政策研究，该章第四节提出要强化包容互动式研究，以便更好地服务于加快建设农业强国的实践需求。

2023年12月召开的中央经济工作会议要求"集中力量抓好办成一批群众可感可及的实事，建设宜居宜业和美乡村"[①]。同月召开的中央农村工作会议要求"学习运用'千万工程'经验，因地制宜、分类施策，循序渐进、久久为功""从农民群众反映强烈的实际问题出发，找准乡村振兴的切入点，提高工作实效"。本书第四章将聚焦探讨建设宜居宜业和美乡村问题。实际上，近年来，我们党关于建设宜居宜业和美乡村的理论逐步成熟和丰富起来，在实践上建设宜居宜业和美乡村也由盆景逐步转化为愿景乃至风景。浙江实施的"千万工程"就是建设宜居宜业和美乡村的率先探索。剖析"千万工程"的创新意义和时代价值，对于有力有效推进乡村全面振兴、建设宜居宜业和美乡村，也有重要的启发价值。在建设宜居宜业和美乡村、全面推进乡村振兴的过程中，

---

① 《中央经济工作会议在北京举行　习近平发表重要讲话》，学习强国网，https://www.xuexi.cn/lgpage/detail/index.html?id=1439730932905317640&item-id=1439730932。

发展乡村产业具有重要地位。习近平总书记反复强调，产业兴旺"是解决农村一切问题的前提"[①]。2003年，浙江启动"千万工程"，从农村环境整治和人居环境改善入手，但当时乡镇企业或乡村产业的大发展是其重要的背景条件。除农业外，乡村企业往往是乡村产业的重要载体，那么，应该如何看待乡村企业的特殊性？本章第三节提出，重视乡村企业的特殊性，对于乡村企业进而乡村产业高质量发展至关重要。2023年12月召开的中央经济工作会议要求，"以提升乡村产业发展水平、提升乡村建设水平、提升乡村治理水平为重点"[②]，建设宜居宜业和美乡村。那么，在建设宜居宜业和美乡村的过程中，如何做到促进乡村发展、乡村建设、乡村治理相得益彰？本章第四节将聚焦回答这一问题。

推进中国式农业农村现代化，调动一切积极因素，完善其赋能机制至关重要。本书第五章着重从改革赋能、科技赋能、融合赋能三个维度，探讨了如何赋能中国式农业农村现代化的问题。2023年12月召开的中央经济工作会议强调，"必须把坚持高质量发展作为新时代的硬道理"。[③]改革赋能、科技赋能、融合赋能中国式农业农村现代化，归根结底是为了促进中国式农业农村现代化高质量发展。当然，做好改革赋能、科技赋能、融合赋能的文章，也需要创新思维。该章还专设一节以农村金融改革为例，就

---

① 习近平：《论"三农"工作》，中央文献出版社2022年版，第237页。
② 《中央经济工作会议在北京举行　习近平发表重要讲话》，学习强国网，https://www.xuexi.cn/lgpage/detail/index.html?id=1439730932905317640&item-id=1439730932。
③ 《中央经济工作会议在北京举行　习近平发表重要讲话》，学习强国网，https://www.xuexi.cn/lgpage/detail/index.html?id=1439730932905317640&item-id=1439730932。

如何创新改革赋能机制进行了探讨，希望这种探讨对于如何赋能中国式农业农村现代化有实质性的启发。

三、坚持"两个结合"推动中国式农业农村现代化

党的二十大报告提出，"只有把马克思主义基本原理同中国具体实际相结合、同中华优秀传统文化相结合，坚持运用辩证唯物主义和历史唯物主义，才能正确回答时代和实践提出的重大问题，才能始终保持马克思主义的蓬勃生机和旺盛活力"[1]。习近平总书记强调，"在五千多年中华文明深厚基础上开辟和发展中国特色社会主义，把马克思主义基本原理同中国具体实际、同中华优秀传统文化相结合是必由之路"[2]；推进中国式农业农村现代化的新征程已经开启。"实践没有止境，理论创新也没有止境。"[3] 推进中国式农业农村现代化，作为发展中国特色社会主义的重要路径，也要将坚持"两个结合"作为制胜法宝。

本书完稿之际，我有幸参加了由中宣部和中央党校（国家行政学院）主办的"宣传思想文化领域高层次人才研修班（第2期）"，学习习近平文化思想是其重要内容。通过学习，进一步理解"两个结合"的重大意义，深刻感知推动高质量发展、全面建设社会主义现代化国家必须高举"两个结合"的大旗，推进中国

---

[1] 《党的二十大报告辅导读本》，人民出版社2022年版，第20页。
[2] 习近平："在文化传承发展座谈会上的讲话"，《求是》2023年第17期。
[3] 《党的二十大报告辅导读本》，人民出版社2022年版，第20页。

式农业农村现代化走深走实和行稳致远。

近年来，部分地区"村 BA""村超""村排""村晚"亮点纷呈，草编、藤编、柳编、互联网＋精彩夺目，不断转换成推进农业农村现代化的兴奋点，也提醒我们在全面推进乡村振兴、加快农业农村现代化的过程中，坚持"两个结合"，坚守马克思主义这个魂脉、中华优秀传统文化这个根脉，有着无尽的潜力。也只有这样，才能走好中国式农业农村现代化这盘棋，让全面推进乡村振兴的过程不断变成"广泛汇聚各方力量"，不断提升广大农民乃至城乡居民获得感幸福感安全感的过程。

阳光总在风雨后！只要心中有梦、眼中有光、脚下有路，未来的精彩一定会超出我们的期待。在全面推进乡村振兴、加快农业农村现代化的过程中，只要我们永葆一往无前的信念，坚持仰望星空、脚踏实地，面向未来、立足当下，注意改进工作方式方法，把握好工作时度效，相信美好的未来一定值得今天的我们喝彩。风雨过后见彩虹！推进中国式农业农村现代化的希望，就在我们自己手中！

姜长云

于国宏大厦，2023 年 12 月 23 日

目　录

第一章　读懂中国式农业农村现代化　/ 001

　　一、三个关键词　/ 002

　　二、政策寓意和政策导向　/ 019

　　三、放宽视野：理解中国式现代化坐标系　/ 026

第二章　中国式农业农村现代化的底线思维　/ 048

　　一、底线Ⅰ：保障粮食和重要农产品稳定安全供给　/ 049

　　二、确保不发生规模性返贫　/ 057

　　三、换个角度看底线：卢拉的眼泪及其启示　/ 078

　　四、拓宽联农带农的视野　/ 089

第三章　加快建设农业强国　/ 095

　　一、行动指南：中国式农业农村现代化　/ 096

　　二、需要廓清的几个重要关系　/ 103

　　三、农业强国、农业强省建设的衡量　/ 122

四、强化包容互动式研究　/ 140

第四章　建设宜居宜业和美乡村　/ 147

一、宜居宜业和美乡村：盆景、愿景与风景　/ 148

二、"千万工程"的创新意义和时代价值　/ 156

三、重视乡村企业特殊性　/ 183

四、促进乡村发展、乡村建设、乡村治理相得益彰　/ 205

第五章　赋能中国式农业农村现代化　/ 219

一、廓清改革赋能的方向　/ 219

二、改革赋能呼唤新思维：以农村金融改革为例　/ 237

三、科技赋能：直面发展要求、发展环境新变化　/ 249

四、融合赋能：激活农业农村现代化新动能　/ 262

后记　/ 276

第一章

读懂中国式农业农村现代化

习近平总书记在党的十九大报告中部署实施乡村振兴战略时，明确要求"加快推进农业农村现代化"，后来他又反复强调"没有农业农村现代化，就没有整个国家现代化""新时代'三农'工作必须围绕农业农村现代化这个总目标来推进""实现农业农村现代化是全面建设社会主义现代化国家的重大任务"[1]。在党的二十大报告中，习近平总书记明确提出要"以中国式现代化全面推进中华民族伟大复兴"，强调"我们党成功推进和拓展了中国式现代化"，并就中国式现代化的特征、本质要求和前进道路上必须牢牢把握的重大原则进行了深度阐释[2]。既然我们要推进的现代化道路是中国式现代化道路，那么，我们要加快推进的农业农村现代化、要实现的农业农村现代化总目标也应是中国式农业农村现代化。

---

[1] 习近平：《论"三农"工作》，中央文献出版社2022年版，第274、276、301页。
[2] 《党的二十大报告辅导读本》，人民出版社2022年版，第19—25页。

一、三个关键词

在学习党的二十大精神的过程中，很自然产生一些问题：什么是中国式农业农村现代化？应该怎样科学把握中国式农业农村现代化的科学内涵和核心要义？我们认为，要科学回答这些问题，需要科学把握中国式农业农村现代化、高质量发展、开局起步的关键时期三个关键词。

（一）中国式农业农村现代化

中国式农业农村现代化，首先是农业农村现代化，应该具有各国农业农村现代化的共同特征或一般性。现代化意味着社会经历了前所未有、极其广泛、复杂深刻的社会变革，意味着经济生产能力的巨大飞跃和以人为本程度的明显加深。[1] 现代化标志着从传统社会向现代社会的历史性进步，涵盖包括从经济到政治、社会、文化、生态等多个方面的整体性变迁，具有时间上的动态性、空间上的全球性、内容上的全面性、主体上的层次性、路径上的多元性、进程上的长期性等特点。[2] 农业农村现代化也是如此。

与此同时，中国式农业农村现代化仅此是远远不够的，还应具有基于国情农情的特殊性，体现鲜明的中国特色和时代要求。比如，面向全面建设社会主义现代化国家新征程的新需求新使命，应该是中国式农业农村现代化必须坚守的基调。大国小农是中国

---

[1] 吴忠民：《中国现代化论》，商务印书馆2019年版，第1—9页。
[2] 邓智平等：《现代化十讲》，华中科技大学出版社2019年版，第13页。

的基本国情,决定了促进小农户与现代农业发展有机衔接,应该是推进中国式农业农村现代化必须坚持的主线。尽管随着农业现代化的发展,农业经营主体的经营规模将在总体上呈现不断扩大的趋势,但是农业经营主体的经营规模并非"越大越好",要与农业劳动力转移程度和农村劳动力转移能力相适应。如果片面追求扩大农业经营主体的经营规模,推动农户土地向少数人集中,导致大量农村劳动力退出农业后无业可就,不仅有可能妨碍农民农村共同富裕,不利于农村经济社会的稳定,而且与中国国情农情也是不相适应的。又比如,中国人多地少,人均耕地面积和农业劳均耕地面积明显少于人少地多的农业强国。2018年我国人均耕地面积0.09公顷,按农业就业人数计算的农业劳均耕地面积0.59公顷;而美国、加拿大和澳大利亚,同年人均耕地面积分别为0.48公顷、1.04公顷和1.24公顷,农业劳均耕地面积分别为72.34公顷、135.76公顷和94.62公顷。[①] 因此,我国在推进农业农村现代化的过程中,仍要持续注意提高农业劳动生产率,努力缩小与美国、加拿大、澳大利亚等现有农业强国的差距。但如果不顾人均耕地等资源禀赋的差异,简单要求我国农业劳动生产率达到与美国、加拿大、澳大利亚大致相当的水平,并为此片面追求扩大农业土地经营规模,也属于不切实际的苛求,不仅无益甚至有害于

---

① 此处选择2018年,主要是考虑相关国家数据的齐备性,近年来各国这方面的数据变化不大。人均耕地面积数据来自世界银行,https://data.worldbank.org/indicator/AG.LND.ARBL.HA.PC?view=chart。农业劳均耕地面积=耕地面积/农业就业人数,其中耕地面积数据来自世界银行,https://data.worldbank.org/indicator/AG.LND.ARBL.HA;农业就业人数数据来自联合国粮农组织(FAO),https://www.fao.org/faostat/en/#data/OE。

农业农村现代化的推进和农业强国建设。

在现代化研究方面，很早就有学者强调，现代化意味着多样化发展模式的出现，形成这种现象的最重要原因，一是不同国家现代化开始的时间不同，二是不同的民族传统；不同现代化模式之间相互参照、竞争和合作，为现代化建设提供了更加可持续的推动力量。[①]中国老一辈领导人邓小平很早也强调"我们搞的现代化，是中国式的现代化。我们建设的社会主义，是有中国特色的社会主义"[②]。长期以来，党中央的一系列重要文件也都反复强调要走中国特色社会主义现代化道路。但是，立足新时代新征程，进一步强调走中国式的农业农村现代化道路，更加具有重要性和紧迫性。主要原因包括：

1.现代化≠简单引进"欧风美雨"，谨防"甲之蜜糖乙之砒霜"是必要的。

无论是在国内外农业农村现代化思潮中，还是在我国推进农业农村现代化的实践中，都存在一种倾向，似乎推进农业农村现代化的过程，就是向欧美农业农村发展看齐的过程，就是引进"欧风美雨"滋润我国农业农村发展的过程。殊不知，作为后发型发展中国家，我国的农业农村现代化，与欧美发达国家相比在起步条件、发展环境上都有很大区别，甚至要把欧美等先发型发达国家阶段继起的现代化过程，叠合成后发型发展中国家现代化不同阶段并进的过程。如许多先发型发达国家的农业现代化，走

---

① 吴忠民:《中国现代化论》，商务印书馆 2019 年版，第 17—22 页。
② 习近平:《习近平谈治国理政》第四卷，中央文献出版社 2022 年版，第 123 页。

过的是先农业机械化,再农业信息化的道路。而我国推进农业现代化,至少当前就已经强烈需要将推进农业机械化与推进农业信息化结合起来。即便不考虑这一点,由于资源禀赋等国情农情不同,将欧美发达国家现代化过程中的成功经验引进我国,也可能遇到"水土不服"的问题。习近平总书记在中共十九届五中全会上的讲话中强调,"世界上既不存在定于一尊的现代化模式,也不存在放之四海而皆准的现代化标准",要"坚定不移推进中国式现代化"[①]。在讨论中国式农业农村现代化问题时,这是值得深刻领悟的。

2. 向发展经济的成功经验学习是非常重要的,从失败的原因中学习也同样是有益的。[②]

坚持中国式农业农村现代化的理念和政策思维,有利于全面、辩证看待和科学借鉴国内外推进农业农村现代化过程的经验教训,推进我国农业农村现代化高质量发展。任何一个国家的现代化过程,不可能全是成功经验,往往是经验、教训相伴而生,在相当程度上甚至可以说,农业农村现代化的成功,往往是成功经验和失败教训循环往复、反复较量的结果,只不过"成功者的缺陷容易被鲜花掩盖,成功者的泪水容易被掌声淹没"。坚持推进中国式农业农村现代化的理念和政策思维,不仅有利于统筹把握发达国家推进农业农村现代化的经验教训,提高科学借鉴水平,也有利

---

① 习近平:《习近平谈治国理政》第四卷,中央文献出版社2022年版,第123页。
② 速水佑次郎、神门善久:《发展经济学——从贫困到富裕》(第三版),社会科学文献出版社2009年版,第3页。

于科学把握当前我国时代特征和特定民族传统对我国推进农业农村现代化的影响。因为"合理区分特定的时代内容和特定的民族传统,是合理理解现代化模式的关键所在",特定民族传统往往既非过去时,又非将来时,而是贯穿过去、现在和将来的东西[①],深刻影响所在国家的行为方式和决策选择,也会潜移默化地给所在国家的农业农村现代化过程打上深刻烙印。坚持中国式农业农村现代化的理念和政策思维,有利于科学把握农业农村现代化的发展规律,在借鉴国外经验、教训的同时,更好地立足本国国情和时代特征,向自身历史和优秀传统文化学习。从我国农业农村发展的历史演变和经验教训中,从农业农村现代化理论逻辑、历史逻辑、实践逻辑的结合中,系统汲取推进中国式农业农村现代化的动力,有助于更好地矫正未来发展的方向。借此,明晰我国农业农村发展的现在从哪里来、应该向何处去,中国特色农业农村现代化道路的演变逻辑和发展路径何在。而这,有利于未来的中国式农业农村现代化道路越走越宽广、越走越稳健扎实。

3. 推进中国式农业农村现代化也要居安思危,结合时代要求对先发型国家经验"批判性学习"。

坚持中国式农业农村现代化的理论和政策思维,有利于更好地统筹发展和安全,更好地应对推进农业农村现代化过程中可能面临的各种困难和风险挑战。从国内外经验来看,推进农业农村现代化的过程,往往会面临大量、始料不及甚至前所未有的社会

[①] 吴忠民:《中国现代化论》,商务印书馆2019年版,第19—20页。

风险。究其原因，与现代社会构成日趋繁杂多样、社会经济体量巨大、现代化不平衡推进和现代化过程的波及面广大，都有很大关系。[1]固然，"工业较发达的国家向工业较不发达的国家所显示的，只是后者未来的景象"[2]，但是，对这段话的绝对化片面化理解，也容易形成误导，并助长后发型发展中国家农业农村现代化过程中对发达国家亦步亦趋、东施效颦的行为，不利于推动农业农村现代化高质量发展。结合国情农情，基于推进中国式农业农村现代化的理念和政策思维，对发达国家、先发型现代化国家推进农业农村现代化过程的经验教训，秉持"批判式学习""科学扬弃"的态度，有利于在推进农业农村现代化的过程中"增强忧患意识，坚持底线思维，做到居安思危、未雨绸缪，准备经受风高浪急甚至惊涛骇浪的重大考验"[3]。何况，在推进农业农村现代化的过程中，过去认为是正确的做法，从今天看来未必如此。反之则反是。有些政策在解决当前问题的同时，也为新的问题形成埋下伏笔，甚至政策目标与政策结果差异悬殊也难以避免。[4]秉持中国式农业农村现代化的理念和政策思维，有利于我们在推进农业农村现代化的过程中，更好地尊重规律、敬畏历史、敬畏文化、敬畏生态，审慎决策、审慎用权，多做一些惠民生、暖民心、利国家、利长远的好事实事，努力规避盲目乐观和简单化、乱作为。

---

[1] 吴忠民：《中国现代化论》，商务印书馆2019年版，第13—17页。
[2] 马克思、恩格斯：《马克思恩格斯全集》第二版，人民出版社2001年版，第44页。
[3] 习近平：《高举中国特色社会主义伟大旗帜 为全面建设社会主义现代化国家而团结奋斗——在中国共产党第二十次全国代表大会上的报告》，《党的二十大报告辅导读本》，人民出版社2022年版，第24页。
[4] 姜长云：《全球农业强国的共同特征和经验启示》，《学术界》2022年第8期。

（二）高质量发展

习近平总书记在党的二十大报告中提出，"高质量发展是全面建设社会主义现代化国家的首要任务"，并将实现高质量发展作为中国式现代化本质要求的重要内容。早在中共十九届五中全会上，习近平总书记所作《关于〈中共中央关于制定国民经济和社会发展第十四个五年规划和二〇三五年远景目标的建议〉的说明》中就强调，新时代新阶段的发展"必须是高质量发展""经济、社会、文化、生态等各领域都要体现高质量发展的要求"[①]。在推进中国式农业农村现代化的过程中，以推动高质量发展为主题，需要在实践中注意以下问题。

1. 基于人口规模巨大这个国情农情，找准推进中国式农业农村现代化的独特条件。

2022年年末，中国人口总规模141175万人，其中城镇人口和乡村人口分别有92071万人和49104万人，分别占65.2%和34.8%。[②]因此，推动中国式农业农村现代化至少应该注意以下几个问题。

（1）由于惠及人口众多，推进中国式农业农村现代化应该有时不我待的紧迫感。从现行趋势看，到2035年，我国城镇化率很可能超过70%，甚至在75%上下。即便按70%计算，届时乡村人口仍然会在4亿人上下。推进乡村振兴的进展如何，实现农

[①] 习近平：《习近平谈治国理政》第四卷，中央文献出版社2022年版，第113—114页。
[②] 本文数据凡未注明出处者，均来自《中国统计摘要·2022年》或国家统计局网站"数据查询"，https://data.stats.gov.cn。

业农村现代化的成色怎样，不仅通过城乡之间的相互联系、相互作用，影响城市居民的民生福祉；更会与4亿—5亿乡村人口的获得感、幸福感、安全感密切相关。尤其是在解决4亿—5亿乡村人口的急难愁盼问题方面，如果没有明显的进展，推进乡村振兴或中国式农业农村现代化就无从谈起，更不要说中国式现代化了。中国人口老龄化的发展状况，还进一步增加了推进中国式农业农村现代化的紧迫性。2022年，我国0—15岁、16—59岁、60周岁及以上人口和65周岁及以上人口分别占总人口的18.1%、62.0%、19.8%和14.9%，进入中度老龄化社会。以2020年11月1日零时为普查登记的标准时点，第七次全国人口普查资料显示，65周岁及以上人口占总人口比重超过全国平均水平1个百分点及以上的省份有辽宁（17.4%）[①]、重庆（17.1%）、四川（16.9%）、上海（16.3%）、江苏（16.2%）、吉林（15.6%）、黑龙江（15.6%）、山东（15.1%）、安徽（15.0%）、湖南（14.8%）、天津（14.8%）、湖北（14.6%）12个省市。可见，我国人口老龄化程度比较高的省份，主要集中在东北地区、长三角地区和大多数粮食主产区，我国13个粮食主产区的省份中有9个位列其中。大量调研显示，近年来，在我国人口老龄化迅速发展的同时，随着农村青壮年劳动力大量进城，农村人口老龄化发展更快。这些方面进一步增加了我国推进农业农村现代化的难度。

（2）推进中国式农业农村现代化应该牢固坚持扩大内需这个

---

① 括号中的数据为65岁及以上人口占总人口的比重。下同。

战略基点，充分利用人口规模巨大提供的有利条件。由于人口规模巨大，任何一个经济体量除以14亿人口都是小数，任何一种需求乘以14亿人口都是大数。随着消费水平提高和消费结构升级，特别是随着人口总量增长见顶回落，我国许多传统产业的需求已达规模峰值，今后要日益重视走稳量提质增效，甚至减量提质增效的道路。因此，今后许多乡村传统产业发展，应该更加重视深化供给侧结构性改革，强化增加有效供给、减少无效供给能力，并完善相关体制机制保障。但是，与此同时，消费水平提高和消费结构升级，也在不断催生各种新型消费需求。尽管相对于传统消费需求，这些新型消费需求往往呈现个性化、多样化特点，人均需求量很小，甚至部分人有需求与更多人无需求并存，但14亿人口这个庞大乘数，也可以将其汇聚成庞大的需求体量，为乡村产业新业态新模式的成长提供巨大需求空间。中国不仅人口众多，而且幅员辽阔，许多地方具有独特的资源优势、民间技艺和历史文化基础，为小众型产业发展和满足个性、细分、长尾市场需求提供了便利。这些个性、细分、长尾市场的需求者尽管单体需求很小、分布比较零散，但14亿人口中哪怕千分之一有需求，也可以聚沙成塔、集腋成裘，为相关小众产业发展提供良好的需求拉动。况且，当今世界，互联网和数字经济发展日新月异，其良好的链接和匹配功能更是为集聚这种零碎需求创造了便利，容易让小众型产业发展如虎添翼。这是世界上绝大多数国家难以具备的推进产业发展的有利条件。对乡村产业发展而言也是如此。

（3）推进中国式农业农村现代化应该注意调动一切积极因素，

鼓励、吸引其成为全面推进乡村振兴的参与者和助推者。庞大的人口规模不仅会带来庞大的人口需求，也会带来庞大的劳动力规模和宽广的要素来源渠道。因此，在推进中国式农业农村现代化的过程中，不仅要注意发挥农民对全面推进乡村振兴的主体作用，也要注意激发城市居民、城市企业参与乡村振兴的主动性和积极性。近年来，有些地方通过吸引乡贤返乡、城市居民下乡等方式，激发城市居民特别是各类人才参与乡村振兴，就是很好的尝试。乡贤返乡、城市人口和人才下乡，除支持农业农村发展的直接效应外，还会通过吸引城市需求、人才、人口和人才的社会关系网络下乡，拓展社会力量助力农业农村现代化的渠道。

2.面向推动全体人民共同富裕的要求，扎实推进中国式农业农村现代化可持续发展。

习近平总书记很早就提出"共同富裕是社会主义的本质要求，是中国式现代化的重要特征"，现在"已经到了扎实推动共同富裕的历史阶段"[1]。当前，就总体而言，我国城乡差距仍然较大，坚持把实现人民对美好生活的向往作为现代化建设的出发点和落脚点，需要重视推进中国式现代化的突出短板仍是中国式农业农村现代化。因此，要坚持农业农村优先发展方针，在加快中国式农业农村现代化上更加奋发有为。推动全体人民共同富裕，不是整齐划一、步调一致的"均贫富"，而是承认城乡之间、区域之间和不同人群之间合理差距，并强调循序渐进的差别富裕。因此，在加快推进中国式农业农村现代化的过程中，要科学把握城乡之间、区

---

[1] 习近平：《扎实推动共同富裕》，《求是》2021年第10期。

域之间、不同人群之间需求分化、收入分化的实际，将推动共同富裕、促进农民农村共同富裕，建立在尊重现实基础和发展条件、发展环境差距，并激发不同利益相关者参与乡村振兴主动性、积极性、创造性的基础之上；通过深化体制机制创新，着力培育推进乡村振兴的"命运共同体"，着力构建推进农业农村现代化"八仙过海，各显神通"的格局；防止误伤农民或其他利益相关者参与乡村振兴的热情，要注意针对不同利益相关者参与乡村振兴的不同需求，引导其形成推动乡村振兴和农业农村现代化的政策合力。

仍从第七次全国人口普查资料来看，65周岁及以上人口占总人口比重低于全国平均水平1个百分点及以上的省份主要有西藏（5.7%）、新疆（7.8%）、广东（8.6%）、青海（8.7%）、宁夏（9.6%）、海南（10.4%）、福建（11.1%）、江西（11.9%）、贵州（11.6%）、云南（10.8%）、广西（12.2%）等。可见，我国人口老龄化程度比较低的省区，主要包括3类，一是广东、福建、海南3个沿海省份，二是江西这个邻近沿海省份的内陆省份，其他7省区均为西部地区，且属于西部12省区中资源优势较为独特、发展基础相对较差的。将这组数据与前述65周岁及以上人口占总人口比重超过全国平均水平1个百分点及以上的省份进行比较可见，在推进中国式农业农村现代化的过程中，一方面，要全面把握不同类型地区、不同类型人群各自的比较优势和发展需求，增强政策的针对性和有效性，在着力提高发展的平衡性、协调性和包容性上下功夫，推动更好地实现全体人民共同富裕；另一方面，要着力在做好"以特制胜"上做文章，通过增强推进农业农村现代化的区域特色和竞争优势，培育不同类型地区推进农业农村现代化各展其长、优势互补的发展格局，更好地锻造中国式农业农村现代化的国家特色和竞争优势。

再从收入差距来看，2022年，按五等份分组，在全国农村居民中，各占20%的低收入户、中间偏下户、中间收入户、中间偏上户、高收入户居民人均可支配收入分别为5024.6元、11965.3元、17450.6元、24646.2元、46075.4元；在全国城镇居民中，各占20%的低收入户、中间偏下户、中间收入户、中间偏上户、高收入户居民人均可支配收入分别为16970.7元、31179.6元、44282.9元、61724.1元和107224.1元。换句话说，粗略地看，在全国农村居民中，接近20%的居民人均月收入不足420元，超过40%的居民人均月收入不足1000元，占20%的高收入组农村居民人均月收入尚不足全国城镇居民人均月收入的平均值；在全国城镇居民中，仍有20%的居民人均月收入不足1420元。在城镇居民和农村居民中，高收入组居民人均可支配收入相当于低收入组的倍数分别为6.32倍和9.17倍。仅从收入差距来看，不同收入层次城乡居民的物质生活和精神生活需求出现明显差异，应该是正常和客观存在的。我们要实现的共同富裕，是"人民群众物质生活和精神生活都富裕"[①]。因此，推进中国式农业农村现代化，从"全体人民共同富裕的现代化"的角度来看，也应是物质文明和精神文明相协调的现代化。"坚持把实现人民对美好生活的向往作为现代

---

① 习近平：《扎实推动共同富裕》，《求是》2021年第10期。

化建设的出发点和落脚点"①，必须综合考虑不同收入层次、不同类型居民对物质生活和精神生活的不同需求，增强针对性和发展包容性。

3. 发挥中国式农业农村现代化的独特优势，助推人与自然和谐共生的现代化。

农业是人与自然发生作用比较集中的领域，结合大国小农的国情农情，按照绿色兴农理念推进中国式农业现代化，直接构成推进人与自然和谐共生现代化的重要内容。中国作为后发型发展中国家，从国际经验来看，推进农业农村现代化更需要将农业现代化与农村现代化一体设计、一并推进，因此推进绿色兴农与农村发展的绿色转型可以更好地结合起来。借此，也容易激发农业农村的生活、生态、文化等多重功能，增加农业农村对城市居民的吸引力，为吸引城市人口、人才下乡参与乡村振兴、助力农业农村现代化创造条件。近年来，我国结合推进农村一二三产业融合发展，推进美丽乡村建设，加强农耕文化传承保护，启动实施文化产业赋能乡村振兴计划等，产生了推动农业现代化、农村现代化融合互动、耦合共生的效果。这也是在助力实现人与自然和谐共生的现代化。

结合推进城乡一体化，许多地方日益重视农业发展的生态涵养和文化传承功能，通过推进休闲农业和乡村旅游发展，引导农

---

① 习近平：《高举中国特色社会主义伟大旗帜　为全面建设社会主义现代化国家而团结奋斗——在中国共产党第二十次全国代表大会上的报告》，《党的二十大报告辅导读本》，人民出版社2022年版，第20页。

业农村发展从"卖产品"向"卖风景"、"卖温情"、"卖文化"转变,也为推进人与自然和谐共生提供了良好样板。推进城乡融合发展,更容易产生城市现代化与农业农村现代化融合互补的效果,关键是要完善相关激励机制,立足国情农情,推动人与自然和谐共生的农业农村现代化可持续发展。从国际经验来看,发放生态农业补贴、鼓励绿色消费、加强农民和农村劳动力培训、支持行业组织发挥引领带动作用等,都有利于推进农业农村绿色转型,引导农业农村现代化向着有利于促进人与自然和谐共生的方向迈进。[1]我国有大国小农的基本国情,近年来许多地方又出现了农业经营副业化、村庄发展空心化、农村人口和劳动力老龄化的趋势,这增加了推进人与自然和谐共生的难度。因此,推进中国式农业农村现代化,更应在推进人与自然和谐共生方面多加努力。

4. 以推进农业强国建设为重要切入点,提升中国式农业农村现代化的质量效益竞争力。

在推进中国式农业农村现代化的过程中,坚持高质量发展的要求,最终要通过中国式农业农村现代化的质量效益竞争力来体现,否则就容易陷入空谈。比如,加快推进农业农村现代化必然要求加快建设农业强国,并以建成农业强国作为其目标追求。叶贞琴认为,供给保障能力强、产业体系强、农业可持续发展能力强、农业科技实力强、主体活力强是现代农业强国的五大标志[2]。

---

[1] 姜长云:《全球农业强国建设的历史经验和普遍规律研究》,《社会科学战线》2022年第8期。
[2] 叶贞琴:《现代农业强国有五大重要标志》,《农村工作通讯》2016年第23期。

魏后凯、崔凯认为，如果一国农业整体或农业优势部门的现代化水平位居世界前列并引领世界农业发展，则可称之为农业强国；农业强国的基本特征可以概括为"四强一高"，即农业供给保障能力强、农业科技创新能力强、农业可持续发展能力强、农业竞争力强和农业发展水平高等[1]。我们认为，农业强国应该属于现代化发达国家中发展现代农业的佼佼者，农业及其关联产业链显示了规模化比较优势和强势竞争力，农业产业链供应链韧性和安全水平高。受习近平总书记在党的二十大报告的启发，我们认为强调农业产业链供应链韧性和安全水平至关重要。因为，面对更趋复杂严峻、急剧变化且充满不确定性的国际环境，加之国内结构性、周期性、体制性问题相互交织，以及一些超预期因素的影响，在农业产业链供应链国际竞争日益深化的背景下，推进农业强国建设应把增强农业产业链供应链韧性和安全水平，放在较之前更加突出的地位，这也是促进农业农村现代化行稳致远和高质量发展的基本要求。推进中国式农业农村现代化、加快建设农业强国，应该更加注意久久为功、善作善成。在谈到粮食安全问题时，习近平总书记反复强调，"实施国家粮食安全战略，把饭碗牢牢端在自己手上""越是面对风险挑战，越要稳住农业，越要确保粮食和重要副食品安全""粮食安全是'国之大者'"。[2]我们认为，这在很大程度上也是强调要提高粮食产业链供应链韧性和安全水平。

---

[1] 魏后凯、崔凯：《建设农业强国的中国道路：基本逻辑、进程研判与战略支撑》，《中国农村经济》2022年第1期。
[2] 习近平：《论"三农"工作》，中央文献出版社2022年，第54、298、329页。

当然，中国式农业农村现代化的质量效益竞争力，不仅表现为推进农业强国建设的进展和成效，还取决于中国式农业农村现代化的成果有无更多更公平地惠及全体人民，包括农村居民，是否实实在在地提升广大人民的获得感、幸福感、安全感和广泛认同感。为此，既要注意努力让农业农村现代化的成果更好地惠及城乡居民，增加其民生福祉，又要注意防止将推进农业农村现代化的过程，变成让"农村取悦城市"、按城市和市民要求简单"剪裁"或评判农业农村发展方向的过程。须知，农业、农村、农民自身的发展和现代化，也是国家发展和现代化不可或缺的重要内容。推进中国式农业农村现代化的过程，应该是农业、农村、农民更好地"在干中学"，更好地参与国家发展和现代化的过程，通过提高农业、农村、农民自我发展能力，让中国式农业农村现代化更好地融入中国式现代化进程。

（三）开局起步的关键时期

习近平总书记在党的二十大报告中作出全面建成社会主义现代化强国分两步走的总的战略安排，强调"未来五年是全面建设社会主义现代化国家开局起步的关键时期"[1]。将这些话结合起来可见，其寓意非常深刻。推进中国式农业农村现代化，要牢固树立战略思维和战略耐心，将增强战略坚定性与因地制宜、因阶段制

---

[1] 习近平：《高举中国特色社会主义伟大旗帜　为全面建设社会主义现代化国家而团结奋斗——在中国共产党第二十次全国代表大会上的报告》，《党的二十大报告辅导读本》，人民出版社2022年版，第23页。

宜增强战略实施的灵活性结合起来，努力增强当前政策和策略选择适应环境变化的柔性。在推进中国式农业农村现代化的过程中，要规避急躁冒进、企图立竿见影或"毕其功于一役"的倾向，也要努力防止战略问题战术化倾向，克服战略短视；着力推动中国式农业农村现代化的战略目标通过分阶段有序推进逐步实现。与此同时，万事开头难，中国式农业农村现代化也需要一步一个台阶地实现。从全面建设社会主义现代化国家的长过程来看，当前正处于开局起步的关键时期，步子起好了，方向选对了，未来推进中国式农业农村现代化就有了更好的基础。因此，立足当下、脚踏实地更为关键。

立足当下、脚踏实地，首先是要全面贯彻党的二十大报告精神，坚持农业农村优先发展总方针，全面推进乡村振兴，扎实推动乡村产业、人才、文化、生态、组织振兴互动提升。要坚守保障粮食安全底线、防范规模性返贫底线，在加强粮食生产、流通、贸易能力建设和完善粮食市场宏观调控，以及巩固拓展脱贫攻坚成果的同时，采取有效措施，科学谋划推进农业强国建设的时间表和路线图。当前，面对国际环境的风云变幻和超预期因素，努力保持经济运行在合理区间，努力稳定预期、增强信心至关重要。加强对国内外发展环境和苗头性、倾向性、潜在性问题的前瞻性研究，在推动已出台政策落实落地的同时，要适当打好政策创新的提前量，增强其有效性。要顺应新时代新要求，科学把握政策出台的时机、节奏和力度，防止政策"急刹车猛给油"加剧农业农村发展环境的波动，更要防止政策"合成谬误"影响政策效果。要正视经济下行压力加大对农业农村现代化开局起步的负面影响，努力将稳预期与优化农业农村发展环境、产业生态结合起来。从中长期角度看，要在积极探索推动农业农村优先发展落地见效方式的同时，深化相关理论和政策研究，科学回答坚持农业农村优先发展与建设高标准市场体系、发展更高水平开放型经济的关系，为完善农业农村优先发展、全面推进乡村振兴的长效机制创造条件。

最后需要指出的是，推进中国式农业农村现代化、全面推进乡村振兴，关键靠党。加强党对农业农村工作的领导，提高基层领导干部领导推进中国式农业农村现代化的专业能力，更是至关重要的。2023年12月召开的中央经济工作会议提出："要深刻领会党中央对经济形势的科学判断，切实增强做好经济工作的责任感使命感""要坚持和加强党的全面领导，深入贯彻落实党中央关于经济工作的决策部署"。在推进中国式农业农村现代化的过程中，也要注意推动这些方面落实落地。

二、政策寓意和政策导向

推进中国式农业农村现代化，科学把握其政策寓意和政策导向至关重要。那么，对此如何准确理解和科学把握呢？科学把握中国式农业农村现代化的政策寓意，不仅要学懂悟透党的二十大报告关于中国式现代化的相关论述，还要把党的二十大报告作为一个整体，从习近平新时代中国特色社会主义思想的完整体系中来认真思考；站在中国特色社会主义进入新时代、已经进入全面建设社会主义现代化国家新征程的历史方位，结合新时代、新征程、新阶段的新要求来综合分析中国式农业农村现代化的内涵要义和精神实质；甚至从同中国共产党百年奋斗历史逻辑、理论逻辑、实践逻辑的结合中全面把握。比如，党的二十大报告强调，"中国式现代化，是中国共产党领导的社会主义现代化""中国式现代化的本质要求是：坚持中国共产党领导，坚持中国特色社会主义……"[1]。这既是我们党举旗定向的政治宣言，更是指导中国式现代化、引领中华民族伟大复兴的行动纲领。将其放在习近平新时代中国特色社会主义思想的完整体系中，就可以更加准确、深入、全面、系统地理解其对推进中国式农业农村现代化的深刻启示。

中国式农业农村现代化是中国共产党领导的社会主义现代化，在推进中国式农业农村现代化的过程中，就必须"坚持以人民为中心的发展思想""坚持人民至上""站稳人民立场、把握人民愿望、尊重人民创造、集中人民智慧""维护人民根本利益，增进民生福祉，不断实现发展为了人民、发展依靠人民、发展成果由人民共享，让现代化建设成果更多更公平惠及全体人民"[2]。坚持以人民为中心，应该是中国式现代化的鲜明特征。在此，"人民"不是一个抽象的、空洞的术语，而是由一个又一个现实生活中活生生的个体组成的"人"的集合体。因此，坚持以人民为中心的发展思想，就必须密切关注现实生活中一个个活生生的人的需求，他

---

[1] 《党的二十大报告辅导读本》，人民出版社 2022 年版，第 10—17、19—21 页。
[2] 《党的二十大报告辅导读本》，人民出版社 2022 年版，第 10—17、19—21 页。

的喜怒哀乐、他的悲欢离合、他的利益诉求、他的所思所想和急难愁盼；特别是由这些个体需求组成的社会总需求的变化趋势和演变逻辑的变化。否则，坚持以人民为中心的发展思想就容易落空，更谈不上"坚持人民至上"。那么，这对于推进中国式农业农村现代化有哪些政策启示呢？我们认为，这种启示，至少表现在以下4个"更加重视"上。

（一）更加重视完善联农带农的利益联结机制

推进中国式农业农村现代化，必然涉及发展现代农业的问题，如何对待小农户是其中不可回避的现实问题。在发展现代农业的过程中，小农户由于受经营规模、资金实力、社会网络和发展能力的限制，发展现代农业容易面临"能力恐慌"甚至进入壁垒，小农户面对进入农业的工商资本的竞争也容易陷入"节节败退"的境地。以小农户为主要依托的农业发展，面临来自工业化、信息化、城镇化的资源、要素竞争和来自发达国家农业的市场挤压，更容易处于尴尬境地。尽管随着国民经济的持续发展，随着工业化、信息化、城镇化和农业现代化的推进，我国农户经营规模也会经历不断扩大的过程；尽管部分地区发展农业规模经营的实际进展可能超过预期，但就今后相当长的时期而言，大国小农作为我国的基本国情农情仍将是难以根本改变的事实。况且，我国农户经营规模的扩大，要与农业劳动力转移的进程、工业化和城镇化所能提供的非农就业空间相适应，与小农户劳动力从事非农就业创业的能力相适应。虽然以小农户为主体的农业经营格局不利于提高农业效率和效益，甚至也不利于农业标准化、品牌化的发展，但这是我们在今后较长时期内难以回避的选择，并且这对稳定粮食和重要农产品有效供给也有重要的积极意义。① 在推进农业农村现代化的过程中，尽管需要为发挥市场对资源配置的决定性作用创造条件，但是通过政府规制和政策引导实现小农户与现代农业发展有机衔接，仍是"发挥好政府作用"所必需的。否则，有可能导致更多的小农户成为发展现代农业的边缘人或落伍者，被进入农业的工商资本甚至外资企业淘汰出局，陷入无收入无就业的境地，加剧其生产生活的困难。这与促进农民农村共同富裕、与"中国式现代化是全体人民共同富裕的现代化"的要求都是相悖的。可见，在我国坚持以人民为中心的发展思想，要求推进中国式农业农村现代化更加重视完善联农带农的利益联结机制，更加重视把促进小农户与现代农业发展有机衔接作为发展现代农业必须坚守的主线，形成包容小农户、改造提升小农户的推进农业农村现代化"大合唱"。

（二）更加重视推动城乡融合、协调发展

当前，我国推进城乡融合、协调发展的重要性和紧迫性迅速凸显。这在很大程度上有不同国家在大致相同发展阶段的共性原因，因为城乡之间日益呈现"你中有我，我中有你"的发展格局。但在我国，基于国情农情的中国特色，基于坚持以人民为中心的发展要

---

① 姜长云：《做好"健全面向小农户的农业社会化服务体系"大文章》，《中国发展观察》2020年第2期。

求，推进城乡融合发展的重要性紧迫性更加突出。因为我国人口规模巨大，当前城乡之间在收入、基础设施和公共服务方面的差距较大，推动城乡融合、协调发展，可以通过城乡收入差距的合理化和农村居民收入水平的提高，通过农村消费结构升级，及时填充由城市消费结构升级留下的市场空间，延长许多传统产业的生命周期，更好地坚持扩大内需这个战略基点，并将其与增强国内大循环内生动力和可靠性结合起来。况且，在我国，人民是由城乡居民共同组成的"命运共同体"，既包括城市居民，又包括农村居民，农民发展也是国家发展不可或缺的重要内容，不能仅仅将其视作服务于国家发展特别是城市和市民发展的工具。而农村主要是农村居民的聚居地。鉴于中国式农业农村现代化是全面推进乡村振兴的总目标，在全面推进乡村振兴的过程中，坚持以人民为中心的发展思想，首先要注意实实在在地增进全体农民的获得感、幸福感和安全感，注意改善农村居民的生产生活条件，在促进农民增收的同时，改善其就业创业环境。农业和乡村产业发展，固然需要面向城乡特别是城市消费结构升级的需求，但应该更多考虑乡村居民的利益和为此付出的代价，考虑农业农村自身可持续发展的需求，不能将农业农村发展的过程变相等同于主要按照城市居民消费升级需求甚至利益诉求，来"剪裁"农业农村发展的过程。要注意借鉴国际经验，在试点试验基础上支持部分地区探索通过设置"负面清单"的方式，规范城市企业、工商资本下乡参与乡村振兴的行为，防止农户和农民陷入对工商资本的依附关系，约束甚至规避城市企业在参与农业农村发展的过程中破坏乡村环境和生态景观等行为，推动形成城乡

"和而不同"的"命运共同体"和工农互促、城乡互补、协调发展、共同繁荣的新型工农城乡关系。

（三）更加重视在涉农产业组织创新中农民合作社的重要性

从美国、法国、日本等农业强国的经验来看，支持农民合作社和涉农行业组织的发展，一直是各农业强国支持农业组织创新的重点。这些农业强国基本形成了以农户家庭经营为基础，以农民合作社和行业协会为纽带，以跨国公司、农产品期货市场为引领，涉农平台型企业等多种组织创新为补充的多元化、网络化格局。[1]但在推进中国式农业农村现代化的过程中，坚持以人民为中心的发展思想，要求更加重视农民合作社的作用。因为合作社的核心价值观是自助、民主、平等、公平和团结，合作社是社员所有、社员控制和社员基于使用服务而受益的特殊法人类型的经济组织。[2]发展农民合作社，可以帮助农户特别是小农户组织起来，有效应对小农户发展现代农业面临的挑战，也有利于小农户联合起来共同抵御来自外部资本的冲击和利益侵蚀。农民合作社还可以通过"合作社的合作"以及加入农产品行业协会、产业联盟，甚至与涉农企业进一步合作，提升其能级和参与发展现代农业的空间。就小农户而言，农民合作社是帮助其联合起来的最具亲和

---

[1] 姜长云：《全球农业强国建设的历史经验和普遍规律研究》，《社会科学战线》2022年第11期。
[2] 张晓山：《中国农民专业合作社的发展及面临的挑战》，《中国合作经济》2012年第6期；张晓山：《有关中国农民专业合作社未来发展的几个问题》，《农村经营管理》2017年第10期。

力、最接地气的组织形式。在德国、荷兰、丹麦等农业强国，农业合作社也是"增强农产品国际竞争力、保护农民经济权益的主要依靠"，是"发展现代农业的支柱"[1]。因此，基于大国小农的基本国情农情，基于中国式农业农村现代化要求更加重视完善联农带农的利益联结机制等考量，推进中国式农业农村现代化也应更加重视农民合作社的作用，推动农民合作社成为帮助农民联合起来走向市场的桥梁，以及联合抵御外部资本冲击和利益侵蚀的自立、自律、自卫、自强组织。

（四）更加重视农村人口和劳动力素质的提升

基于大国小农的基本国情农情，基于近年来农村青壮年劳动力、农村年轻人口大量外流和农村人口老龄化快于城市的实际，推进中国式农业农村现代化应该更加重视农村人口和劳动力素质的提升。因为按照以人为本的理念，没有农民的现代化，农业现代化容易成为无源之水、无本之木。授人以鱼不如授人以渔，在促进农民就业增收的同时，帮助农村居民提高就业创业能力，是最有效、最可持续的联农带农。况且，从国际经验来看，我国作为后发型发展中国家，推进农业农村现代化应该更加重视农业现代化、农村现代化的融合互动和耦合共生。因此，应将提高农业劳动力素质与提高农村人口、农村劳动力素质结合起来。农村劳动力素质的提高，可以对提高农业劳动力质量产生重要的示范带

---

[1] 孙中华、王维友、张保强等：《关于德国、荷兰、丹麦农业合作社的考察报告》，《中国农民合作社》2012年第11期。

动作用，为引导农业及其关联产业加快发展方式转变创造条件。此外，通过推进农业农村制度创新，建设宜居宜业和美乡村，吸引部分城市人口、人才下乡，有利于带动城市消费需求、社会关系和社会网络下乡，为调动一切积极因素全面推进乡村振兴创造条件。这也是促进农村人口和劳动力素质提升的重要方式。今后，随着乡村振兴的全面推进和城乡交通通信条件的改善，至少在部分乡村地区，随着生产、生活、生态、文化功能的全面激发，一部分劳动力在城市工作、在附近农村生活很可能成为常态。日本等发达国家农业混合居住化的发展就有这方面的原因。农村宅基地制度的改革，应该注意为顺应这种趋势做好储备。

三、放宽视野：理解中国式现代化坐标系

在党的二十大报告中，习近平总书记提出，"从现在起，中国共产党的中心任务就是团结带领全国各族人民全面建成社会主义现代化强国、实现第二个百年奋斗目标，以中国式现代化全面推进中华民族伟大复兴"[1]。科学把握中国式现代化的内涵要义和创新价值，有利于全面落实高质量发展这个全面建设社会主义现代化国家的首要任务，推动中国式现代化行稳致远。中国式农业农村现代化属于中国式现代化的子系统，读懂中国式现代化这个坐标系，有利于更好地读懂中国式农业农村现代化。

---

[1] 《党的二十大报告辅导读本》，人民出版社2022年版，第19—20页。

（一）现代化理论的继承和创新

长期以来，国内外现代化理论的研究成果可谓汗牛充栋。不同学者结合自身的专业领域从不同角度进行探讨，或结合所在国家或地区需求进行研究。综合来看，这些研究往往或多或少地体现了其时代背景和发展要求，打下所处时代的深刻烙印。尽管这些研究在许多方面仍属见仁见智，但学术共识和趋同点日益增多，理论对现实的指导意义在总体上呈现增强趋势。尽管多数研究难以做到完美无缺，但如果秉持求同存异的包容心，可以发现不同研究之间往往具有更强的互补性。

基于这些研究，现代化往往具有两重含义。作为动词，现代化意味着从传统社会向现代社会的动态复杂转变和历史进步过程，涉及从经济到政治、社会、文化、生态甚至人等多维度多层次的系统性变革，体现所在国家（地区）追赶、达到和保持世界发展前沿水平的努力和过程。作为名词，现代化体现的是社会高度发达的目标状态，通常在"现代化"之前增加"实现"二字，基本等同于有别于传统社会的"现代性"；实现现代化意味着建成现代社会，具备了现代社会的基本特征。有人还将现代化大致分为3个阶段，即现代化实现起飞的阶段、现代化走向成熟的阶段、高质量的现代化建设阶段。[①]

现代化还是个国际比较概念。一个国家是否实现了现代化，需要基于与处于世界发展前沿的发达国家的比较，看其是否具有

---

① 邓智平等：《现代化十讲》，华中科技大学出版社2019年版，第11—13页；吴忠民：《中国现代化论》，商务印书馆2019年版，第1—90页。

现代社会的基本特征,不是可以臆断或凭空自封的。有的学者认为,现代化意味着经济生产能力的巨大飞跃、复杂健全社会的形成、以人为本程度的不断加深、大量社会风险的出现和多样化发展模式的形成,具有经济发达、社会高度分化和整合、社会成员自由平等、世俗化和高度的城市化、开放化、知识化等基本特征。[①]因此,各国现代化往往有其共同特征,尽管不同的研究者对这种共同特征往往给予了各有侧重的归纳,但细究起来这些归纳在内容上往往大同小异。举例来说,关于各国现代化的共同特征,不管研究者有什么认识分歧,但现代化应该包括科学技术的现代化、应该体现在较高的劳动生产率水平上,这应该是个共识。尽管不同国家由于资源禀赋和发展的时代要求有别,推进科学技术现代化的具体路径和推进重点可能有所差别,但通过科学技术现代化克服资源禀赋的局限并提高社会劳动生产率,在这一点上应该是共通的。国内外关于现代化评价的各种理论和方法,很大程度上正是源自对各国现代化共同特征的认识,正如邓智平等指出的,"一个国家现代化实现程度的评价,实际上是对处于世界何种位置的评价,也就是相对水平的定性和定量评价"[②]。

但是,现代化的发展也要重视国情(地区情况)、发展阶段和时代要求,科学把握其所处的历史方位,注意塑造所处国家(地区)现代化的具体特色。因此,近年来越来越多的研究日益重视现代化发展模式的多样化。党的二十大报告提出"中国式现代化"

---

① 吴忠民:《中国现代化论》,商务印书馆 2019 年版,第 1—90 页。
② 邓智平等:《现代化十讲》,华中科技大学出版社 2019 年版,第 11—13 页。

的重大命题，在很大程度上与此有关。作为后发型的发展中大国，我国的现代化需要把先发型发达国家发展过程中阶段继起的"串联式"过程，转化为现代化不同阶段空间并存、交织叠加的"并联式"甚至"叠合式"过程。最直观的体现就是我们通常所说的"工业化尚未完成，信息化又在加快演进"。此外，推进现代化的高质量发展，也要重视不同国家、不同民族悬殊的历史文化传统和现代化发展基础，这往往是现代化模式和路径差异或国家特色的重要解释变量。正如吴忠民指出的，民族传统"既不是'过去化'的东西，也不是'未来化'的东西，而是一种通贯过去、现在和将来的东西""合理区分特定的时代内容和特定的民族传统，是合理理解现代化模式的关键所在""多样化的现代化模式不仅使得现代化建设有了具体的载体，现代化建设也因此具有了一种必不可少的社会共同体支撑力量"[1]。据此，就很容易理解为什么习近平总书记在党的二十大报告中提出，中国式现代化"既有各国现代化的共同特征，更有基于自己国情的中国特色"了。党的二十大报告强调"只有把马克思主义基本原理同中国具体实际相结合、同中华优秀传统文化相结合，坚持运用辩证唯物主义和历史唯物主义，才能正确回答时代和实践提出的重大问题，才能始终保持马克思主义的蓬勃生机和旺盛活力"[2]，也有这方面的原因。

在我国推进现代化的过程中，如不注意基于国情和时代要求的中国特色，只重视各国现代化的共同特征和普遍趋势，则容易

---

[1] 邓智平等：《现代化十讲》，华中科技大学出版社2019年版，第11—13页。
[2] 《党的二十大报告辅导读本》，人民出版社2022年版，第15、16页。

出现对先发型国家现代化道路亦步亦趋、东施效颦的问题，难免出现引进国外经验和制度时"生搬硬套""水土不服"的现象，影响我国现代化道路和推进模式的本土根植性，甚至在相关战略、政策和对策选择中难以规避"南橘北枳"的问题。尤其是当今世界面临百年未有之大变局、进入动荡变革期，盲目引进国外经验和制度，不注意消化吸收再创新，容易加剧我国经济社会发展和现代化过程中面临的风险挑战。但如过度强调基于自身国情的中国特色，不注意各国现代化的共同特征，则有可能导致我国推进现代化建设的成果与世界现代化的共同经验、普遍趋势南辕北辙，与处于世界发展前沿的先发型国家缺乏推进现代化的可比性；甚至可能为短期工作的便利刻意避重就轻、躲坚避难，导致我国推进现代化的选择难以体现战略前瞻性，导致我国推进现代化的成效难以获得国际社会的广泛认可和国内民众的广泛认同；也容易导致我国在推进现代化的过程中难以拓宽视野，不利于创新现代化的推进思路、选择方式和实施路径，规避先发型国家走过的弯路。在我国推进现代化的实践中，有些地方以强调中国特色、区域特色为借口，不惜自降标准，甚至采取一些反市场化举措，实际上也是不尊重各国现代化共同特征的体现。如各国现代化的共同特征和普遍趋势，都要求充分发挥市场在资源配置中的决定性作用、更好发挥政府作用。但部分地区在推进产业链供应链现代化的过程中，用政府行为替代市场选择的现象还是比较严重的，有的甚至不惜采取画地为牢、追求行政区自成体系的方式，企求推进产业链供应链创新能力建设。

上述分析可能还有些抽象。举例来说，各国现代化的进展，往往要通过较高水平或较快提高的全社会劳动生产率来体现；推进中国式现代化也要注意提高全社会劳动生产率。如果全社会劳动生产率水平未见明显提高，说我国在推进现代化方面取得较大进展，是缺乏说服力的。实际上，按照以不变价格计算的国内生产总值（GDP）除以全社会就业人员数（年底数）进行粗略计算，从2012年到2021年10年间，我国全社会劳动生产率年均递增6.8%。[1] 按不变价格计算，2022年我国GDP较上年增加3.0%，但年末人口数却比上年减少85万人。这从一个侧面可以看出，党的十八大以来，我国在推进现代化建设方面取得了实实在在的成就。否认这个事实，仅从全社会劳动生产率的变化上看，就是缺乏说服力的。但在设置2035年甚至2050年中国式现代化的目标时，也要考虑基于国情的中国特色。如农业劳动生产率受资源禀赋的影响很大。在美国、澳大利亚、德国、日本等世界农业强国中，2020年按现价计算的农业劳动生产率分别为劳均8.97万美元、9.06万美元、5.89万美元和2.27万美元，我国仅0.52万美元；这些国家农业劳动生产率的显著差异，与资源禀赋的差异有很大关系。同年，这些国家农业劳均耕地面积分别为72.34公顷、94.62公顷、22.25公顷、1.77公顷和0.59公顷[2]。如果不顾这种资源禀赋的差异，要求2035年或2050年我国农业劳动生产率达到美国、澳大利亚、德国的水平，实际上属于苛求，也不可能达到。但如

---

[1] 本章数据凡未注明出处者，均据《中国统计年鉴2022》计算。
[2] 姜长云：《农业强国》，东方出版社2023年版，第18—23页。

果注意我国与日本农业资源禀赋的相似性，设定接近日本的农业劳动生产率目标，则有较强的合理性，经过努力实现的可能性也比较大。

进一步来看，如何科学把握"各国现代化的共同特征"与"基于自己国情的中国特色"之间结合的"度"，也是一个难点。顾此失彼，或对二者结合的度把握失当，都可能影响中国式现代化的高质量发展，影响"全面推进中华民族伟大复兴"的进程。要注意结合中国共产党领导人民进行百年奋斗的伟大历程，结合新时代新征程全面建设社会主义现代化强国的时代要求，从我国推进现代化历史逻辑、理论逻辑、实践逻辑的结合中，从我国现代化与世界现代化历史逻辑、理论逻辑、实践逻辑的互动中，科学把握推进中国式现代化过程中将"各国现代化的共同特征"与"基于自己国情的中国特色"相结合的"最佳合理区间"，将增强战略自信与保持决策选择的敬畏心结合起来，推进中国式现代化高质量发展行稳致远。

从上述分析可见，在推进中国式现代化的过程中需要注意：第一，世界上不存在定于一尊的现代化模式，各国现代化往往在目标上体现更多的相似性、在模式和路径上体现更多的差异性。中国式现代化作为后发型发展中国家的现代化，与欧美发达国家的先发型现代化道路往往有明显不同，不能对此亦步亦趋，更不能将欧美国家的现代化道路奉为圭臬。但这不妨碍我们结合时代背景和发展要求，对发达国家的成功经验进行批判性吸收借鉴。即便是在我国不同地区，由于彼此之间资源禀赋、发展基础和发展要求的不同，也应允许甚至鼓励现代化模式的不同选择。比如我国东北地区与西南地区，由于资源禀赋的显著差异，在推进现代化的模式和路径上应该有很大不同。第二，向成功的发展经验学习是重要的，从失败的原因中学习同样是有益的[①]；而且这种学习应该更多结合相关背景条件，更多注意从形成机理和演变逻辑中，找到解决问题的答案和创新求解中国式现代化的钥匙。由于"幸存者偏差"，仅向成功的发展经验学习往往存在很大局限，甚至容易出现"伯克松悖论"[②]的问题。第三，推进中国式现代化应将尊重现代化的多条道路与持续激发改革的动力作用结合起来。速水佑次郎、神门善久通过研究日本现代化的经验发现，"能够支持现代经济发展的组织原则显而易见地潜伏在前现代的文化中""现代化的组织形式会因文化传统和历史上的路径不同而不同""进一步需要汲取的是，20世纪80年代跃居世界经济前列的日本在90年代经历了发达国家最糟的经济衰退过程""无论一种经济体系带来怎样的成功，如果体系保持不变就不能可持续发展。历史上充斥着一朝繁盛，一朝落魄的经济体系"[③]。2022年中央经济工作会议强调，"要坚定不移深化改革扩大

[①] 速水佑次郎、神门善久：《发展经济学——从贫困到富裕》（第三版），社会科学文献出版社2009年版，第3页。
[②] 伯克松悖论，即当不同个体被纳入样本的机会不同时，研究样本中的两个变量表现出统计关系，但在总体中二者不存在这种相关性。参见伯克松悖论，https://baike.baidu.com/item/伯克松悖论/19132222?fromModule=lemma_inlink。
[③] 速水佑次郎、神门善久：《发展经济学——从贫困到富裕》（第三版），社会科学文献出版社2009年版，第3页。

开放，不断增强经济社会发展的动力和活力"①，这是其中重要原因之一。

（二）科学把握内涵要义和精神实质

党的二十大报告提出，中国式现代化"是中国共产党领导的社会主义现代化，既有各国现代化的共同特征，更有基于自己国情的中国特色"②。以此为基础，就很容易理解为什么"中国式现代化是人口规模巨大的现代化""是全体人民共同富裕的现代化""是物质文明和精神文明相协调的现代化""是人与自然和谐共生的现代化""是走和平发展道路的现代化"，中国式现代化的本质要求是"坚持中国共产党领导，坚持中国特色社会主义，实现高质量发展，发展全过程人民民主，丰富人民精神世界，实现全体人民共同富裕，促进人与自然和谐共生，推动构建人类命运共同体，创造人类文明新形态"③。因为这些方面是由中国国情和时代要求决定的，是由中国共产党"为中国人民谋幸福、为中华民族谋复兴"的初心使命和"全心全意为人民服务的根本宗旨"决定的，也是由习近平新时代中国特色社会主义思想的世界观和方法论决定的。要深刻理解"中国式现代化"的内涵要义和精神实质，就不能局限于背诵党的二十大报告关于中国式现代化

---

① 学习强国网：《中央经济工作会议在北京举行　习近平李克强李强作重要讲话　赵乐际 王沪宁 韩正 蔡奇 丁薛祥 李希 出席会议》，2022年12月16日，https://www.xuexi.cn/lgpage/detail/index.html?id=12872681231058485629&item_id=12872681231058485629。
② 《党的二十大报告辅导读本》，人民出版社2022年版，第20页。
③ 《党的二十大报告辅导读本》，人民出版社2022年版，第20、21页。

的部分语句，而要将重点放到将这些语句放在党的二十大报告的完整体系中来理解，甚至结合党的十八大报告、党的十九大报告，结合我们党领导全国人民进行百年奋斗的光辉历程来综合理解。

中国式现代化是人口规模巨大的现代化。2021年，中国年中人口数14.12亿人，而在同年全球前十大经济体中，除印度人口数接近我国外，其他八大经济体美国、日本、德国、英国、法国、意大利、加拿大、韩国的年中人口数合计为8.25亿人，仅及我国年中人口数的58.4%。[①]可见，推进中国式现代化，应该对其重要性、艰巨性和复杂性保持清醒认识，强化战略坚定性，培育战略耐心，并更加重视推进现代化多重模式、多条道路竞争发展、融合互动。这也有利于降低现代化推进过程中的风险，并为优选现代化推进模式和道路创造条件。2022年，我国人均GDP已达85698元，2022年人民币对美元平均汇率中间价为6.7261元，据此计算2022年我国人均GDP相当于12741.11美元。随着人均收入和消费水平的提高，消费需求加快分化，日益呈现个性化、多样化趋势，导致小众市场、长尾市场[②]的重要性迅速凸显。许多新型消费，即便人均规模很小，甚至只有少数人有需求，但乘以庞大的人口基数，也可以汇聚成庞大的市场需求。这是其他国家

---

① 数据来自世界银行数据库，转自《中国统计年鉴2022》。
② 小众市场，即针对社会特定人群的市场，如针对患有高血压、心脏病、骨质疏松等疾病的特定人群。长尾市场，是指那些消费需求不旺、销量不佳的产品共同构成的市场；它们看似很小、微不足道，但能积少成多、集腋成裘。参见 https://wiki.mbalib.com/wiki/小众市场，https://wiki.mbalib.com/wiki/长尾市场。

难以具备的优势。近年来，数字经济迅速发展，不仅为精准识别和发现潜在需求提供了便利，还为凝聚、引导、激发需求和实现供求对接创造了条件。因此，我国人口规模巨大的优势，可以转化为培育新产业、新业态、新模式的巨大潜力，有利于通过新产业、新业态、新模式与传统产业的融合发展，更好地带动现代化产业体系建设，进而强化全面建设社会主义现代化国家的产业支撑。

当前我国居民收入差距仍然较大。如果将全国居民人均可支配收入按五等份分组，并以各年度占20%的低收入户人均可支配收入为100进行计算，则2016年以来各年各占20%的中间偏下户、中间收入户、中间偏上户、高收入户人均可支配收入及其增速分别见表1-1和表1-2。可见，虽然近年来我国不同群体的收入差距有所缩小，但收入缩小的步伐仍然不够稳定，而且不同收入群体的收入差距在总体上仍然较大，特别是占20%的低收入户增收困难的问题仍然比较突出。如由表1-2可见，近三年来占全国居民总数20%的低收入户人均可支配收入的增长速度呈现明显的放缓趋势，2021年、2022年甚至是各收入组中收入增速最低的。考虑到脱贫攻坚目标任务完成后，很难像打赢脱贫攻坚战阶段那样继续依靠大规模、不断强化的行政推动和补贴支撑来促进脱贫地区农民增收，那么2021年以来低收入户人均可支配收入增速放缓的问题应该引起重视。虽然近年来中央已经明确对脱贫地区设立衔接过渡期，过渡期内主要帮扶政策保持总体稳定①，但稳定不等于增加，在之前防返贫措施高度依赖行政动员和财政补贴支撑的背景下，这很容易导致当前以脱贫地区、脱贫户为主要代表的低收入家庭人均可支配收入增长乏力的问题凸显。近年来，以下两方面的因素很可能强化这种趋势，从促进共同富裕的角度看，这种现象值得高度警惕。一方面，经济下行压力加大和财政增收困难问题凸显，特别是部分地区财政增支减收压力加大；另一方面，许多脱贫地区随着特色农业和乡村产业发展规模的扩大，产能过剩和同质竞争加剧、流通或销售瓶颈制约加重问题突出，对农民可持续增收的制约不断加大。打赢脱贫攻坚战、全面建成小康社会后，我国已进入新发展阶段，一方面加强低保和社会救助等措施，另一方面通过加强农业劳动力培训、帮助脱贫地区和城乡低收入人口拓展"在干中学"的机会、帮助脱贫地区加强产业营销和科技服务等公共平台建设等方式，加强对低收入人口收入增长的支持，日益具有重要性和紧迫性。

---

① 2021年中央一号文件明确"脱贫攻坚目标任务完成后，对摆脱贫困的县，从脱贫之日起设立5年过渡期，做到扶上马送一程。过渡期内保持现有主要帮扶政策总体稳定，并逐项分类优化调整，合理把握节奏、力度和时限，逐步实现由集中资源支持脱贫攻坚向全面推进乡村振兴平稳过渡，推动'三农'工作重心历史性转移"。2022年中央一号文件进一步强调"坚决守住不发生规模性返贫底线"，为此采取完善监测帮扶机制、促进脱贫人口持续增收、加大对乡村振兴重点帮扶县和易地搬迁集中安置区支持力度、推动脱贫地区帮扶政策落地见效等支持政策。

表 1–1　全国居民按收入五等份分组的人均可支配收入状况

收入分组	2017 年	2018 年	2019 年	2020 年	2021 年	2022 年
中间偏下户	232.32	222.97	213.77	208.96	221.36	224.42
中间收入户	377.54	360.05	339.21	333.58	348.66	355.75
中间偏上户	579.80	566.28	531.55	523.23	539.42	551.06
高收入户	1089.78	1096.81	1035.19	1020.41	1030.10	1047.73

注：本表以当年 20% 低收入户人均可支配收入为 100 进行计算。各收入组均占 20%。

表 1–2　全国居民按收入五等份分组的人均可支配收入增长率　单位：%

收入分组	2017 年	2018 年	2019 年	2020 年	2021 年	2022 年
低收入户	7.77	8.09	14.59	6.62	5.90	3.22
中间偏下户	7.32	3.74	9.86	4.22	12.18	4.65
中间收入户	7.51	3.08	7.96	4.85	10.68	5.32
中间偏上户	7.99	5.57	7.57	4.95	9.17	5.45
高收入户	9.58	8.79	8.16	5.10	6.90	4.99

注：本表按各年当年价格计算，各年居民人均可支配收入增长率 =（当年居民人均可支配收入 / 上年居民人均可支配收入 –1）× 100%。

中国式现代化不仅是人口规模巨大的现代化，还是全体人民共同富裕的现代化。这一方面要求我们推进中国式现代化向着"物质文明和精神文明相协调的现代化"方向迈进，因为"全体人民共同富裕，是人民群众物质生活和精神生活都富裕"[1]；另一方面为我们加快构建以国内大循环为主体、国内国际双循环相互促进的新发展格局，提供了不可多得的优势，如庞大的国内市场，有

---

[1]　习近平：《扎实推动共同富裕》，《求是》2021 年第 20 期。

利于推动产业发展兼顾规模经济、范围经济和网络效应，并延长产业发展的生命周期。而推动中国式现代化向着"走和平发展道路的现代化"方向迈进，可以为加快构建新发展格局提供良好的运行环境，有利于降低我国参与国际大循环的成本和风险，并借此促进国内大循环。在当前城乡差距、区域差距、不同人群收入差距较大的背景下，增加低收入者收入、扩大中收入者群体，促进居民收入差距合理化，有利于在扩大消费需求进而扩大内需方面，形成不同收入群体消费需求差距合理、层次递进的发展格局，减缓因收入差距较大导致的消费断层问题，延长许多产业特别是传统产业发展的生命周期。这在我国这个人口规模巨大的国家推进现代化的过程中，具有特别重要的意义。2022年我国东部地区、中部地区、西部地区和东北地区居民人均可支配收入分别为47026.7元、31433.7元、29267.4元和31405.0元，农村居民和城镇居民人均可支配收入分别为20132.8元和49282.9元。既然中国式现代化是全体人民共同富裕的现代化，在推进中国式现代化的过程中，应该把促进农民共同致富放在更加突出的地位，并更加重视对中西部地区和东北地区居民增收致富的支持。

中国式现代化是全体人民共同富裕的现代化，在推进中国式现代化的过程中，就应该进一步明确鼓励、支持有利于实现共同富裕的举措，约束和限制不利于实现共同富裕甚至很可能扩大收入差距的行为。比如，近年来农村电商的发展，有效促进了农产品、乡村企业产品的产销衔接，带动了农民增收致富，为许多地方特色农业和乡村产业的发展提供了新的机遇。但某些电商平台对农产品或乡村特色产品竞相压级压价,甚至鼓励实行"全网最低价"等,容易形成对农业或乡村产业经营主体的利益"压榨",导致农产品或乡村产业的产品价格难以覆盖成本,不利于实现优质优价,也不利于大多数农业和乡村产业经营主体取得合理利润。近年来,明星带货、名人带货迅速发展,导致财富向少数人集中的步伐明显加快,挤压了中低收入群体的增收空间,在总体上也容易形成对市场秩序、诚信环境和产业高质量发展的长期负面影响。有的明星、名人带货,借助其影响力,可能确实帮助区域特色产业突破了营销渠道等限制,畅通了对接高端市场、特色市场的渠道,带动了当地相关居民增收。许多明星带货、名人带货在发展初期尤其如此。但更多的明星、名人带货,通过夸张、渲染性宣传,损害了社会诚信环境,最终会对区域特色产业标准化、品牌化发展形成负面影响。因为品牌的背后是诚信,标准化、品牌化等高质量发展方式,往往要以较多的成本和优质要素投入作为支撑。尤其是许多明星带货、名人带货发展到一定阶段后,利欲膨胀,为所欲为,假货盛行,甚至不惜偷税漏税,随时存在着"翻车"的风险。一旦带货的明星、名人"翻车",很容易导致依赖其"带货"宣传的区域特色产业市场声誉跌入谷底,损害其品牌形象和可持续发展能力,也容易导致原先依托其就业增收的居民收入锐减。可见,中国式现代化既然是全体人民共同富裕的现代化,在推进中国式现代化的过程中,要注意结合诚信环境和市场秩序建设,加强对明星带货、名人带货的规范约束,强化对电商平台压级压价行为的制衡机制,促进其更好地做到兴利去弊,鼓励其发挥对中低收入者收入增长的促进作用,约束、规范其拉动收入差距扩大化的行为倾向。

人与自然是生命共同体。中国式现代化应该是人与自然和谐共生的现代化。随着经济社会发展水平的提高,良好生态环境作为公共产品和民生福祉的重要性迅速凸显。城乡居民收入和消费水平的提高,带动其对美好生态环境的期望值迅速上升。当前,在我国许多地方,生态环境问题迅速凸显,成为影响居民生活质量的突出问题。因此,尊重自然、顺应自然、保护自然,建设美丽中国,促进人与自然和谐共生,是坚持以人民为中心的发展思想,不断提升人民群众获得感、幸福感、安全感的客观要求。党的十六届三中全会通过的《中共中央关于完善社会主义市场经济体制若干问题的决定》[1]明确要求,"按照统筹城乡发展、统筹区域发展、统筹经济社会发展、统筹人与自然和谐发展、统筹国内发展和对外开放的要求",完善社会主义市场经济体制。党的十九大报告将"坚持人与自然和谐共生"作为"新时代坚持和发展中国特色社会主义的基本方略"的14条内容之一[2]。但是,推进人与自然和谐共生不仅是优化生态环境的事,实际上也是深化供给侧结构性改革、推进高质量发展的客观要求。因此,党的二十大报告提出,要"统筹产业结构调整、污染治理、生态保护、应对气

---

[1] 中国政府网:《中共中央关于完善社会主义市场经济体制若干问题的决定》,http://www.gov.cn/test/2008-08/13/content_1071062.htm。
[2] 中国政府网:《习近平:决胜全面建成小康社会 夺取新时代中国特色社会主义伟大胜利——在中国共产党第十九次全国代表大会上的报告》,http://www.gov.cn/zhuanti/2017-10/27/content_5234876.htm。

候变化，协同推进降碳、减污、扩绿、增长，推进生态优先、节约集约、绿色低碳发展"[1]。当前，推进绿色低碳发展已经成为国际潮流，发达国家针对产业发展和产品进口设定的环境标准不断提高，促进人与自然和谐共生，不仅有利于抢占全球产业竞争制高点，也有利于更好地参与国际大循环，并提升产业链供应链韧性和安全水平。中国式现代化作为人口规模巨大的现代化，在此过程中重视人与自然和谐共生，也是我国在全球发展中履行大国担当、大国责任的体现。

（三）坚持科学的世界观和方法论

中国式现代化理论内涵丰富、博大精深，且韵味无穷。要用有限的篇幅深刻揭示其内涵要义和精神实质，实际上存在很大难度。前文重点从中国式现代化是人口规模巨大的现代化、是全体人民共同富裕的现代化、是人与自然和谐共生的现代化三个角度，对此进行了分析，但即便在这些方面仍有许多进一步挖掘的空间。我们认为，要准确把握中国式现代化的内涵要义和精神实质，关键还是要坚持科学的世界观和方法论，用贯穿习近平新时代中国特色社会主义思想的立场、观点、方法指导中国式现代化实践。习近平新时代中国特色社会主义思想强调"必须坚持人民至上""必须坚持自信自立""必须坚持守正创新""必须坚持问题导向""必须坚持系统观念""必须坚持心怀天下"[2]，据此就很容

---

[1] 《党的二十大报告辅导读本》，人民出版社2022年版，第45页。
[2] 《党的二十大报告辅导读本》，人民出版社2022年版，第17—19页。

易理解"中国式现代化"的内涵要义和精神实质了。实际上，习近平新时代中国特色社会主义思想作为科学的世界观和方法论，是一个完美的体系，其各组成部分是相互联系、相互影响、有机结合的。如坚持问题导向，要求我们聚焦推进全面建设社会主义现代化国家实践中的新情况新问题，包括人民群众急难愁盼问题，提出有高度、接地气的解决办法。而这，也是坚持人民至上的基本要求。

近年来百年未有之大变局叠加世纪疫情，外部环境动荡不安，我国经济恢复的基础仍不稳固，需求收缩、供给冲击、预期转弱三重压力仍然较大。从中长期来看，全面建成小康社会、进入新发展阶段后，我国全面建设社会主义现代化国家仍然面临不少困难、问题甚至严峻挑战。尽管推进中国式现代化的奋斗目标已经明确，即到本世纪中叶把我国建设成为"综合国力和国际影响力领先的社会主义现代化强国"，或者说，"建成富强民主文明和谐美丽的社会主义现代化强国"；但是，我们所要建成的综合国力和国际影响力领先的现代化强国，作为一个国际比较概念，本身有个"水涨船高"的问题；到本世纪中叶我们所要建成的社会主义现代化强国到底什么样，这还有个"打铁没样，边打边像"和"在干中学"的问题。况且，在推进中国式现代化的过程中，各种新情况、新问题、新要求、新挑战很多，甚至许多因素的变化超出预期。因此，只有坚持科学的世界观和方法论，推动中国式现代化高质量发展，才容易在复杂的环境变化中找到解决问题的钥匙。

坚持科学的世界观和方法论，实际上为我们全面、系统、准确地理解中国式现代化的内涵要义和精神实质，提供了指南。如坚持系统观念，要求我们注意"只有用普遍联系的、全面系统的、发展变化的观点观察事物，才能把握事物发展规律""善于通过历史看现实、透过现象看本质"[①]。据此，我们就很容易理解为什么中国式现代化是物质文明和精神文明相协调的现代化、是人与自然和谐共生的现代化，以及是走和平发展道路的现代化。因为物质文明和精神文明、人与自然、国内与国外都是一个矛盾的有机体，是相互联系、相互影响、相互制约的。

坚持用科学的世界观和方法论推进中国式现代化高质量发展，要在我们全面建设社会主义现代化国家的具体工作中有所体现。如党的二十大报告要求，"着力提升产业链供应链韧性和安全水平"[②]，这要求我们按照推动高质量发展的要求，把实施扩大内需战略同深化供给侧结构性改革有机结合起来，将增强国内大循环内生动力和可靠性同提升国际循环质量和水平有机结合起来，推进现代化经济体系建设。实施扩大内需战略，要求我们用好用足人口规模巨大的优势，注意发挥超大规模市场提供的内需潜能。深化供给侧结构性改革，要求我们结合加强创新能力建设，推进供给结构转型升级，增强创新供给并借此激活、凝聚、引导潜在需求的能力。增强国内大循环内生动力和可靠性，要求我们利用庞大国内市场的优势，结合优化营商环境、产业生态和创新创业

---

① 《党的二十大报告辅导读本》，人民出版社2022年版，第19页。
② 《党的二十大报告辅导读本》，人民出版社2022年版，第26页。

生态，稳定企业家预期，注意发挥企业在经济发展和科技创新中的主体作用。同时，注意通过参与国际竞争合作，增强企业等市场主体参与国际竞争合作的能力；并注意借鉴世界科技革命和产业变革的成果，带动我国强化产业链供应链素质和竞争力。为此，要注意立足资源优势和产业基础，注意培育产业发展的本土根植性，增强抵御外部风险的能力；要注意结合深入实施科教兴国战略、人才强国战略、创新驱动发展战略，以加快实现高水平科技自立自强，着力增强产业链供应链的自主创新能力，完善科技创新和成果转化机制，解决好关键核心技术"卡脖子"问题；要在鼓励行业领军企业增强创新力和国际竞争力的同时，鼓励行业领军企业和行业协会、产业联盟通过大中小企业融通发展、创新竞合关系等方式，带动形成产业链供应链战略伙伴关系，增强联合应对国内外风险挑战的能力；要鼓励通过供应链适度本土化、多元化和加强国际合作等方式，分散投资风险，增强抗风险能力。

坚持系统观念，要求我们不断强化战略思维、历史思维、辩证思维、系统思维、创新思维、法治思维和底线思维。近年来，许多地方将实行产业链供应链"链长制"作为提升产业链供应链现代化水平的重要举措，地方行政主要领导担任产业链供应链"链长"。这在动员公共资源支持产业链供应链发展方面，确实有其积极意义，尤其是在产业链供应链发育成长的初期；但从中长期提升产业链供应链韧性和竞争力的角度来看，如何科学处理发挥市场对资源配置的决定性作用和更好发挥政府作用的关系，如何防止推进产业链供应链现代化"画虎不成反类犬"的问题，如何防止短期促进产业链供应链成长的因素成为长期妨碍持续提升产业链供应链韧性和竞争力的隐患，是需要高度重视的问题。弄得不好，"链长"决策失误甚至仕途出现差池，就可能成为损坏产业链供应链韧性和安全的推动力。况且，当今世界，许多产业链供应链运行的边界已经超出行政区界限，企图在一个行政区范围内推进产业链供应链现代化水平，有可能禁锢市场机制的选择空间，不利于发挥区域分工对提升产业链供应链效率的积极作用。可见，在实施产业链供应链"链长制"的过程中，如果多些战略思维、历史思维、辩证思维、系统思维、创新思维、法治思维和底线思维，也有利于其扬长避短、兴利去弊，将提升产业链供应链竞争力和提升产业链供应链韧性、安全水平有机结合起来。

坚持用科学的世界观和方法论推进中国式现代化高质量发展，还要重视中国式现代化过程中面临的新情况新问题，并更加重视发挥产业融合的带动作用。如既然中国式现代化是人口规模巨大的现代化，也是全体人民共同富裕的现代化；那么，坚持系统观念，就要求正视不同类型群体发展能力和利益诉求高度分化的实际，在尊重部分高收入群体与国际先进消费水平接轨的同时，注意防止部分低收入群体与国内发展主流脱轨，注意发挥先行地区、先行企业对一般地区、一般企业的带动作用，这实际上也是带动实现共同富裕的问题，是坚持人民至上的世界观和方法论的要求。而发挥先行地区、先行企业对一般地区、一般企业的带动作用，要求更加重视推进产业融合发展，助推现代化产业体系建设。党的二十大报告提出，要"推动战略性新兴产业融合集群发展""推动现代服务业同先进制造业、现代农业深度融合""促进数字经济和实体经济深度融合""坚持以文塑旅、以旅彰文,推进文化和旅游深度融合发展"①。这些方面都涉及产业融合发展的问题。国内外经验证明,推进产业融合发展,往往带动产业价值链的分解和重构,是加快产业发展方式转变、提升产业竞争力和附加值的重要途径。推进产业融合还有利于发挥行业领军企业对中小微企业的引领、辐射和带动作用,有利于实现共同富裕。产业融合主要是通过产业边界的模糊化和产业发展的一体化,实现产业结合部的创新。这与灰度创新理论有许多相似甚至相近之处。②

---

① 《党的二十大报告辅导读本》,人民出版社 2022 年版,第 27、41 页。
② 林雪萍:《灰度创新》,电子工业出版社 2020 年版,第 10—18 页。

第二章

中国式农业农村现代化的底线思维

习近平总书记高度重视底线思维。如在2021年1月7日主持中央政治局常委会会议时,习近平总书记就强调,"要胸怀中华民族伟大复兴战略全局和世界百年未有之大变局,牢牢把握'国之大者',锚定党中央擘画的宏伟蓝图,观大势、谋全局、抓大事,坚持底线思维,保持战略定力,勇于担当作为,增强斗争精神,认真做好各项工作"[①]。2022年4月6日,习近平总书记主持召开中央财经委员会第十一次会议时强调"要统筹发展和安全两件大事,牢固树立底线思维,切实加强重大风险预测预警能力,有切实管用的应对预案及具体可操作的举措"[②]。2023年2月7日,在新进中央委员会的委员、候补委员和省部级主要领导干部学习贯

---

① 人民网:《中共中央政治局常务委员会召开会议 习近平主持会议》,2021年1月7日,http://jhsjk.people.cn/article/31992792。
② 人民网:《习近平主持召开中央财经委员会第十一次会议强调 全面加强基础设施建设构建现代化基础设施体系 为全面建设社会主义现代化国家打下坚实基础》,新华社北京2022年4月27日电,http://paper.people.com.cn/rmrb/html/2022-04/27/nw.D110000renmrb_20220427_1-01.htm。

彻习近平新时代中国特色社会主义思想和党的二十大精神研讨班上的讲话中，习近平总书记进一步强调"推进中国式现代化，是一项前无古人的开创性事业，必然会遇到各种可以预料和难以预料的风险挑战、艰难险阻甚至惊涛骇浪，必须增强忧患意识，坚持底线思维，居安思危、未雨绸缪，敢于斗争、善于斗争，通过顽强斗争打开事业发展新天地"[①]。推进中国式农业农村现代化，也要牢固树立底线思维，借鉴国际经验，坚守保障粮食和重要农产品稳定安全供给、防范规模性返贫两条底线，夯实推进中国式农业农村现代化的根基。

一、底线Ⅰ：保障粮食和重要农产品稳定安全供给

建设农业强国是全面推进乡村振兴的重要内容。在《农业强国》一书中，我强调粮食和重要农产品供给保障能力强，也即粮食和重要农产品稳定安全供给能力强，是建设农业强国的底线要求；在讨论农业农村现代化问题时，强调推进农业农村现代化有两个底线要求：一是保障粮食和重要农产品有效供给，或者说稳定安全供给，二是防范规模性返贫。2023年中央一号文件在界定农业强国时所说的"供给保障能力强"，主要也是指粮食和重要农产品供给保障能力强，能够实现粮食和重要农产品稳定安全供给。

[①] 新华网：《习近平在学习贯彻党的二十大精神研讨班开班式上发表重要讲话强调正确理解和大力推进中国式现代化》，2023年2月7日，http://m.news.cn/2023-02/07/c_1129345744.htm。

（一）保障粮食和重要农产品稳定安全供给值得高度重视

我们之前的研究显示，当今世界农业强国有的主要依靠自身就能为实现其粮食和重要农产品稳定安全供给提供强劲保障；有的出于资源贫乏等原因，难以通过国内有效保障粮食和重要农产品稳定安全供给，但由于经济发展和人均收入水平高，通过国际市场仍能为实现粮食和重要农产品稳定安全供给提供强劲支撑，这些国家多属人口小国。如在我们筛选的美国、加拿大、法国、德国、意大利、澳大利亚、新西兰、丹麦、荷兰、以色列和日本11个现有世界农业强国中，2020年谷物自给率分别为123.2%、184.8%、209.7%、104.2%、55.7%、215.7%、61.4%、112.5%、9.4%、5.8%和32.0%；其中2020年谷物自给率低于100%的国家，只有意大利、新西兰、荷兰、以色列和日本，其中新西兰和以色列人口不足1000万人，荷兰人口不足2000万人，意大利人口不足6000万人，仅有日本人口超过1亿人，但仍不足我国人口的1/10。[①] 因此，作为一个拥有14亿人口的大国，我国主要依靠国际市场来实现粮食和重要农产品稳定安全供给，是行不通的。习近平总书记很早就强调，我国作为一个人口大国，"如果粮食等主要农产品供给出了问题，谁都不可能救我们""只有把饭碗牢牢端在自己手中才能保持社会大局稳定"。[②] 2022年全年，我国净进口食用油籽9510.2万吨，净进口额641.1亿美元，每万吨食用油

---

① 姜长云：《农业强国》，东方出版社2023年版，第22—23页。
② 中共中央党史和文献研究院：《习近平关于"三农"工作论述摘编》，中央文献出版社2019年版，第67—69页。

籽净进口成本674.12万美元，较上年同期增加20.6%。①尽管我国食用油籽高度依赖进口的格局在较长时间内难以根本改变，但据此延伸可见，如果我国粮食和重要农产品高度依赖进口，不仅多数农产品的国际货源难以保证，面对国际农产品价格上涨，也容易遭遇较大的利益损失。2022年、2023年中央一号文件强调"大力实施大豆和油料产能提升工程""加力扩种大豆油料"，很大程度上与此有关。

我国保障粮食和重要农产品稳定安全供给应该坚持"立足国内基本解决我国人民吃饭问题"②，将稳产和保供结合起来。除印度人口与我国接近外，2021年我国年中人口数14.12亿人，接近世界人口排名第3—8位的美国、印度尼西亚、巴基斯坦、巴西、尼日利亚、孟加拉国6国年中人口数之和（14.25亿人）。③因此，在我国，保障粮食和重要农产品稳定安全供给，首先应该在加强国内稳产保供能力上下功夫。中央早就提出"要坚持以我为主、立足国内、确保产能、适度进口、科技支撑的国家粮食安全战略"④，很大程度上正是基于这个原因。按照联合国粮农组织（FAO）编制的食品价格指数，2022年全年食品价格指数及其中

---

① 农业农村部农业贸易促进中心：《2022年1—12月我国农产品进出口情况》，http://www.moa.gov.cn/ztzl/nybrl/rlxx/202301/t20230128_6419275.htm；《2021年1—12月我国农产品进出口情况》，http://www.chinagrain.cn/axfwnh/2022/01/28/0132293896.shtml。
② 中共中央党史和文献研究院：《习近平关于"三农"工作论述摘编》，中央文献出版社2019年版，第72页。
③ 数据来自世界银行数据库，转自《中国统计年鉴2022》。
④ 中共中央党史和文献研究院：《习近平关于"三农"工作论述摘编》，中央文献出版社2019年版，第70页。

的谷物、植物油油脂、奶类、肉类和食糖价格指数分别为143.7、154.7、187.8、142.5、118.9和114.5，分别较上年提高14.3%、17.9%、13.9%、19.6%、10.4%和4.7%。①但同年我国国内农产品价格在总体上仍然保持平稳运行态势，一个重要原因是粮食和重要农产品稳产保供的基础强，特别是粮食再获丰收、畜禽生产平稳健康发展。2022年，全国农产品生产者价格总水平仅比上年上涨0.4%，其中粮食、鲜菜价格较上年涨幅均为2.8%，猪肉价格还下降6.8%。当前，我国人口总量见顶回落的大势基本形成。与此同时，我国人口老龄化进一步深化，2022年年末我国65周岁及以上人口占人口总数的比重已达14.9%。②人口总量见顶回落和人口老龄化深化，会对未来我国粮食和重要农产品需求总量的增长形成抑制效应；但由于人口总量的下降过程仍将是缓慢渐进的，人均收入水平的提高和对优质农产品需求的凸显，仍会对稳定甚至强化粮食和重要农产品稳定安全供给能力不断提出新要求。因此，确保粮食和重要农产品稳定安全供给仍然不可大意。

确保我国粮食和重要农产品稳定安全供给，不仅需要注意"我们的饭碗应该主要装中国粮"，而且必须将保障粮食和重要农产品稳定安全供给的主动权"牢牢掌控在自己手中"③。当前，世界进入新的动荡变革期，百年变局加速演进，不确定难预料因素明

---

① 资料来自联合国粮农组织（FAO）数据库，https://www.fao.org/worldfoodsituation/foodpricesindex/zh。
② 国家统计局：《2022年国民经济顶住压力再上新台阶》，http://www.stats.gov.cn/tjsj/zxfb/202301/t20230117_1892090.html。
③ 中共中央党史和文献研究院：《习近平关于"三农"工作论述摘编》，中央文献出版社2019年版，第72页。

显增多；新的地缘政治冲突和极端天气灾害何时何地何种程度发生，并将如何影响全球粮食和农产品市场，进而通过国际市场的溢出效应影响到我国粮食和重要农产品稳定安全供给，仍然具有很大的不确定性。况且，全球粮食或农产品市场、能源市场、农资市场、金融市场的波动，容易形成交织叠加效应。因此，全球粮食和重要农产品产业链供应链面临的不确定性风险明显增加，给我国确保粮食和重要农产品稳定安全供给带来了严峻挑战。在此背景下，我国掌握粮食和重要农产品稳定安全供给的主动权至关重要。对此需要警钟长鸣，始终保持清醒认识。习近平总书记早就强调，"越是面对风险挑战，越要稳住农业，越要确保粮食和重要副食品安全"[1]。党的二十大报告要求"着力提升产业链供应链韧性和安全水平""加强重点领域安全能力建设，确保粮食、能源资源、重要产业链供应链安全"[2]。要结合农业农村工作和农业强国建设，深刻悟透提升粮食和重要农产品稳定安全供给能力的重要性和紧迫性。

（二）准确把握保障粮食和重要农产品稳定安全供给的"度"

1. 保障粮食和重要农产品稳定安全供给是农业强国建设的"头等大事"，但不是农业强国建设的全部主要任务。

底线不牢，地动山摇。实施乡村振兴战略也好，建设农业强

---

[1] 习近平：《论"三农"工作》，中央文献出版社2022年版，第298页。
[2] 习近平：《高举中国特色社会主义伟大旗帜　为全面建设社会主义现代化国家而团结奋斗——在中国共产党第二十次全国代表大会上的报告》，《党的二十大报告辅导读本》，人民出版社2022年版，第26、48页。

国也罢，保障粮食和重要农产品稳定安全供给，在任何时候都是不可动摇的底线要求，要注意统筹发展和安全，夯实这个底线。在我国这个拥有14亿人口的大国，如果稍不留神让这个底线失守，要建设农业强国就容易沦为空谈、笑谈，坚持高质量发展、推进中国式现代化也容易落空，甚至会通过其溢出效应加大全球粮食不安全和经济社会运行风险。但是，底线只要做牢了、夯实了即可，不需要多多益善。也不能用保障粮食和重要农产品稳定安全供给，代替或抵消、冲淡加快建设农业强国的其他主要任务，如增强农业及其关联产业创新力、国际竞争力、可持续发展能力，提升农业现代化水平和涉农产业链供应链韧性、安全水平等。

2. 保障粮食和重要农产品稳定安全供给本身也是个系统工程，不可顾此失彼有所偏废。

相对而言，保障粮食安全特别是口粮绝对安全，属于底线中的底线，又是保障粮食和重要农产品稳定安全供给的"头等大事"。但是，保障粮食安全或粮食稳定安全供给，并非意味着粮食产量越多越好。要统筹兼顾保障粮食稳定安全供给和保障重要农产品稳定安全供给，在夯实粮食安全底线的同时，顺应消费结构升级和消费需求多样化趋势，抓紧做好重要农产品稳产保供的文章，避免因片面、过度强调粮食安全，挤占了本应用于保障肉蛋奶菜等重要农产品稳定安全供给的资源配置。在此方面，不仅要注意强化系统思维，还要注意强化结构思维、历史思维。如粮食单产水平的提高和品质的改善，有利于拿出更多更好的耕地用于保障重要经济作物生产和稳定安全供给。在耕地总量既定的前提下，如对粮食安全用力不足，固然可以拿出更多的耕地保障粮食之外的重要农产品稳定安全供给，但可能影响粮食安全这个"国之大者"。如对粮食安全用力过猛，既可能导致粮食供给过剩、价格下跌，造成今后粮食主产区特别是种粮农民利益受到侵蚀和地方政府重农抓粮积极性受到影响，不利于粮食综合生产能力的长期稳定；又可能加剧重要农产品生产资源配置不足和供给短缺问题，甚至推动我国重要农产品全面进口格局的形成和强化。因此，在统筹粮食和重要农产品稳定安全供给方面，也要注意把握好"度"。

鉴于未来我国口粮需求稳中有降的趋势，要在夯实口粮绝对安全底线的同时，将维护粮食安全的重点放在解决饲料粮供给短缺上。近年来，我国局部、少数地区出现了收割未成熟的小麦卖给养殖户做青贮饲料的现象，简称"割青苗"。对此要注意冷静观察、客观分析，尊重企业和微观主体的自主选择，并保持必要的"平常心"，不要危言耸听、草木皆兵。要从提高动物营养和资源配置效率的角度，辩证看待这种"割青苗"现象，深化粮食作物、经济作物、饲料作物、饲草作物统筹，创新拓展构建多元化食物供给体系的思路。要推动"树立大食物观"由"倡导"和"要求"切实转化为"行动"。在加强耕地保护和高标准农田建设的同时，结合推进科技创新和成果转化能力建设，拓展农林牧渔结合、植物动物微生物并举，向山、水、林、湖、草、沙"要食物"的路径，扩大维护粮食和重要农产品稳定安全供给的回旋余地和选择空间。

3. 保障粮食和重要农产品稳定安全供给要注意强化产业链供应链思维，将加强综合生产能力建设和综合流通能力、宏观调控能力建设结合起来。

保障粮食和重要农产品稳定安全供给，要注意跳出农业抓农业，把粮食和重要农产品生产同相关农资供应、加工、流通、储备、国际贸易等结合起来。我们之前的研究显示，现有的世界农业强国往往是世界范围内推进农业产业化、产业融合化、产业链一体化的领头羊，注意促进现代农业与现代服务业、先进制造业深度融合发展，发挥现代服务业对农产品加工等涉农制造业、现代农业发展的引领支撑和带动作用。[①] 所谓稳定安全供给，即与消费需求和消费能力相适应的供给。保障粮食和重要农产品稳定安全供给，归根结底是要实现粮食安全和重要农产品供求平衡。而供给是生产和流通综合作用的结果。因此，为了保障粮食和重要农产品稳定安全供给，加强粮食和重要农产品综合生产能力建设是重要的，但加强粮食和重要农产品综合流通能力建设同样不可或缺，这有利于化解农产品产销衔接不畅导致的资源错配和浪费问题。以县城、中心镇或区域物流中心为重要节点，加强畅通区域、疏通城乡的粮食或重要农产品流通服务网络建设；或依托区域中心城市、节点城市或县城、中心镇，加强重要农产品集采集配中心或区域公共营销平台建设，可以对加强粮食和重要农产品综合流通能力、促进农产品产销衔接和供求平衡发挥画龙点睛的

---

① 姜长云：《农业强国》，东方出版社2023年版，第82页。

作用，有利于优化面向都市圈的粮食和重要农产品应急保障体系，甚至有利于促进粮食和重要农产品无效供给转化为有效供给。

此外，优化粮食和重要农产品市场调控和农产品、农资进出口调控，以及培育具有全球竞争力和贸易影响力的跨国农业企业，对于保障粮食和重要农产品稳定安全供给也有重要意义。近几年来，强化跨周期调控和逆周期调控日益引起中央政府的重视，但是面对不稳定不确定的发展环境，如何创新调控方式，增强跨周期调控和逆周期调控的时效性和精准性，仍然值得高度重视。稍有不慎，就有可能导致调控时机选择失误，出现类似"拍马屁拍到马腿上"的问题，放大粮食或重要农产品供求或价格波动。要积极支持现代农业产业组织成长壮大，以此为依托，鼓励在国内乃至全球农产品贸易中具有影响力和竞争力的跨区域甚至跨国性农业企业集团成长壮大，在统筹利用"两种资源、两个市场"、促进粮食和重要农产品稳定安全供给中发挥生力军作用。

二、确保不发生规模性返贫

习近平总书记反复强调，"要坚持把增加农民收入作为'三农'工作的中心任务，千方百计拓宽农民增收致富渠道""巩固拓展脱贫攻坚成果是全面推进乡村振兴的底线任务""坚决防止出现整村整乡返贫现象"。[①] 增加农村低收入人口收入是巩固拓展脱

---

① 习近平：《加快建设农业强国 推进农业农村现代化》，《求是》2023年第6期。

贫攻坚成果、防止规模性返贫的基础工程。2023年上半年，面对复杂严峻的国际环境和艰巨繁重的国内改革发展稳定任务，在以习近平同志为核心的党中央坚强领导下，国民经济持续恢复，并呈总体回升向好的态势；居民收入平稳增长，农村居民人均可支配收入的增长速度继续快于城镇居民。根据国家统计局数据，2023年上半年，全国居民、城镇居民和农村居民人均可支配收入分别为19672元、26357元和10551元，分别较上年同期名义增长6.5%、5.4%和7.8%；扣除价格因素，分别较上年同期实际增长5.8%、4.7%和7.2%，城乡居民收入增长速度全面快于3年新冠疫情期间的平均水平。2023年上半年，城镇居民人均可支配收入的实际增速接近2019年全年增速，农村居民人均可支配收入的实际增速较2019年全年高1.0个百分点。但是，近年来，农村低收入人口增收困难的问题再度凸显，不仅会影响农民农村共同富裕的进程，甚至会增加出现规模性返贫，特别是整村整乡返贫现象的风险。对此，亟待采取有效措施。

（一）农民收入增长格局的变化

党的十八大提出了"确保到二〇二〇年实现全面建成小康社会宏伟目标"，其中包括"城乡居民人均收入比二〇一〇年翻一番"。到2019年，农村居民人均可支配收入较2010年翻一番的目标已经提前一年实现。同年，农村居民人均可支配收入16021元，其中工资性收入6583元、经营净收入5762元、财产净收入377元、转移净收入3298元，分别占41.1%、36.0%、2.4%和20.6%。在此之前，农民收入增长的基本格局是：(1)工资性收入超越经营净收入，成为农民收入增长的第一大来源。(2)虽然财产净收入和转移净收入增长较快，特别是转移净收入对农民收入增长的贡献逐步凸显，但工资性收入和经营净收入仍是农民收入增长的两大主要来源。(3)农民收入的增长快于城镇居民，城乡人均可支配收入之比呈缩小趋势。城镇居民人均可支配收入相对于农村居民人均可支配收入的倍数可在一定程度上反映城乡居民收入的相对差距，2010年为2.99倍，2019年缩小到2.64倍。(4)不同收入组农村居民人均可支配收入的来源结构具有明显差异，政策支持对促进中低收入农户、贫困农户和欠发达地区农户增收的作用凸显。党的十八大以来，我国强力推动精准扶贫、精准脱贫，有效促进了农民增收，特别是中低收入农户、欠发达地区农户增收，打赢脱贫攻坚战取得全面胜利。(5)随着经济增长速度趋势性放缓，城乡居民收入增长速度在波动中趋势性明显放缓的局面逐步形成[①]。按可比价格计算，2013年城镇居民、农村居民人均可支配收入分别较上年实际增长7.0%和9.3%，2019年分别较上年实际增长5.0%和6.2%。

2019年之前，我国经济增长虽然呈现放缓趋势，但2019年GDP仍较上年实际增长6.0%。从2020年开始的新冠疫情，给我国国民经济增长带来了严重的负面影响，也严重制约了农民收入

---

① 姜长云、李俊茹、王一杰等：《近年来我国农民收入增长的特点、问题与未来选择》，《南京农业大学学报（社会科学版）》2021年第03期；姜长云、李俊茹、万莹莹等：《当前促进农民增收的问题、思路和对策研究》，《山西农业大学学报(社会科学版)》2023年第3期。

增长。2020年、2021年、2022年，按不变价格计算，我国GDP分别较上年实际增长2.2%、8.4%和3.0%，三年平均实际增长4.5%，较2019年及此前几年经济增长进一步放缓，且经济增速的年际波动较大。2020年、2021年、2022年，城镇居民人均可支配收入分别较上年实际增长1.2%、7.1%和1.9%，农村居民人均可支配收入分别较上年实际增长3.8%、9.7%和4.2%，2020—2022年3年间，城镇居民、农村居民人均可支配收入分别平均实际增长3.4%和5.9%。

值得注意的是，党的十八大以来，党中央一方面把脱贫攻坚放在治国理政的突出位置，作为全面建成小康社会的底线任务，推动脱贫攻坚战取得全面胜利；另一方面，持续发力增加低收入者收入，扩大中等收入群体。两方面因素协同发力，推动农村低收入人口增收困难的状况得到明显改变。从2017年开始到2020年，按五等份分组，农村低收入户人均可支配收入的增长速度由之前的慢于农村中间收入户、中间偏上户和高收入户，转为快于农村中间收入户、中间偏上户和高收入户。以新冠疫情前的2019年为例，农村低收入户人均可支配收入较上年增长14.6%，分别比中间偏下户、中间收入户、中间偏上户和高收入户人均可支配收入的增长速度快4.7个、6.6个、7.0个和6.4个百分点。即便是刚发生新冠疫情的2020年，农村居民中的低收入户人均可支配收入较上年增长率，仍明显快于中间偏下户、中间收入户、中间偏上户和高收入户（表2-1）。

表 2-1　近年来全国农村居民人均可支配收入按五等份分组较上年增长率

单位：%

组别	2016年	2017年	2018年	2019年	2020年	2021年	2022年
低收入户（20%）	-2.56	9.83	11.03	16.27	9.83	3.73	3.47
中间偏下户（20%）	8.40	6.65	1.92	14.64	6.54	11.49	3.28
中间收入户（20%）	8.23	7.34	4.61	11.60	5.20	12.47	5.46
中间偏上户（20%）	8.19	7.73	6.54	9.31	5.84	10.93	6.38
高收入户（20%）	9.36	10.02	8.76	5.90	6.85	11.84	6.95

注：本表增长率根据按当年价格计算的各收入组农村居民人均可支配收入计算。

（二）促进农村低收入人口增收日趋重要而紧迫

1. 农村居民人均可支配收入的总体水平仍然较低，低收入农户增收问题是影响农民增收的突出短板。

如 2019 年和 2022 年，农村居民人均可支配收入分别相当于城镇居民人均可支配收入的 37.8% 和 40.9%。2022 年，全国农村居民人均可支配收入的中位数分别仅及全国居民、城镇居民的 56.5% 和 39.3%。按各占 20% 的五等份分组，2019 年农村居民中的中间收入组人均可支配收入 13984.2 元，较城镇居民中的低收入组人均可支配收入（15549.4 元）还低 10.1%；低收入组人均可支配收入，农村居民仅及城镇居民的 27.4%。虽然近年来农村居民人均可支配收入的增长在总体上快于城镇居民，但到 2022 年农村居民中的中间收入组人均可支配收入 17450.6 元，仅比城镇居民中的低收入组人均可支配收入（16970.7 元）高 2.8%；低收入组人均可支配收入，农村居民仅及城镇居民的 29.6%。

2. 近年来低收入农户与高收入农户人均可支配收入的绝对差距不断扩大,影响农民农村共同富裕的进程。

习近平总书记强调,"共同富裕是社会主义的本质要求,是中国式现代化的重要特征""促进共同富裕,最艰巨最繁重的任务仍然在农村"。[1]但是,当前低收入农户与高收入农户人均可支配收入的绝对差距不断扩大,成为影响共同富裕的突出问题。例如,按各占20%的五等份分组,2013年高收入组农户比低收入组农户人均可支配收入高18446元,2019年和2022年分别扩大到31787元和41051元。在2014—2019年、2020—2022年期间[2],农村高收入组农户与低收入组农户人均可支配收入的差距分别增加了72.3%和29.1%,而同期农村居民人均可支配收入的名义增速分别仅为69.9%和25.6%。农村高收入组农户与低收入组农户人均可支配收入绝对差距的扩大步伐快于农村居民人均可支配收入的增长。

3. 最近一两年农村低收入人口增收放缓的问题再度凸显,确保不发生规模性返贫对增加低收入者收入的要求更加紧迫。

按各占20%的五等份分组和2021年、2022年两年平均计算,农村居民低收入户、中间偏下户、中间收入户、中间偏上户、高收入户人均可支配收入增长速度分别为3.6%、7.3%、8.9%、8.6%和9.4%;低收入户农村居民人均可支配收入的增长速度分别较中间偏下户、中间收入户、中间偏上户、高收入户慢3.7个、5.3个、

---

[1] 习近平:《扎实推动共同富裕》,《求是》2021年第20期。
[2] 2020—2022年表示以2019年为基期,2022年为报告期。以此类推。

5.0个和5.8个百分点。如果以农村居民中的低收入户人均可支配收入为100进行计算，则2019年农村居民中间偏下户、中间收入户、中间偏上户、高收入户人均可支配收入分别为228.9、328.1、462.9和845.7；2022年分别为238.1、347.3、490.5和917.0。可见，最近两年来，在农村居民中，低收入户增收困难的问题重新凸显，农村低收入户与其他较高收入组农户的收入差距全面扩大；并且，低收入户这种增收困难凸显的问题，还有向中低收入户蔓延的迹象。如农村居民低收入户、中间偏下户、中间收入户、中间偏上户、高收入户人均可支配收入较上年名义增长率，2021年分别为3.7%、11.5%、12.5%、11.1%和11.8%，2022年分别为3.5%、3.3%、5.5%、6.4%和7.0%。当然，最近一两年农村低收入人口增收放缓的问题再度凸显，如果断言其已经成为趋势还为时过早，但如不尽早采取有效措施遏制这种现象强化并蔓延成趋势，不仅会影响全体人民走向共同富裕和全面建设社会主义现代化国家的进程，甚至有可能形成规模性返贫，特别是整村整乡返贫现象，与全面推进乡村振兴的底线要求相悖。

（三）谨防农村低收入人口返贫风险增加

1.部分地区特色农业和乡村产业低水平同质竞争严重，其规模的进一步扩张很可能推动农民增产减收问题加快凸显。

特色农业和乡村产业对农民增收的贡献，既可能来自农民（工）就地就近就业形成的工资性收入，也可能来自其就地就近经营或创业形成的经营净收入。2021年，全国农村居民的人均经营净收入达到 6566.2 元，占农村居民人均可支配收入的 34.7%；其中来自第一产业、第二产业、第三产业的经营净收入分别占农村居民人均可支配收入的 22.7%、2.5% 和 9.5%；而在第一产业的经营净收入中，来自农业、林业、牧业、渔业的分别占农村居民人均可支配收入的 17.0%、1.2%、3.6% 和 0.9%。近年来，我国特色农业和乡村产业迅速发展，成为带动农民增收和就业创业的重要原因。特别是部分先行地区抢占先机，发展特色农业和乡村产业，带动农民增收和就业创业成效显著。许多后起地区纷纷效仿，企图复制、推广先行地区成效。但随着相关特色农业和乡村产业发展规模的扩大，同质竞争、进入过度、产能过剩问题迅速凸显，导致产品价格下降、效益降低；甚至因进入拥挤导致农资、种苗成本增加，因在次适宜区、不适宜区片面扩大种植养殖导致产品质量下降，进而形成农民增本减收和产品竞争力下降的现象屡见不鲜。如 2016—2022 年 7 年间，我国茶叶、水果、蔬菜、海产品、淡水产品产量分别年均递增 5.6%、3.5%、2.7%、1.0% 和 1.9%；按年末人口数计算，2022 年全国人均产量分别达到 2.37 千克、221.68 千克、566.65 千克、24.55 千克和 24.10 千克，这些产品的人均产量分别较 2015 年增加 43.8%、25.0%、18.0%、5.1% 和 11.9%。但这些农产品产量和人均产量的迅速增长，许多并非伴随着出口的迅速增长，甚至因近年出口增长明显放缓，推动无效供给和同质竞争大量增加。如 2015 年我国蔬菜、水果、水产品贸易顺差分别为 127.3 亿美元、10.2 亿美元和 113.5 亿美元，2022 年分别为蔬菜贸易顺差 162.2 亿美元、水果贸易逆差 87.7 亿美元、水产品贸易逆差 6.9 亿美元，蔬菜贸易顺差增加了 27.4%，水果和水产品均由贸易顺差转为贸易逆差。2023 年前 6 个月，我国农产品出口增长 1.7%，增速比上年降低 21.1 个百分点；进口增长 8.3%，增速比上年提高 2.3 个百分点。2022 年前 6 个月，我国农产品贸易逆差 674.0 亿美元，2023 年前 6 个月扩大到 763.4 亿美元，增加了 13.3%。[1]

从具体产品来看，同质竞争、产能过剩、进入过度问题，从曾经的"葡萄之王"阳光玫瑰的发展上可见一斑。据《环球时报》报道[2]，2016 年全国阳光玫瑰的种植面积仅 10 万亩，2021 年已经扩大到 31 万亩以上，增幅超过 210%。种植规模的迅速扩大，推动阳光玫瑰葡萄由从日本引进初期的高档葡萄迅速跌落"神坛"，每斤价格已由上百元降到几元；甚至因土壤特性、气候条件、种植环境和管理方式的变化，导致营养、口味、美观度与之前相去甚远。类似现象在大枣、核桃、猕猴桃等许多特色农产品和乡村产业中都有体现，只是程度不同、发生早晚有别而已。

随着消费水平的提高和消费结构的升级，我国消费正从"模仿型排浪式消费阶段基本结束"迈向"个性化、多样化消费渐成主流"的发展阶段，导致小众产品、细分市场的重要性迅速凸显；甚至为维护产业质量效益竞争力，控制产业发展和供给规模日益

---

[1] 农业农村部农业贸易促进中心：《2023 年 1—6 月我国农产品进出口情况》，http://www.moa.gov.cn/ztzl/nybrl/rlxx/202307/t20230720_6432567.htm；《2022 年 1—6 月我国农产品进出口情况》，http://www.moa.gov.cn/ztzl/nybrl/rlxx/202207/t20220721_6405213.htm。
[2] 赵觉珵：《"阳光玫瑰"价格跳水 国内特色水果亟需破局》，《环球时报》2022 年 9 月 30 日。

具有必要性和紧迫性。近年来，随着我国人口总量增长放缓甚至见顶回落，情况更是如此。许多地方特色农业和乡村产业发展如果继续沿袭追求规模扩张的传统发展道路，很容易加剧增收困难甚至增产减收问题。有些地方特色农业和乡村产业发展，甚至因市场拥挤、进入过剩或营销渠道开拓不畅，导致产量增、销量少，投入多、效益差；进而导致之前年份在基础设施和产能建设、品牌培育等方面形成的大量沉没成本，难以通过之后年份的效益覆盖。因此，与之前年份相比，产业效益和竞争力下降，带动农民增收能力减弱自是难免的。因此，防止因特色农业或乡村产业主导产业出现规模性减收，导致农民出现整村整乡减收甚至规模性返贫，其重要性和紧迫性正在明显增加。

2. 国民经济运行面临一些突出矛盾和严重困难，与农民就业创业密切相关的小微企业和个体工商户首当其冲。

农民增收问题在很大程度上是一个经济发展问题。当前，就总体来看，农民收入的增长仍然主要来自工资性收入和经营净收入。而工资性收入和经营净收入不仅取决于特色农业和乡村产业的发展情况，更在很大程度上取决于城镇提供的就业机会和工资收入水平。部分农民工作为城镇常住人口在城镇创业，并向农村家庭提供转移净收入，也取决于城镇提供的发展机会。当前，城乡居民收入增长明显放缓，加剧城乡消费扩张乏力，甚至部分萎缩的问题。新冠疫情防控导致部分行业，特别是中小微企业、个体工商户遭遇重创，甚至被迫关门歇业，严重影响农民（工）就业创业机会，甚至容易导致农民工特别是农民工中的低收入者最容易成为企业裁员的对象，最容易遭遇有效就业时间减少的困扰，因而出现减收问题。

当前，全球经济缓慢复苏，外部环境复杂严峻，不稳定、不确定因素明显增多，我国经济运行面临新的风险挑战。同时，受波及范围广、影响程度远超"国际金融危机"的新冠疫情等多重因素冲击[①]，出口对我国经济增长的拉动能力明显减弱，利用外资增长疲软；国内周期性结构性体制性矛盾交织叠加，特别是国内需求不足、企业经营困难加重、重点领域风险隐患较多、社会预期不稳甚至转弱、经济发展内生动力不足等现象局部加重。2023年上半年，我国GDP同比实际增长5.5%，其中第二产业、第三产业增加值分别同比增长4.3%和6.4%，规模以上工业增加值同比增长3.8%，社会消费品零售总额同比增长8.2%，固定资产投资（不含农户）同比增长3.8%；货物进出口总额同比增长2.1%，其中出口增长3.7%；这些指标较疫情前的2019年均有明显降低。到2023年7月部分指标还有进一步降低。如2023年7月全国规模以上工业增加值同比增长3.7%，社会消费品零售总额同比增长2.5%；货物进出口总额同比下降8.3%，其中出口下降9.2%。新冠疫情防控阶段转换后，经济恢复存在"波浪式发展、曲折式前进"的状况，这种超出预期的情况容易导致中小微企业、个体工商户吸纳就业增收的状况低于预期。在以吸纳农民工就业创业居多的小微企业、个体工商户中，情况可能更为突出。部分大中型

---

① 姜惠宸：《逆周期调节的宏观审慎政策有效性研究》，《宏观经济研究》2022年第11期。

企业特别是供应链核心企业、行业龙头企业经营风险增加和资金流断裂，也容易波及与其有要素、产品联系密切的供应链中小微企业，甚至个体工商户，并通过市场联系影响农民收入增长。类似问题如果长期得不到有效治理，很可能加重农民增收困难甚至减收问题。

表 2-2　近年来农村居民人均可支配收入增长结构的变化

	年份 2015	年份 2019	年份 2022	2022年占人均可支配收入比重/%	2016-2019年年均增速/%	2020-2022年年均增速/%
人均可支配收入/元	11422	16021	20133	100	8.83	5.88
工资性收入/元	4600	6583	8449	41.97	9.37	6.44
经营净收入/元	4504	5762	6972	34.63	6.35	4.88
财产净收入/元	252	377	509	2.53	10.59	7.79
转移净收入/元	2066	3298	4203	20.88	12.40	6.25

注：本表按当年价格计算。

3. 财产净收入和转移净收入较快增长的格局难以持续，对农民增收的贡献能力明显减弱难以避免。

由表 2-2 可见，近年来，尽管在农村居民人均可支配收入中，财产净收入和转移净收入占比不高，但这两项收入的增长在发生新冠疫情前，一直快于农村居民人均可支配收入及作为其主要组成部分的工资性收入和经营净收入的增长。但在从 2020 年到 2022 年 3 年新冠疫情防控期间，财产净收入特别是转移净收入的增长均出现明显的放缓现象。到 2022 年，财产净收入占全国农民人均可支配收入的比重仅 2.5%，除少数城郊、旅游或其他特色资源丰富的地区外，就绝大多数农村地区而言，通过财产净收入实现农民增收的空间不是很大。即便通过"资源变资产"等改革举措，在一两年内可实现农民财产净收入的较快增长，甚至让财产净收入成为农民收入的重要组成部分；但由于房租、土地租金在一定期间的相对稳定性，借此也难以支撑农民收入出现较大幅度的持续稳定增长。况且，许多地方小微企业、个体工商户遭遇重创，导致关停倒闭歇业现象增加，影响房租、土地租金乃至农民财产净收入的增长。

转移净收入占全国农民人均可支配收入的比重，2022年已达20.88%，其未来增长形势对农民收入增长格局的影响值得重视。但由于农民外出务工经商收入增长放缓，特别是部分外出务工的农民工出于失业或有效工作时间减少、工资下降等原因，通过住户之间赡养收入、农户非常住成员寄回带回收入等方式实现的转移净收入，很可能出现增速放缓甚至减少的趋势。近年来许多地区财政收入增长放缓、土地出让收入锐减，加之3年新冠疫情导致部分地区出现较为严重的财政减收透支和负债增加问题，通过财政支持、财政补贴和单位、社会团体对住户经常性转移支付等方式实现的对农户收入转移，很可能呈现更加明显的增长放缓趋势；局部地区由于财政支出压力加大，出现公务人员工资拖欠和基本公共服务等民生支出维持难等问题，在一定时期内出现对农户转移性收入减少的现象，甚至也很难避免。虽然缺乏农村居民的对应数据，但在2023年上半年全国居民人均可支配收入中，工资性收入、经营净收入、财产净收入和转移净收入分别较上年同期名义增长6.8%、7.0%、4.7%和6.1%。同期，在陕西省居民人均可支配收入中，工资性收入、经营净收入、财产净收入、转移净收入分别较上年同期增长8.8%、5.9%、3.1%和3.9%，财产净收入、转移净收入成为居民收入中增长最慢的两个板块。

4.上述方面对农民增收的负面影响往往不是平均分布的，低收入农户抗风险能力弱、维持收入稳定更难。

相对而言，在农村人口和劳动力中，农村低收入人口，尤其是欠发达地区的低收入农户往往文化水平和技术素质偏低，社会关系网络不发达，适应市场特别是驾驭市场的能力较弱，就业、创业竞争力和抗风险能力较差，因此更容易受到经济增长不利形势和就业、创业不利环境的负面影响。上述方面的负面影响，在农村低收入人口增收方面往往更为集中，甚至导致越来越多的农村低收入人口维持收入稳定的难度明显加大。

5.过渡期后如果农村低收入人口和欠发达地区常态化帮扶机制建设滞后，很可能导致农村低收入人口增收难度进一步加大。

2021年中央一号文件在部署"实现巩固拓展脱贫攻坚成果同乡村振兴有效衔接"时，明确要求"脱贫攻坚目标任务完成后，对摆脱贫困的县，从脱贫之日起设立5年过渡期，做到扶上马送一程。过渡期内保持现有主要帮扶政策总体稳定，并逐项分类优化调整，合理把握节奏、力度和时限，逐步实现由集中资源支持脱贫攻坚向全面推进乡村振兴平稳过渡"[①]。2022年中央一号文件

---

① 中国政府网：《中共中央 国务院关于全面推进乡村振兴加快农业农村现代化的意见》，https://www.gov.cn/zhengce/2021-02/21/content_5588098.htm。

进一步强调"保持主要帮扶政策总体稳定，细化落实过渡期各项帮扶政策，开展政策效果评估"[①]。2023年中央一号文件明确要求"研究过渡期后农村低收入人口和欠发达地区常态化帮扶机制"[②]。当前衔接过渡期已经过半，鉴于近年来地方财政增收困难的问题加重，局部地区甚至出现财政减收问题。如果过渡期后在农村低收入人口和欠发达地区常态化帮扶机制建设方面稍有放松，很可能因为帮扶政策支持农民增收力度减弱，甚至因部分帮扶政策撤出后形成真空，导致农村低收入人口和欠发达地区农民增收困难的问题加重，进而导致农村低收入人口收入增长放缓，甚至出现局部地区减收。

（四）警钟长鸣、多管齐下、机制优先

1. 高度重视促进农村低收入人口增收的重要性和紧迫性，加强农村低收入人口常态化帮扶和动态监测预警机制建设。

在当前乃至今后相当长的时期内，做好促进农村低收入人口增收工作，不仅是防止规模性返贫、巩固拓展脱贫攻坚成果与全面推进乡村振兴有效衔接的基本要求。也是促进农民农村共同富裕的需要。那些农村脱贫不稳定户、边缘易致贫户、突发严重困难户，很容易出现返贫问题，影响脱贫攻坚成果的巩固。从国内外经验来看，低收入人口往往具有较高的边际消费倾向，其多数

---

① 中国政府网：《中共中央 国务院关于做好2022年全面推进乡村振兴重点工作的意见》，https://www.gov.cn/zhengce/2022-02/22/content_5675035.htm。
② 中国政府网：《中共中央 国务院关于做好2023年全面推进乡村振兴重点工作的意见》，https://www.gov.cn/zhengce/2023-02/13/content_5741370.htm？dzb=true。

新增消费属于普通消费；促进低收入人口增收对于扩大国内消费、延长我国传统产业的生命周期也有重要意义。习近平总书记强调，"要继续压紧压实责任，发挥好防止返贫监测帮扶机制预警响应作用，把脱贫人口和脱贫地区的帮扶政策衔接好、措施落到位，实现平稳过渡，坚决防止出现整村整乡返贫现象"，要"推动防止返贫帮扶政策和农村低收入人口常态化帮扶政策衔接并轨，把符合条件的对象全部纳入常态化帮扶，研究建立欠发达地区常态化帮扶机制。应该由政策兜底帮扶的脱贫人口，要逐步同通过正常帮扶有能力稳定脱贫的人口分开，实行分类管理"。[①]

要结合农村低收入人口常态化帮扶机制建设，完善农村低收入人口评价和识别标准。鉴于当前经济增长放缓、地方财政增收困难凸显等实际情况，建议全国农村低收入人口识别标准按上年农村居民人均可支配收入中位数的40%为宜。这样，既可以避免因标准过低导致相关帮扶措施强度偏弱从而对低收入人口"中看不中用"的问题，又可以保障最需要帮扶的那部分低收入人口得到切实帮扶。以2022年为例，全国农村居民人均可支配收入中位数为17734元，据此制定的2023年居民低收入人口识别标准为7094元，即农村居民人均可支配收入不超过7094元者（可粗略设定为7100元），即作为农村低收入人口。2022年按五等份分组的农村低收入户、中间偏下户人均可支配收入平均水平分别为5024.6元和11965.3元，按上年农村居民人均可支配收入中位

[①] 习近平：《加快建设农业强国 推进农业农村现代化》，《求是》2023年第6期。

数的40%作为当年农村低收入人口识别标准,即收入上限,较上年农村低收入户人均可支配收入平均数高41.2%,较上年农村中间偏下户人均可支配收入平均数低40.7%。同时,鼓励地方财政实力较强的省份,在不低于国家标准的前提下,制定稍高的省级农村低收入人口识别标准。要在加强识别和动态监测预警机制建设的基础上,注意区分农村低收入户、边缘低收入户、突发严重困难户和需要通过政策兜底帮扶的低收入户,借鉴脱贫攻坚经验,加强分类治理、精准施策。

2. 加强对农村低收入人口的就业创业培训,完善培训支持方式。

"授人以鱼不如授人以渔"。提高农村低收入人口收入水平,必须把引导帮助农村低收入人口提高人力资本质量放在突出地位,采取有效措施,帮助农村低收入人口提高就业、经营和创业能力。长期以来,各级政府和相关部门支持的农民培训很多,也取得了一定效果,但与高质量推进农民(工)就业、经营和创业的需求日益形成较大差距。要在继续支持政府主导的培训服务的同时,更多通过政府采购公共服务方式,鼓励培训机构增加和优化优质公共培训服务供给。与此同时,注意发挥企业、行业组织、市场化培训机构在开展农民就业创业培训中的作用,完善培训市场竞争择优机制,提高农村劳动力培训特别是面向农村低收入人口的培训质量。建议借鉴许多地方实行服务消费券、中小企业创新券等思路,改变政府直接支持培训机构甚至直接组织农业劳动力培训等传统做法,通过面向培训对象发放培训服务消费券等方式,鼓励培训对象根据培训质量选择培训机构提供的优质服务。鉴于小农户或农村劳动力往往缺乏准确识别优质培训服务的能力，也可在完善社会监督机制的同时，鼓励依托村级组织、农民合作社联合筛选优质服务机构，加强面向农村低收入人口的就业创业和培训服务。推动农村低收入人口增收，加强技术培训固然重要，但技术培训应该更多面向企业和产业发展需求，将加强技术培训与提升农民就业适应能力结合起来，鼓励采取订单培训、用工企业培训等方式，避免无的放矢或"为培训而培训"，做坚持需求导向、解决实际问题的培训。

3. 鼓励涉农企业、新型农业经营（服务）主体完善联农带农的利益联结机制，在创新特色农业和乡村产业发展方式中发挥引领带动作用。

相对而言，多数农村低收入人口就业、经营和创业能力比较差，要增加其收入，只能更多地为其提供就业、经营和创业机会，让其"跟着别人干"，并且"在干中学"。因此，结合财政、金融和税收支持，鼓励龙头企业、家庭农场、农民合作社、涉农服务企业等新型农业经营（服务）主体和乡村企业，甚至投资农业农村的工商资本完善联农带农的利益联结机制，发挥对农村低收入人口就业、增收、提升发展能力的引领带动作用至关重要。借此，帮助农村低收入人口增加就业创业和经营机会，加入以涉农企业或新型农业经营（服务）主体主导的产业分工协作体系，增强竞争力和抗风险能力。

鉴于涉农企业、新型农业经营（服务）主体是推进特色农业和乡村产业发展的中坚力量，甚至探路先锋，要注意引导其在推进特色农业和乡村产业发展方式转变中发挥引领、示范和带动作用，加强创新能力建设，规避片面追求规模扩张和数量增长的传统发展模式，引导特色农业和乡村产业更加重视适地适度发展和因地制宜发展，做好稳量提质增效升级甚至减量提质增效的文章[①]，扎实推动特色农业和乡村产业高质量发展。要注意顺应消费结构升级和消费需求分化趋势，立足资源优势和产业基础，带动特色农业和乡村产业发展做好"土特产"文章，加强小众产业和细分市场开发，切实提升产业发展的品质、品牌和品位，培育别人难以跨越的竞争壁垒和独特优势。近年来，推动产业融合发展日益成为推动特色农业和乡村产业转型升级的重要途径。要结合鼓励涉农企业、新型农业经营（服务）主体在培育新产业新业态新模式过程中发挥"领头雁"作用，鼓励其更好地在推动新产业新业态新模式与传统产业融合发展中发挥导航作用，更好地促进传统产业转型升级，提升其对农村低收入人口增收的带动能力。通过推动特色农业和乡村产业提质增效升级，带动农民就业、增收和创业能力的提升，为促进农村低收入人口向中等收入人口转化创造条件。

4.聚焦重点地区、重点人群加强倾斜支持，创新制度强化对农村低收入人口就业增收提能的公共服务。

农村低收入人口有些处于散布状态，有些具有区域聚集性或行业聚集性。如因产能过剩严重或市场需求变化、产品营销能力

---

① 姜长云：《新发展格局、共同富裕与乡村产业振兴》，《南京农业大学学报（社会科学版）》2022年第1期。

建设滞后，导致农村区域主导产业大面积减收地区，以及农村劳动力跨地区群体性异地转移地区。这些地区和相关人群，应该是支持农村低收入人口增收的重点地区、重点人群。以此为重点，支持农村低收入人口增收，不仅容易实现规模效益和社会效益，也容易防止出现规模性返贫，特别是整乡整村整产业集群对应人群返贫。要推动相关财政、金融、税收、政府采购公共服务等资源，向支持这些重点地区、重点人群适度倾斜，鼓励面向这些重点地区、重点人群，加强市场营销、仓储保鲜等能力建设，引导市场主体联合开展品牌建设。一些农村低收入人口相对集中，但特色农业和乡村特色资源富集的地区，应在加强面向农村劳动力的技术培训的同时，更加重视创业和经营培训和农村生产生活服务体系建设。在那些农村低收入人口相对集中，但农业劳动力跨地区群体性转移较多的地区，应将加强农村劳动力转移就业创业公共服务平台建设、鼓励农村劳动力返乡创业放在突出位置。许多发达国家利用行业组织，引导带动退休企业家、退休专业技术人员支持乡村发展和小微企业成长，取得显著成效。当前，我国在 20 世纪 60 年代人口出生高峰出生的企业家和专业技术人员，大多已陆续进入退休年龄。这些人多数仍身强力壮，在推动企业或产业发展方面具有丰富经验或专业技术，应该完善激励机制，鼓励这些人为促进农村低收入人口增收贡献才智。此外，借鉴国际经验，完善面向重点地区的产业救济协调机制，推动问题地区、问题产业转型升级，对于促进农村低收入人口增收也是重要的。

5.切实加强对中小企业、民营经济发展的政策支持和预期引导,推动建设高标准市场体系落实落地。

农民增收问题在很大程度上是一个经济发展问题。讨论农村低收入人口增收问题,要跳出就"三农"论"三农"的局限,将农村低收入人口增收问题放在国民经济和社会发展的大背景下统筹考虑。考虑到当前工资性收入已经成为农民收入的第一大来源,情况尤其如此。中小企业和民营经济互为主体,虽然其单体规模不大,但对农村低收入人口的亲和力最强,往往是带动农村低收入人口增收的雄厚底蕴和主要力量。要推动国家鼓励中小企业、民营经济发展的政策有效落地,切实消除中小企业、民营经济在融资、融地和市场拓展等方面面临的各种歧视,完善中小企业、民营经济参与的营商环境和产业生态。按照构建高水平社会主义市场经济体制和建设更高水平开放型经济新体制的要求,切实推动不同类型经济平等发展、互惠共赢,强化竞争政策基础性地位,完善公平竞争审查机制,优化中小企业、民营经济发展环境,激发微观主体活力。当前,社会预期减弱成为影响经济社会发展的一个突出问题。面对复杂多变且充满不确定性的国内外环境,特别是3年新冠疫情对经济增长和居民就业增收的冲击[①],要结合典型案例宣传,注意换位思考,引导中小企业和民营经济稳定预期,提振发展信心。此外,鉴于当前经济运行面临新的困难和严峻挑战,要适度放松对庭院经济、个体工商户甚至城乡非正规组织等

---

① 张军、姜惠宸:《从数字经济典型企业看新冠疫情影响及中长期应对》,《中国发展观察》2020年第3期。

草根经济的市场准入标准,加强相关政策支持措施。借此,也有利于拓宽促进农村低收入人口增收的政策思路。

三、换个角度看底线:卢拉的眼泪及其启示

全面推进乡村振兴、加快建设农业强国是全面建设社会主义现代化强国的基础工程,以中国式现代化全面推进中华民族伟大复兴,必然要求把中国式现代化的理念和政策思维,作为加快建设农业强国的行动指南。近年来,作为世界粮食生产和出口大国的巴西,粮食不安全问题明显加重,并与贫困问题交织叠加。这从侧面给我们敲响了警钟:以中国式现代化推进农业强国建设不能流于形式,对于粮食安全和农村低收入人口增收问题丝毫大意不得。守住粮食和重要农产品稳定安全供给的底线,防范出现粮食安全风险,应同防范规模性返贫、加强贫困治理和解决相对贫困问题结合起来,并统筹解决城乡贫困问题。

(一)鲜明反差

作为南美洲面积最大的国家,巴西国土面积851万平方千米,2021年总人口21432.62万人,GDP总量居世界第12位[①]。得天独厚的地理条件,决定了巴西是世界上少有的适宜农林牧渔业全面发展的国家,农业开发潜力位居世界前列。巴西农牧业发达且资

---

① 数据来自世界银行,https://data.worldbank.org.cn/indicator。

源禀赋优越，农业科技和机械化水平较高，成为近年来巴西经济增长的主动力之一，拥有"21世纪的世界粮仓"之称，是多种农产品的主要生产国和出口国。2021年全年谷物和大豆产量分别居世界第5位和第1位，谷物中稻谷和玉米产量分别居世界第10位和第3位；谷物和大豆出口量分别居世界第9位和第1位，谷物中稻谷和玉米出口量分别位居世界第3位和第4位。2020年和2021年，巴西人均谷物产量分别为588.98千克和523.60千克；人均大豆产量分别为571.29千克和629.58千克，人均薯类（马铃薯和甘薯）产量分别为21.65千克和21.83千克；谷物净出口量分别占当年谷物产量的21.6%和10.4%，分别相当于人均谷物净出口127.26千克和54.56千克；大豆净出口量分别占当年大豆产量的67.4%和63.2%，分别相当于人均大豆净出口385.33千克和397.74千克。[①]从这组数据可见，巴西应该不会出现大量饥饿人口，更不会有饥饿人口的迅速增加。

但是，恰恰是在巴西，近年来生活在饥饿中的人越来越多。可以说，近年来，巴西粮食生产和出口能力强与其粮食不安全风险增加形成鲜明反差。巴西瓦加斯基金会（FGV）社会政策中心通过分析盖洛普（Gallup）咨询公司的调查数据发现，巴西粮食不安全率从2014年的17%跃升到2021年年底的36%，2021年年底巴西的粮食不安全状况达到创纪录的严重水平，并首次超过全球平均水平（35%）。在最贫穷的20%的巴西人中，75%的人确

---

① 数据来自联合国粮农组织（FAO）数据库，https://www.fao.org/faostat/zh/#data/QCL 和 https://www.fao.org/faostat/zh/#data/TCL。

认在过去12个月中出现过没钱买食物的情况。①联合国粮农组织（FAO）2022年7月6日发布的报告显示，2014年至2016年期间，处于粮食不安全状况和重度粮食不安全状况的巴西人分别为3750万人和390万人。2019—2021年期间，约6130万巴西人处于粮食不安全状况，其中1540万人处于重度粮食不安全状况。换句话说，近年来，巴西人的饥饿或粮食不安全状况严重恶化，到2021年每3个巴西人中就有1个处于粮食不安全状况。②巴西新任总统路易斯·伊纳西奥·卢拉·达席尔瓦当选后曾含泪感慨，他从未想到饥饿会再度光顾这个国家，他要带领巴西人"与饥饿与贫困做斗争"③。那么，在粮食安全问题上，巴西何以出现这种情况呢？

（二）粮食产业链供应链受制于人

巴西农业结构呈现大农场和小农场并存的特点。长期以来，由于实行土地私有制，土地可在市场自由交易，巴西大部分土地，特别是良田集中在少数大庄园主手中。④大型农机具和现代信息技术、智能技术的运用，提升农业生产效率的要求和国际竞争

---

① 中巴商业资讯网：《巴西粮食安全首次低于世界平均水平》，[2022-05-26]，https://china2brazil.com/2022/05/26/巴西饥饿程度超过世界平均水平。
② 央视网：《联合国粮农组织：2019年至2021年巴西约6000万人粮食安全无法保证》，[2022-07-07]，http://finance.sina.com.cn/jjxw/2022-07-07/doc-imizmscv0397750.shtml?finpagefr=p_108。
③ 新华网：《卢拉宣誓就任巴西总统 强调团结和重建》，[2023-01-02]，http://news.cctv.com/2023/01/02/ARTIyzH6C66IK8pVCYrbQ5qR230102.shtml；人民论坛网：《李云才：巴西"粮食危急"的启示》，[2022-12-10]，http://www.rmlt.com.cn/2022/1210/662142.shtml。
④ 张宝宇：《巴西现代化研究》，世界知识出版社2022年版，第37页。

的压力，进一步推动巴西土地向大庄园主集中。这些大庄园主经营的农场属于商业性大农场，现代化程度高，主要从事大豆、甘蔗、咖啡、玉米等出口农产品生产，生产率和收入水平高。近年来，巴西农业生产率增长较快，农业在国际市场形成很强的竞争力[1]，这些现代化大农场的支撑作用功不可没。尽管巴西对于外资购买和租赁土地有限制性政策，但长期以来推行私有化并鼓励外资特许经营，鼓励外国企业或个人在巴西投资农业。[2]加之，跨国农业企业和国际资本通过种子和化肥农药等农业投入品市场，粮食加工、收购、出口贸易和粮食仓储物流等环节的高度垄断和控制，通过农业产业链产前、产后环节对生产环节的影响，形成了对这些大庄园、大农场及其粮源的强势控制力。按照这些出口导向、市场导向的大农场，特别是跨国农业企业和国际资本的行为逻辑，商业盈利是最重要的，满足巴西居民的粮食需求则是次要的，甚至不用过多考虑。因此，大量粮食虽产于巴西，但其产销控制权属于大庄园主、大农场主背后的跨国粮食企业，巴西人无权支配。换句话说，巴西现代化的大农场呈现强烈的出口导向和市场导向特征，粮食产业链供应链受跨国公司和国际资本的强势控制。在此背景下，近年来国际能源价格上涨，推动巴西大量粮食被用于生产利润高得多的燃料乙醇供应国际国内市场，脱离巴西的粮食储备和口粮消费；助推巴西成为世界上重要的燃料乙醇

---

[1] 赫伯特·克莱因、弗朗西斯科·卢纳、王飞等：《巴西农业现代化发展的经验与结构性问题》，《拉丁美洲研究》2019年第5期。

[2] 王晶、聂凤英：《巴西农业》，中国农业出版社2021年版，第209页。

出口国和可再生能源消费大国，也导致近年来巴西粮食不安全问题凸显。这在很大程度上有其必然性。

以下因素还助推了跨国农业企业和国际资本对巴西大庄园、大农场控制力的强化。第一，巴西农业和农业投入品市场高度开放，甚至农产品国内价格与国际市场价格基本保持一致，农业出口导向、农产品贸易政策以市场为导向的特征鲜明。[①] 第二，巴西是食品出口大国，食品出口以加工后的食品为主，食品加工业对全国经济发展至关重要[②]；而农产品和食品加工企业众多，机械化、集团化、规模化、产业链成熟完善、资本雄厚等特征鲜明，有的食品加工企业规模在全球名列前茅；为促进食品加工业发展，巴西每年都从国外进口大量食品加工与包装设备。[③] 因此，跨国农业企业和国际资本对农产品加工业的控制力也较强，甚至通过融资支持等方式，推动农业生产与农业投入供应商、农产品加工商、连锁超市等一般分销商、国际贸易企业等紧密结合，推动农业综合企业等迅速发展和国际影响力迅速提升。[④] 巴西的农业综合企业

[①] 赫伯特·克莱因、弗朗西斯科·卢纳、王飞等：《巴西农业现代化发展的经验与结构性问题》，《拉丁美洲研究》2019年第5期。王晶、聂凤英：《巴西农业》，中国农业出版社2021年版，第102页。
[②] 巴西的初级产品出口占总出口的5%左右，2020年巴西食品加工工业增加值占全国GDP的10.6%，食品行业贸易总额占巴西对外贸易总额的64.4%。参见王晶、聂凤英：《巴西农业》，中国农业出版社2021年版，第51页。
[③] 王晶、聂凤英：《巴西农业》，中国农业出版社2021年版，第53页。
[④] 当然，以大农场为主导的农业结构特点，为巴西农业综合企业的迅速发展提供了经验丰富的企业家支持；巴西农牧业研究公司（Embrapa）、其他公共和私人研究机构、跨国农业企业等为增强农业创新力、提高生产率发挥的重要支撑作用，也推动了巴西农业综合企业的迅速发展及其国际影响力的迅速提升。

竞争力强，贡献了约 1/5 的国内生产总值。[1]

(三) 小农场退出、失业与贫困

巴西大多数农场是小型家庭农场，集中了很大一部分农业劳动力，但其产出占总产出的份额却很小。这些小农场以生产木薯、黑豆为主，劳动生产率和经营收入水平较低，主要面向国内市场甚至本地市场的食品消费需求。[2]巴西 62% 的农场是用地不足 50 公顷的小型农场，只占农业用地面积的 7%，其竞争力明显弱于大型农场。其中，相当一部分属于自给自足、贫穷且受教育水平低的农民。[3]巴西的农资市场高度开放，且约 3/4 的化肥依赖进口。近年来，全球通货膨胀加剧，国际能源价格迅速上涨或高位运行，推动农资价格加快上涨或高位运行，导致巴西小农场的生存压力明显加大。

长期以来，巴西政府也注意采取措施支持小农场的发展。如引导小农场通过加入合作社等方式，接受合作社为社员提供的农业产前、产中、产后环节全方位服务，参与农业产业化运作和现代化发展，借此提高市场竞争力和风险应对能力。生产者、商业企业或工业加工商通过纵向一体化形成的合作组织，对活跃在商业农业中的中小型生产者提供技术知识和依托定期合同提供的信

---

[1] 王晶、聂凤英：《巴西农业》，中国农业出版社 2021 年版，第 1 页。
[2] 方平、岳晓文旭、周立：《农业多功能性、四生农业与小农户前景——基于巴西三类农场调研的反思》，《中国农业大学学报（社会科学版）》2020 年第 6 期。
[3] 赫伯特·克莱因等：《巴西农业现代化发展的经验与结构性问题》，《拉丁美洲研究》2019 年第 41 卷第 5 期，第 60—84、156 页。

贷支持，也为其融入农业价值链提供便利。[①]巴西政府还通过实施家庭农业支持计划，对家庭农场、低收入农户和小农户进行针对性的支持，防止农业人口向大城市过快流动导致城市社会问题。[②]政府的技术援助仅限于小型家庭农户和特定的农村生产者群体，以及以土著社区为代表的少数民族群体。[③]巴西农业部于20世纪90年代中期开始实施的家庭农业信贷支持计划，主要资助以家庭为单位进行农业生产的低收入农民。2020年6月，巴西农业部启动的"丰收计划"将中小型农业生产者作为政府补贴和贷款支持的重点，旨在推动国内农业生产发展。[④]但由于小农场和大农场相比，在资金实力、竞争能力、抗风险能力等方面差异悬殊，这些措施对于解决小农场的生存困境和发展难题收效甚微。尽管小农场在维护巴西国内粮食市场供给中的重要性较为突出，但来自大农场市场竞争的挤压容易导致其退出农业并加剧失业和贫困问题。

（四）贫困和两极分化加剧

在巴西，大农场挤压、排挤小农场的现象较为严重，许多小农场的农民因此失业并陷入贫困。大农场排挤小农场，固然为发展规模化、机械化和出口导向的现代农业提供了便利，也导致土地向大农场加快集中，跨国公司、国际资本对粮食产业链供应链

[①] 赫伯特·克莱因、弗朗西斯科·卢纳、王飞等：《巴西农业现代化发展的经验与结构性问题》，《拉丁美洲研究》2019年第5期。
[②] 王晶、聂凤英：《巴西农业》，中国农业出版社2021年版，第104页。
[③] 赫伯特·克莱因、弗朗西斯科·卢纳、王飞等：《巴西农业现代化发展的经验与结构性问题》，《拉丁美洲研究》2019年第5期。
[④] 王晶、聂凤英：《巴西农业》，中国农业出版社2021年版，第107页。

的控制力进一步强化，小农场日益陷入粮食产业链供应链的边缘和依附地位。来自现代化大农场的竞争挤压，推动主要面向国内市场的小农场为巴西居民提供生存保障的作用大幅弱化，导致巴西在大量出口粮食的同时，口粮消费还有相当一部分被迫依赖进口。2020年、2021年，巴西人均进口谷物分别达到42.67千克和49.65千克。因此，近年来的全球粮价上涨和通货膨胀，很容易传导到巴西，增加其居民生活成本和口粮不安全风险。

巴西社会长期存在严重的收入分配不均问题，是世界上第十大不平等国家。近年来，面对大农场市场竞争的挤压，许多小农场被迫退出农业，导致巴西农民失业和贫困现象加剧，社会两极分化严重，饥饿风险增加。近年来，巴西收入水平在前20%和前10%的人所获收入分别占总收入的60%和40%，收入水平在后20%和后10%的人所获收入占总收入的比重分别为不足4%和仅占1%。在收入和财富向少数人高度集中的同时，近2000万居民处于低收入陷阱。[①] 因大农场竞争挤压而失业、失地的农民被迫流向城市进入"贫民窟"，处于失业和非正规就业状态。近年来，新冠疫情导致其就业机会进一步减少，收入水平大幅降低并加剧其贫困状态，容易形成贫穷的恶性循环。因此，巴西的贫困主要发生在城市，72%的穷人生活在城市地区，包括城市非正规居住区。[②] 由于巴西国内粮价与国际粮价基本相同，农产品市场高度开放，在通货膨胀导致国内外粮价暴涨的背景下，大量低收入人口

[①] 王晶、聂凤英：《巴西农业》，中国农业出版社2021年版，第6、192页。
[②] 王晶、聂凤英：《巴西农业》，中国农业出版社2021年版，第192页。

陷入饥饿和营养不良状态，买不起粮食，加重饥饿或粮食不安全问题，自是难免的。可见，大农场取代小农场导致巴西的部分口粮消费被迫依赖进口，也加剧了巴西社会的贫困和两极分化问题。

（五）巴西教训的启示

第一，"以我为主，立足国内"解决粮食安全问题不仅要注意"饭碗应该主要装中国粮"，还要注意这些粮源必须是"自主可控"的。中国式现代化是中国共产党领导的社会主义现代化，坚持以人民为中心的发展思想，维护人民根本利益、增进民生福祉，就是推进中国式农业农村现代化的基本要求。而解决好我国人民的吃饭问题、保障粮食安全，是维护人民根本利益、增进民生福祉的底线。因此，要将保障粮食安全的主动权牢牢掌握在自己手中，不能让产自中国的粮源的控制权旁落到跨国企业、国际资本甚至他国手中。增强发展的安全性主动权，必须高度重视这一点。巴西的教训说明，"粮食问题不只是简单的经济问题，不能完全推向市场和资本""必须确保国家粮食政策制定、产业发展的自主权"[①]；粮食产能不等于可控粮源，一国粮食产业体系如果不能以满足国内需求为首要原则，将贻害无穷，也容易导致增强发展的安全性主动权落空。在保障重要农产品安全稳定供给上也是如此。因此，在支持农业及其关联产业增强国际竞争力的同时，防止农业产业链供应链受制于人，防止粮食和重要农产品产业链供应链

---

① 李竟涵：《卢拉为何落泪？粮食自主权不容旁落》，《农民日报》2022年11月21日。

受跨国企业、国际垄断资本甚至其他国家控制,确保粮食和重要农产品产购储加销体系自主可控、安全高效,是我国必须坚守的底线。这也是提高农业产业链供应链韧性和安全水平的基本要求。

第二,加快建设农业强国必须同巩固拓展脱贫攻坚成果、大力推进农村现代化结合起来,扎实推进共同富裕,促进工农城乡收入差距合理化。当今世界,农业现代化日益呈现与农村现代化融合互动、耦合共生的特点;作为后发型发展中国家,在推进农业现代化的过程中,更需要注意农业现代化与农村现代化一起设计、一并推进。巴西的一个重要教训正是在于,农业现代化的成功,并没有惠及整个农村地区,大量小农仍处于贫困之中。[1] 在城乡之间日益融合互动的背景下,农村贫困问题很容易转化为城市贫困问题。而贫困与饥饿往往是一对孪生兄弟。巴西的教训实际上给我们提供了一个重要警示:随着城乡差距的扩大和城乡之间的人口流动,贫困问题加剧、收入不平等问题加重,农村贫困问题容易传导为城市贫困问题,进而转化为城乡低收入人口因买不起食物而发生的饥饿和食物供给不足、营养不良问题;在城市化进程中必须保护好低收入者的基本权益,"温饱无忧从来不是理所当然,粮食安全问题须臾不可放松",要谨防类似"巴西饥饿问题的根源在于贫困问题"[2] 等怪现象。况且,当今世界,粮食安全问题主要不是总量问题而是分配不平等问题,世界粮食安全风险主

---

[1] 赫伯特·克莱因、弗朗西斯科·卢纳、王飞等:《巴西农业现代化发展的经验与结构性问题》,《拉丁美洲研究》2019年第5期。
[2] 李竟涵:《卢拉为何落泪?粮食自主权不容旁落》,《农民日报》2022年11月21日。

要发生在那些经济社会发展水平比较低或收入不平等程度比较严重的国家。① 在国家之间如此，在不同人群之间也是如此。

第三，在我国推进农业组织结构创新要注意依托双层经营体制发展农业，将深入开展新型农业经营主体提升行动、实施农业社会化服务促进行动同带动小农户合作经营、共同增收结合起来。要在坚持家庭经营基础性地位的同时，结合培育新型农业经营主体、新型农业服务主体和加强农业区域性综合服务平台建设，鼓励平台型企业对新型农业经营主体、新型农业服务主体发挥赋能作用等，发展多种形式农业适度规模经营，并将增强农业创新力、竞争力、可持续发展能力和提升农业现代化水平、培育现代农业产业链供应链，同促进小农户与现代农业发展有机衔接结合起来，鼓励新型农业经营主体、新型农业服务主体更好地服务小农户、带动小农户转型提升，融入现代农业发展大潮。巴西在推进农业现代化的过程中，推动农业结构日益呈现以现代化大农场为主导的格局，导致巴西农村地区同时存在一个极为现代化、充满活力的高生产率部门和一个庞大的传统部门，尽管公共政策强调通过家庭农业增强计划等手段推进传统部门转型发展，但成效和进展不大，并面临严峻挑战，出现贫穷的恶性循环。② 巴西的一个重要教训在于，在培育新型农业经营主体、新型农业服务主体的过程中，没有注意强化联农带农的利益联结机制；没有将培育新型

---

① 姜长云：《农业强国》，东方出版社2023年版，第219—222页。
② 赫伯特·克莱因、弗朗西斯科·卢纳、王飞等：《巴西农业现代化发展的经验与结构性问题》，《拉丁美洲研究》2019年第5期。

农业经营主体、新型农业服务主体的过程，同时转化为"把小农户服务好、带动好"的过程。我国人口规模巨大，特别是农村人口众多，而中国式现代化是全体人民共同富裕的现代化，农民农村共同富裕是当前影响共同富裕的突出短板。因此，在以中国式现代化指导农业强国建设的过程中，更要注意依托双层经营体制发展农业，赋予双层经营体制新的内涵，强化联农带农的利益联结机制建设，在促进小农户转型提升的同时，防止小农户的农业与现代农业发展脱轨，更要防止小农户因此陷入贫困和失业之中，并形成低收入人群的粮食不安全问题。

四、拓宽联农带农的视野

基于"大国小农"的基本国情，坚持中国式现代化的理论和政策思维推进农业农村现代化，应该更加重视完善联农带农的利益联结机制，并为此创新思维。用中国式现代化的理论和政策思维指导农业强国建设，也应创新思路、优化政策，强化联农带农的利益联结机制，为夯实农业强国建设的底线，并培育农业及其关联产业创新力、竞争力和可持续发展能力，为提升农业及其关联产业链供应链韧性和安全水平，提供雄厚底蕴。

（一）推进中国式农业农村现代化的基础工程

中国式现代化是全体人民共同富裕的现代化，农民农村共同富裕是当前影响共同富裕的突出短板,"大国小农"是我国在较长时间内难以根本改变的基本国情。因此,在我国推进农业农村现代化的过程中,强化联农带农的利益联结机制,促进小农户与现代农业发展有机衔接,应该是一条必须始终坚持的主线。借此,引导小农户参与农业农村现代化进程,防止其成为推进农业农村现代化的"旁观者""局外人",规避其走向推进农业农村现代化"边缘人"或"落伍者"的地步。

以 2016 年 12 月 31 日为标准时点,第三次全国农业普查数据显示,全国共有农业经营户 20743.16 万户,其中有较大农业经营规模、以商品化经营为主的规模农业经营户 398.04 万户,占 1.9%。这些规模农业经营户的农业经营规模普遍大于普通农业经营户。如种植业中的规模农业经营户,在一年一熟制、一年两熟及以上地区露地种植农作物分别要求达到 100 亩、50 亩以上;林业中的规模农业经营户,经营林地面积要求达到 500 亩及以上。但这些规模农业经营户的农业经营规模,多数明显小于欧美农业强国。如 2016 年,欧盟平均农场规模达 16.6 公顷,相当于 249 亩;并有大约 15% 的农场达到或超过这一规模。《中国农村经营管理统计年报(2018 年)》的数据显示,2018 年在全国农户中,经营耕地面积在 10 亩以下、10—30 亩、30—50 亩、50—100 亩、100—200 亩、200 亩以上的分别为 23313.6 万户、2867.9 万户、730.0 万户、272.6 万户、97.9 万户和 43.3 万户,经营耕地面积在 10 亩以下的农户占 85.2%,其中包括占农户总数 7.9% 的未经营耕地农户;经营耕地面积在 50—100 亩、100 亩以上的农户分别仅占农户总数的 1.0% 和 0.6%[①]。近年来,农户经营规模在总体上有所扩大,但以小规模农户为主体的农业经营格局并未明显改变。

更为重要的是,这些小规模农户的农业生产经营人员不仅文化水平和技术素质较低,而且老龄化程度严重,因而强化联农带农的利益联结机制,带动小农户成为推进农业农村现代化、农业强国建设的积极参与者和利益共享者更为紧迫。如按第三次全国农业普查数据,在全国农业生产经营人员中,初中及以上文化程度者占 56.7%,年龄 55 岁及以上者占 33.6%;同类数据在规模农业经营户中分别为 65.8% 和 20.7%。因此,强化联农带农的利益联结机制,不仅要注意带动农民特别是小农户就业增收,还要与带动其增强参与发展能力、增加其"在干中学"的机会结合起来。此外,当前国内外发展环境的不稳定不确定性明显增加,这些小农户抵御外部风险的能力普遍较弱。因此,在完善联农带农利益联结机制的过程中,要把增强利益联结机制的稳定性和可持续性放在更加突出的地位。借此,不仅可以为小农户参与农业强国建设提供稳定预期,还有利于带动更多的小农户参与农业强国建设。因为相对于紧密型利益联结机制,稳定型利益联结机制更容易形成较大的惠及面和持续带动力。

(二)联农带农亟待创新思维

谈到完善联农带农的利益联结机制,许多人很自然地想到通

[①] 农业农村部农村合作经济指导司、农业农村部政策与改革司:《中国农村经营管理统计年报(2018)》,中国农业出版社 2019 年版,第 2 页。

过股份制、股份合作制或者提供就业增收、培训机会等方式，带动小农户参与农业发展和农业产业链供应链建设。这只是微观层面的联农带农利益联结机制。除此之外，强化联农带农的利益联结机制还需从以下方面重点发力。

1. 鼓励现代农业产业组织引领带动小农户参与发展。

农业强国强势的背后，往往是富有创新力、竞争力、可持续发展能力的现代农业产业组织。农业产业组织不强，农业不可能强，实现农业农村现代化也无从谈起。在世界农业强国或实现农业农村现代化的国家中，农业产业组织既包括为数众多的家庭农场或农户，还包括发达的农民合作社、涉农行业组织、农产品加工或农资供应企业、涉农服务组织和跨国农业企业等，这些现代农业产业组织分工协作、优势互补、网络联动，协同带动家庭农场或农户发展现代农业，共同分享农业强国建设的成果。在此过程中，合作社、涉农企业、涉农服务组织可能通过合作制、股份制、股份合作制等方式吸纳农户参与，也可能通过提供就业增收、服务供给、关联产业发展机会等方式，形成对农户的辐射带动力。但是，考察联农带农的利益联结机制时，不仅要注意这些现代农业产业组织是如何直接带动农户的，还要关注跨国农业企业、涉农行业协会等处于"塔尖"位置的现代农业产业组织，是如何通过利益联结机制创新，形成对农民合作社和中小微企业等处于"塔中""塔底"位置的现代农业产业组织的辐射带动力的。推进大中小企业融通发展，培育农业产业化联合体等，间接带动小农户就业增收并参与农业强国建设，也是联农带农的重要方式。

2. 健全农业农村发展的支持保护政策。

如 2023 年中央一号文件要求,健全农民种粮挣钱得利、地方抓粮担责尽义的机制保障,健全主产区利益补偿机制;健全分层分类的社会救助体系,做好农业农村发展的兜底保障;加强对乡村基础设施和公共服务能力建设的支持,加强对脱贫地区、脱贫地区产业发展和农民增收的支持。这实际上是从宏观层面加强联农带农的利益联结机制建设。美国、澳大利亚、法国、德国、日本等现有世界农业强国取得成功的一个重要密码,正是将农业作为立国之本、强国之基,与时俱进调整完善农业支持保护政策,并加强对农业农村发展关键领域、薄弱环节的支持。如许多农业强国日益加强对农业绿色发展、环境友好型发展和包容性发展的支持,支持农民增加收入和稳定生活水准等。当前,工农城乡发展不平衡、"三农"发展不充分,是我国发展不平衡不充分问题的突出表现。因此,坚持农业农村优先发展总方针,健全农业农村发展的支持保护政策,既是解决当前社会主要矛盾的需要,对于中长期加快建设农业强国也有重要的"强基础"作用。

3. 拓展鼓励城市和社会力量支持带动农业发展和农业产业链供应链建设。

为此,有的采取政府、准政府组织的方式,有的采取社会力量自发组织或参与的方式,关键是创新完善相关激励机制,激发城市和社会力量支持带动农业发展和农业产业链供应链建设的内生动力。前者如支持驻村干部、科技特派员帮扶农业和乡村产业发展,后者如实施农业强国城市志愿者参与行动。要鼓励城市人才下乡参与和支持农业产业链供应链建设；鼓励城市大企业下乡，位居城市的平台型企业带动乡村集体经济、农村中小微企业、家庭农场、农民合作社发展，放大其辐射带动农户和农业产业链供应链建设的能级。发达地区通过吸纳劳动力就业、开展农业劳动力转移就业培训，城市向农村、发达地区向欠发达地区转移涉农配套关联产业，大中城市在周边县域或农村布局涉农关联产业、配套企业等，也是联农带农的一种重要方式。近年来，许多地方通过优化区域城镇体系布局，统筹城乡生产、生活、生态空间，畅通都市圈核心城市、区域中心城市甚至梯级节点城市辐射带动农业农村发展的路径，带动宜居宜业和美乡村建设。有些地方推动梯度配置县乡村公共资源，鼓励发展城乡学校共同体、紧密型医疗卫生共同体、养老服务联合体等，发挥城市公共服务对农村公共服务转型升级的引领带动功能。这些也是完善联农带农利益联结机制的重要途径，至少间接有利于带动农业强国建设。

4. 鼓励退休人才联农带农。

2022年，我国65周岁及以上人口占总人口的比重已达14.9%，进入中度老龄化社会。新中国成立以来，我国经历了1957年前、1962—1973年两个人口出生的高峰期。前一个人口出生高峰期的人口已经超过65周岁，后一个人口出生高峰期的人口已达退休年龄。如何创新激励机制，鼓励城市老龄人口特别是退休企业家、退休专家、退休干部等老龄人才更好地帮扶农业及其关联产业发展，亟待在制度创新上加快破题。

第三章

加快建设农业强国

"强国必先强农，农强方能国强。"党的二十大从全面建成社会主义现代化强国的战略全局出发，将"加快建设农业强国，扎实推动乡村产业、人才、文化、生态、组织振兴"，作为全面推进乡村振兴的重要内容。从党的一大到党的二十大，在中国共产党成立以来的百年奋斗历程中，党的二十大报告是在党的全国代表大会上首次提出"加快建设农业强国"。2022年12月召开的中央农村工作会议强调，"全面推进乡村振兴、加快建设农业强国，是党中央着眼全面建成社会主义现代化强国作出的战略部署""农业强国是社会主义现代化强国的根基"[1]。2023年中央一号文件强调，"要立足国情农情，体现中国特色，建设供给保障强、科技装备强、经营体系强、产业韧性强、竞争能力强的农业强国"[2]。可见，

---

[1] 学习强国网:《习近平在中央农村工作会议上强调 锚定建设农业强国目标 切实抓好农业农村工作》，https://www.xuexi.cn/lgpage/detail/index.html?id=13633899828004369675&item_id=13633899828004369675。

[2] 中国政府网:《中共中央 国务院关于做好2023年全面推进乡村振兴重点工作的意见》，https://www.gov.cn/zhengce/2023-02/13/content_5741370.htm。

在新时代新征程，在全党全国各族人民迈上全面建设社会主义现代化国家新征程、向第二个百年奋斗目标进军的关键时刻，加快建设农业强国的战略地位已经明显提升，其重要性紧迫性已经迅速凸显。我在东方出版社出版的《农业强国》一书中围绕加快建设农业强国进行了专门探讨，本章将就这一问题作进一步研究。

一、行动指南：中国式农业农村现代化

我国是世界人口大国，也是一个农业大国。长期以来，我国农业以占世界不足9%的可耕地面积、不足7%的可再生内陆淡水资源量，解决了占世界18%以上人口的吃饭问题，成为世界上少数提前实现减饥目标的国家之一，为增进世界粮食安全、促进世界减贫事业、保证重要农产品有效供给作出了突出贡献。根据世界银行数据库数据，2021年我国农业增加值占世界比重已达30.9%。[1] 按照联合国粮农组织（FAO）数据，2020年我国的谷物、肉类、水果、蔬菜产量分别占世界产量的20.5%、22.4%、27.4%和51.7%（中国大陆数据，下同），我国的羊肉、花生、蛋类、茶叶产量分别占世界产量的31.5%、33.5%、37.3%和42.3%[2]；从与其他国家的比较来看，我国的谷物、蔬菜类、水果类、肉类、蛋类总产量均堪称世界第一，我国蔬菜净出口量占世界出口量的比

---

[1] 数据来自世界银行，https://data.worldbank.org/indicator/NV.AGR.TOTL.CD。
[2] 数据来自联合国粮农组织（FAO），https://www.fao.org/faostat/en/#data/QCL。

重超过10%。

但是,我国农业大而不强的问题仍然突出。我国农村居民人均可支配收入与农业强国差距很大。根据世界银行和联合国粮农组织(FAO)数据,在我们筛选的美国、加拿大、法国、德国、意大利、澳大利亚、新西兰、丹麦、荷兰、以色列、日本11个世界农业强国中,按当年价格计算,2019年以色列、日本分别位居现有农业强国农业劳动生产率的最高值和最低值,分别为人均13.07万美元和2.27万美元,我国仅为人均0.52万美元,我国农业劳动生产率分别相当于以色列的4.0%和日本的22.9%。按农业劳动生产率与全社会劳动生产率之比计算的农业比较劳动生产率,在一定程度上反映农业现代化与国民经济现代化水平的差距。2019年我国农业比较劳动生产率为27.7%,以色列、荷兰、美国、德国、日本分别为130.3%、79.2%、65.9%、64.2%和29.5%。[1]根据联合国粮农组织(FAO)数据,2020年我国大豆、大麦、猪肉、牛肉、鸡肉进口量居世界首位,分别占当年世界进口量的60.1%、28.7%、28.5%、19.0%和11.3%。[2]可见,加快建设农业强国,要有时不我待的紧迫感和使命感!

在加快建设农业强国的过程中,坚持中国式农业农村现代化的理论和政策思维至关重要。中国式农业农村现代化,"既有各国现代化的共同特征,更有基于自己国情的中国特色"[3]。在加快建设农

---

[1] 姜长云、李俊茹、巩慧臻:《全球农业强国的共同特征和经验启示》,《学术界》,2022年第8期。
[2] 数据来自联合国粮农组织(FAO),https://www.fao.org/faostat/en/#data/TCL。
[3] 《党的二十大报告辅导读本》,人民出版社2022年版,第20页。

业强国的过程中，也要注意这一点。强弱本是比较概念，农业强国也要基于国际比较，注意世界农业强国的基本特征，不是自我感觉良好就可以说自己是农业强国的；更不是为了可以"顺利建成"农业强国、为了证明自己可以建成农业强国，就可以自降农业强国标准的。否则就不存在需要"加快建设"农业强国的问题了。

那么，什么是农业强国的共同特征？我认为农业强国主要是指在世界农业竞争中，具有较强的规模化比较优势和强势竞争力的国家，农业及其关联产业链达到"一个底线"，具备"三强一高一足"特征。一个底线，即粮食安全和重要农产品有效供给得到可靠保障；三强，即农业创新能力强、农业国际竞争力强、农业可持续发展能力强；一高，即农业现代化发展水平高；一足，即涉农产业链供应链韧性和安全水平足。农业强国在实现农业现代化的国家中属于发展现代农业的佼佼者，农业现代化发展水平高，达到较高的农业现代化水平是建成农业强国的基本要求。实际上，涉农产业链供应链韧性和安全水平足，也属于农业可持续发展能力强的内容。①但鉴于当前世界进入新的动荡变革期，百年变局叠加世纪疫情，再加上全球气候变化导致极端天气灾害频发；在此背景下，将"涉农产业链供应链韧性和安全水平高"从"农业可持续发展能力强"中独立出来，有利于强调其特殊重要性，具有

---

① 注："韧性"一词，汉语的含义是"物体所具有的柔软结实而不易折断的特性"，或"坚韧不拔、顽强持久的精神"。作为物理学概念，韧性表示材料在塑性变形和破裂过程中吸收能量的能力，韧性越好则发生脆性断裂的可能性越小。涉农产业链供应链韧性即涉农产业链供应链面对外部冲击而不扭曲变形，不会折断、断裂的能力。涉农产业链供应链韧性和安全水平高，实际上表示涉农产业链供应链面对外部冲击而保持可持续发展和安全发展的能力强。

特殊的政策指向性和实践含义。

农业创新力强、农业国际竞争力强、农业可持续发展能力强，往往需要通过若干指标来体现。比如，要体现在较高的农业劳动生产率和农业劳均固定资产形成总额上。前者在相当程度上反映农业的质量、效益和核心竞争力，进而影响到农民来自农业的收入；后者在一定程度上反映农业的物质装备技术水平。农产品净出口额占农业增加值的比重，可在一定程度上反映农业国际竞争力的状况。如按当年价格计算，2020年每百美元农业增加值实现农产品净出口额，荷兰、丹麦、澳大利亚、法国分别是214.14美元、110.76美元、58.32美元和23.02美元。[1] 但由于资源禀赋差异悬殊，单纯依靠这个指标来反映各国农业国际竞争力的状况，在不同国家之间也有一定的欠公平性。有些国家资源禀赋不足，农业发展除满足国内需求外，可供出口的农产品数量有限，甚至农产品保持净进口状态有其合理性。随着各国农业对外开放程度的扩大，在当前国际竞争国内化、国内竞争国际化迅速深化的背景下，这些国家的农业能够较好地满足国内粮食和重要农产品有效供给，国内农产品市场免受来自国外农产品的更大挤压，也是其农业国际竞争力的重要体现。如图3-1所示，要求各农业强国农产品在

---

[1] 数据来源：农业增加值来自世界银行，https://data.worldbank.org/indicator/NT.AGR.TOTL.CD；农产品净出口额=农产品出口额-农产品进口额，农产品进口额、出口额数据均来自联合国粮农组织（FAO），https://www.fao.org/faostat/en/#data/TCL。

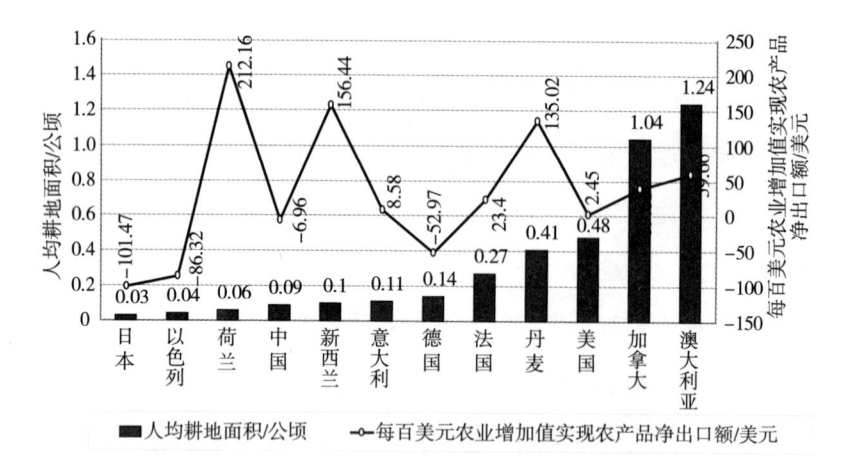

图 3-1 2018 年我国和各农业强国人均耕地面积、
单位农业增加值实现农产品净出口额比较①

总体上呈现净出口状态，也是没有必要的。荷兰人均耕地面积较低，但单位农业增加值实现的农产品净出口额仍较高，同其农业增加值和出口竞争力特别强有关。但这是个例，要求所有农业强国都做到这一点，实际上属于苛求。农业强国较强的国际竞争力往往表现在两个方面：一是农产品价格竞争力较强，由于资源禀赋充足和科技创新能力强，农产品能够以较低价格抢占国际市场，推动其成为全球重要的某些农产品出口国；二是虽然农产品价格竞争力不强，甚至价格水平较高，抑或出于资源禀赋等原因导致主要依靠国内生产难以保障国内农产品消费需求，但在农业的部

---

① 此处采用 2018 年数据，而非 2020 年或 2021 年数据，主要原因是 2018 年各国农业增加值数据无缺失值。数据来源：农业增加值来自世界银行，https://data.worldbank.org/indicator/NT.AGR.TOTL.CD；农产品净出口额＝农产品出口额－农产品进口额，农产品进口额、出口额数据均来自联合国粮农组织（FAO），https://www.fao.org/faostat/er/#data/TCL。

分优势、特色领域具有较高质量和品牌影响力，其生产的农产品在抢占国际高端市场的同时，能够享受较高的品牌溢价。如日本的"阳光玫瑰"葡萄、以色列品牌"Jaffa"柑橘。只要具备这两个条件之一，都可以说农业具有较强的国际竞争力，只不过前者的国际竞争力往往是综合的，后者的国际竞争力往往是表现在特色或特殊领域。因此，前者往往更多对应综合农业强国，后者往往更多对应特色农业强国。

但是，在我国加快建设农业强国，也要充分考虑基于我国自身国情农情的中国特色。比如，中国式农业农村现代化是人口规模巨大国家的农业农村现代化，在我国加快建设农业强国的过程中，要把保障粮食安全和重要农产品有效供给放在更加突出的地位，这与许多小国有明显不同。这些小国可以通过国际市场，相对容易地获得更大的解决粮食安全问题的回旋空间。但作为一个拥有14亿人口的大国，从统筹发展和安全的角度看，"中国人的饭碗任何时候都要牢牢端在自己手上"[①]，而且"越是面对风险挑战，越要稳住农业，越要确保粮食和重要副食品安全"[②]。又比如，由于我国农户经营规模普遍较小，相对于农户经营规模较大的农业强国，在我国发展现代农业的过程中，强化新型农业主体联农带农的利益联结机制建设更加重要。前文分析已经强调了这一点。有人说，农业的未来在于信息技术和生物技术。但是，信息技术

---

① 中共中央党史和文献研究院：《习近平关于"三农"工作论述摘编》，中央文献出版社2019年版，第3、45、70页。
② 习近平：《论"三农"工作》，中央文献出版社2022年版，第298页。

和生物技术越发达、越向农业加快渗透，越容易导致农业发展与小农户或常规意义上的农民无关。因此，信息技术和生物技术越向农业渗透，越需要加强联农带农的利益联结机制建设。

将中国式现代化"既有各国现代化的共同特征"和"更有基于自己国情的中国特色"结合起来，可以看出在建设农业强国的过程中，也要注意超越国家的区域特色。如尽管近年来日本农产品贸易政策逐步放开，但当前日本仍对大米、麦类、肉类（牛肉和猪肉）、乳制品和糖料作物（甘蔗、甜菜等）5类农产品实行高保护政策。[①]据此，有人认为如果没有这种高保护，日本农业面对国外市场的竞争"一冲就垮"，因此反对将日本划入农业强国之列。我们认为，这充其量证明日本不属于综合农业强国，但不能否认日本可以是特色农业强国。尽管日本农产品国际贸易长期处于较大的逆差状态，比如自 2000 年到 2020 年，在 21 年间日本年均农产品净进口 472.81 亿美元，每百美元农业增加值对应的农业净进口额达 82.41 美元，但日本特色的精品农业发展道路仍为世人称道，在世界范围内形成了较强的规模化优势和特色竞争力；况且，日本代表了具有类似资源禀赋的东亚国家（地区）的农业强国建设道路，对我国加快建设农业强国具有较强的启发性。在我国加快建设农业强国的过程中，虽然要努力规避日本模式的局限，但由于资源禀赋的类似性，我国农业在许多方面与日本有些相似性是难以绕开的。比如，由于人均耕地面积较小，即便经过

---

① 曹斌：《日本农业》，中国农业出版社 2021 年版，第 387 页。

久久为功的努力后，要求我国农业劳动生产率像人均耕地面积明显多于我国的美国、加拿大、澳大利亚那样高，也显然有些"好高骛远"；但向日本农业劳动生产率看齐还是"经过努力可望实现的"。要尊重世界各国现代化模式的多样性，也应承认由于资源禀赋的近似性，在以中国式农业农村现代化理念和政策思维推进中国农业强国建设的过程中，以日本为代表的农业强国建设道路对我国具有较强的借鉴价值，避免忽略资源禀赋差异和盲目推崇欧美农业强国建设模式，导致将我国建设农业强国的目标设置过高，甚至遥不可及。当然，借鉴日本经验，也包括努力规避其发展过程中的弯路和政策选择失误。

二、需要廓清的几个重要关系

当前，加快建设农业强国的大幕已经拉开。但是，迄今为止，关于加快建设农业强国，仍有一些重要的理论和政策问题亟待研究。本文试就加快建设农业强国过程中需要科学处理的几个关系进行探讨和分析，以就教于同人。

（一）农业强国与实现农业现代化

农业现代化是从传统农业向具有世界先进水平的现代农业的转变过程，是农业作为产业现代化的一般性与农业特殊性的有机结合体。一个国家实现了农业现代化，意味着该国农业在整体上已经达到世界农业发展的先进水平，具体体现为现代农业发展的物质条件、科学技术、产业体系、经营形式、发展理念和经营主体达到世界先进水平，并成为农业发展的普遍形态。

一个国家能够成为农业强国，其前提是实现了农业现代化。但实现了农业现代化，并不必然意味着建成了农业强国。在实现了农业现代化的大多数发达国家中，只有少数可称为农业强国。[①]农业强国在实现了农业现代化的国家中，应该属于发展现代农业的佼佼者，农业或其优势部门的现代化水平位居世界前列，具有引领世界农业发展潮流的能力；农业及其关联产业发展不仅能够为保障粮食和重要农产品稳定安全供给提供坚实支撑，还能够较好地应对国内外市场和农业发展环境"风云变幻"甚至"风高浪急"的考验，面对各种"灰犀牛""黑天鹅"事件的冲击，能够免遭实质性破坏并通过快速修复，维护农业及其关联产业链供应链持续、稳健运行和安全发展的能力足。以此为基础，农业及其关联产业发展呈现出规模化的比较优势和强势创新力、竞争力、可持续发展能力。[②]相对于推进农业现代化，建设农业强国更加强调增强农业及其关联产业链供应链的创新力、竞争力和可持续发展能力，提升农业及其关联产业链供应链韧性和安全水平，培育具有强势竞争力的现代农业产业体系、生产体系和经营体系。2023年中央一号文件强调"建设供给保障强、科技装备强、经

---

① 魏后凯、崔凯：《建设农业强国的中国道路：基本逻辑、进程研判与战略支撑》，《中国农村经济》，2022年第1期。
② 姜长云、李俊茹、巩慧臻：《全球农业强国的共同特征和经验启示》，《学术界》2022年第8期。

营体系强、产业韧性强、竞争能力强的农业强国",这几个方面都属于现代农业产业体系、生产体系和经营体系的内容或结果。

需要注意的是,增强农业及其关联产业链供应链的竞争力,往往要通过提高其附加值来体现;增强农业及其关联产业链供应链的创新力、竞争力和可持续发展能力,体现农业强国建设追求的目标或达到的水平,"强强益善"。农业强国建设的水平,很大程度上取决于增强农业及其关联产业链供应链创新力、竞争力和可持续发展能力达到的高度。许多农业强国长期重视标准引领和质量兴农、绿色兴农、服务强农、品牌强农联动发展,切实推进涉农科技创新、产业创新顶天立地,促进农业及其关联产业链创新链深度融合良性互动,并加强农业劳动力教育培训,培育农业后备人才。这在很大程度上正是为了增强农业及其关联产业链供应链的创新力、竞争力和可持续发展能力。建设农业强国更多体现提升农业及其关联产业链供应链现代化水平,加强现代农业产业体系、生产体系、经营体系建设的目标、内容和要求。

以保障粮食和重要农产品稳定安全供给为底线,维护农业及其关联产业链供应链韧性和安全发展的能力足,体现农业强国建设的底线思维和极限思维,但在此方面并非"高高益善"。只要能够筑牢保障粮食和重要农产品稳定安全供给的底线、筑牢抵御农业及其关联产业风险的"屏障",能够有效抵御农业及其关联产业发展可能面临的"灰犀牛""黑天鹅"事件冲击即可。因为:①保障粮食和重要农产品稳定安全供给,应该坚持经济性和安全性相结合的原则,注意激发农业及其关联产业利益相关者的主动性、积极性和创造性,否则很难吸引具有较高素质的从业者、较强竞争力的经营主体参与农业及其关联产业发展;而农业经营主体没有竞争力,农业就不可能有竞争力;农业从业者素质不高,农业创新力就不可能强;农业关联产业也是如此。②特定国家为提升农业产业链供应链韧性和安全水平,必须进行部分资源和要素投入,而这些资源和要素投入也可用于提升农业产业链供应链创新力、竞争力和可持续发展能力;维护农业产业链供应链韧性和安全发展的能力提升,相当于增强农业产业链供应链创新力、竞争力和可持续发展能力的机会成本。①因此,在讨论农业强国建设时,强调粮食安全水平高、粮食和重要农产品供给保障能力强,强调维护农业及其关联产业链供应链韧性和安全发展能力足,此处的"高""强""足",更多具有基础夯实、防风险屏障筑牢的意思,并非"高高益善"。如果不计代价、不考虑农业及其关联产业经营主体和利益相关者的诉求,实际上会透支增强农业创新力、竞争力和可持续发展能力的效果,侵蚀农业强国建设的总体成效。③城乡居民对农产品的需求,除粮食和重要农产品外,还有一些非重要农产品,如芝麻、香蕉等;从国际经验来看,随着城乡居民收入和消费

---

① 这就像抗洪一样,如果将抗洪设施等级从防范 10 年一遇的洪涝灾害,提高到防范 100 年一遇的洪涝灾害,抗洪能力可以大幅度提升,但由此形成的资源和要素投入往往呈指数级增长。因此,更多情况下,只需将基础设施抗洪等级从 10 年一遇提高到 30 年一遇、将关键抗洪设施等级从 10 年一遇提高到 50 年一遇即可,不必全部提高到 100 年一遇。

水平的提高，农产品消费需求日益多元化，甚至对农业的需求除产品外，生态涵养、文化传承、休闲体验等功能的重要性会日趋凸显。就我国的资源禀赋而言，如果我们将农业发展的视野仅仅局限在满足粮食和重要农产品消费，不仅会加剧非重要农产品供给短缺和依赖进口的问题，还会影响农业生态、文化、休闲等多重功能的发挥。因此，在农业强国建设中，顺应城乡居民对农业和农产品消费需求的演变趋势，基于我国农业人多地少的资源禀赋特点，对非重要农产品和农业在产品功能之外的多重功能也要适当兼顾。

2023年中央一号文件部署"实施新一轮千亿斤粮食产能提升行动""加力扩种大豆油料。深入推进大豆和油料产能提升工程。扎实推进大豆玉米带状复合种植"。农业农村部拟"确保大豆油料面积稳定在3.5亿亩以上，力争再扩大大豆油料1000万亩以上"[1]。这些举措对于夯实粮食和重要农产品稳产保供基础、部分解决我国大豆和油料自给率低和饲用蛋白供给不足的问题具有必要性，但由此形成的对大豆、油料产品市场价格的影响和对相关农民利益的影响值得充分重视，并立足当前、着眼长远审视观察。2022年中央一号文件部署"大力实施大豆和油料产能提升工程"后，我国大豆市场运行"新季大豆收购价高开低走，东北地区大豆收购进度偏慢"等情况，已经给我们提供了警示。[2]与上年同期

---

[1] 农业农村部：《国新办举行2022年农业农村经济运行情况新闻发布会》，http://www.moa.gov.cn/hd/zbft_news/2022nyncjjyxqk/。
[2] 农业农村部：《国新办举行2022年农业农村经济运行情况新闻发布会》，http://www.moa.gov.cn/hd/zbft_news/2022nyncjjyxqk/。

相比，2022年12月大豆国际价格上涨了27.3%，在此背景下，由于国产大豆种植面积和总产大幅增加的影响[①]，尽管2022年全年我国大豆累计进口9116.67万吨，较上年同期减少5.5%[②]；但大豆国内价格反比上年同期下跌4.6%；尤其是自2022年8—11月，在国际大豆价格持续走高的背景下，大豆国内价格还持续走低。[③]今后，在抓紧抓好粮食和重要农产品稳产保供的过程中，如何结合农业支持保护政策的完善，"健全农民种粮挣钱得利、地方抓粮担责尽义的机制保障""健全主产区利益补偿机制"，防止"谷贱伤农"，协调"保障粮食和重要农产品稳定安全供给"与拓宽农民增收致富渠道、坚持把增加农民收入作为"三农"工作的中心任务之间的关系，仍然值得高度重视。

农业现代化作为一个动态演进的历史进步过程，本就是一个国际比较概念。我国农业现代化实现程度如何，取决于我国农业发展水平相对于世界农业发展先进水平的位置。换句话说，这不仅取决于我国农业发展的状况，还取决于世界农业发展先进

[①] 2022年我国大豆产量和种植面积均创历史新高，大豆种植面积达到1.54亿亩，较上年增加2743万亩；产量达到2028万吨，较上年增长23.7%。资料来源：农业农村部，《国新办举行2022年农业农村经济运行情况新闻发布会》，http://www.moa.gov.cn/hd/zbft_news/2022nyncjjyxqk/；中国网财经：《国家统计局：2022年全国粮食总产量68653万吨》，http://finance.china.com.cn/news/20230117/5930476.shtml。

[②] 资料来源：黑龙江省大豆协会：《1—12月我国非转基因大豆进口数量变化情况》，新浪财经2023年02月01日，https://finance.sina.com.cn/money/future/roll/2023-02-01/doc-imyeeent0012790.shtml；中商产业研究院：《2021年1—12月中国大豆进口数据统计分析》，中商情报网2022年1月24日，https://m.askci.com/news/data/maoyi/20220124/1012271733222.shtml。

[③] 中国农业信息网：《2022年12月大宗农产品供需形势分析月报》，http://www.agri.cn/V20/SC/jcyj_1/202301/t202301/t20230128_7931098.htm。当然，扩种大豆对大豆市场价格的长期影响与短期变化可能有所不同，对此仍待进一步观察。

水平潮涨潮落对评判我国农业现代化发展水平的反向作用。但是，相对于实现农业现代化，建设农业强国更强调农业发展的国际比较。前文所说的农业强国的"三强一高一足"特征，都是基于国际比较得出的结论。比如，农业强国往往具有较强的农业竞争力，主要表现在两个方面：一是具有较强的价格竞争力。由于资源禀赋充足、农业生产效率高，农业能以较低的成本和价格占领国际市场。二是具有较强的质量竞争力和品牌影响力。由于农产品质量高、品牌影响力大，虽然农产品价格高，但在农产品高端市场仍然具有较强竞争力。如果将农业竞争力从产品市场竞争力进一步延伸拓展到涉农要素市场、期货市场和资本市场等，在此背后，则是农业强国在农业及其关联产品市场、要素市场、金融市场呈现出较强的规则制定权、产品定价权和资源、要素、产品掌控权。许多农业强国跨国农业企业发达，且涉农产业组织呈现多元化、综合化、网络化发展态势，为增强其规则制定权、产品定价权和资源、要素、产品掌控权提供了便利。

从农业及其关联产业创新力强的角度看，世界农业强国往往是世界农业科技创新和产业创新的策源地，在农业及其关联产业领域拥有一批从事基础研究的高水平大学和研究机构，以及能把基础研究转化为应用研究、开发研究和相关技术的大学、科研机构，特别是企业、市场化新型研发机构、创新中心等。类似风险投资、天使投资等创新友好型金融体系，也是推进农业强国建设中增强农业及其关联产业创新力不可或缺的产业生态。我们对世界农业强国的研究显示，这些农业强国创新能力强，农业产业链创新链深度融合，产业聚链集群成带发展水平高，一个重要原因是创新创业生态健全且可持续发展能力强，现代农业与涉农现代服务业、先进制造业深度融合发展特征显著。

基于上述分析，可以延伸出一个问题：自中央提出加快建设农业强国后，是不是每个省份都要尽快着手加快建设农业强省（强市、强区）行动值得认真研究，甚至未来能够率先建成农业强省的，可能未必是某些粮食或农业大省，而更有可能是经济强省和现代化产业体系较为发达的省份。当然，部分粮食大省或农业大省积极建设农业大省，争当加快建设农业强国的探路者、先行者，是值得鼓励的。但与经济大省、发达省份相比，二者在建设农业强省方面应该突出的重点也应有所不同。对于多数省份来说，与其要推进农业强省建设，不如找准自身在加快建设农业强国中的位置，久久为功、绵绵用力，靶向施策、协同发力。在加快建设农业强国的过程中，切忌追求"速战速决"，将"战略部署"误作"战役攻坚"，将"持久战"打成"突击战""运动战"，将"联合作战"打成各自分散作战、毫无章法的"麻雀战"。

加快建设农业强国需要一步一个脚印扎实推进。习近平总书记在党的二十大报告中提出，"唯有矢志不渝、笃行不息，方能不负时代、不负人民""团结就是力量，团结才能胜利"。加快建设农业强国也是如此。在加快建设农业强国的过程中，鼓励先行地区、先行省份发挥探路先锋甚至旗舰作用，甚至创建农业强国建设试点省、试验区，具有必要性和合理性。而且，这些先行地区、先行省份发挥探路先锋作用，应该允许、鼓励不同模式并存发展、竞争合作、融合互补,助力形成可复制、可推广的模式,以便提升其整体效能。

(二)加快建设农业强国与建设宜居宜业和美乡村

党的二十大报告要求"统筹乡村基础设施和公共服务布局,建设宜居宜业和美乡村",并将"农村基本具备现代生活条件"作为到2035年我国发展的总体目标的内容之一。这是以习近平同志为核心的党中央从全面建设社会主义现代化国家的战略全局出发作出的又一项战略部署,是推动构建新型工农城乡关系、全面推进乡村振兴落实落地的重要抓手。"宜居"和"宜业"分别有适宜居住和适宜就业创业之意。建设宜居宜业乡村是让农民在居住地就近过上现代文明生活的迫切需要。"和美"即和谐美丽之意,要求城乡之间、乡村邻里之间、人与自然之间、现代乡村生活与农耕文明等优秀传统文化之间的关系体现和谐包容之美,尊重城乡之间、乡村之间和乡村生产、生活、生态空间之间和而不同、和谐包容的多元化、差异化、特色化发展。建设宜居宜业和美乡村,打造城乡融合、区域协调的乡村便民生活圈、完善服务圈、繁荣商业圈、活跃创业圈、优质就业圈,甚至体验旅游圈,提高乡村人居环境舒适度、基础设施可及度和公共服务便利度,体现了让"农村基本具备现代生活条件"的要求,有利于推进乡村产业兴旺、生态宜居、乡风文明、治理有效、生活富裕协调提升再上新台阶。建设宜居宜业和美乡村的过程,实际上也是联动激发乡村多重功能价值,扎实推动乡村产业、人才、文化、生态、组织振兴的过程；要求扎实推进乡村发展、乡村建设、乡村治理等重点工作，协调推进自然生态、人文生态优化提升，并将促进乡村产业发展与加强乡村养老、教育、医疗卫生、应急管理等公共服务能力建设结合起来。

从党的十九大提出实施乡村振兴战略"产业兴旺、生态宜居、乡风文明、治理有效、生活富裕的总要求"，到党的十九届五中全会要求"实施乡村建设行动""把乡村建设摆在社会主义现代化建设的重要位置"，《中华人民共和国国民经济和社会发展第十四个五年规划和2035年远景目标纲要》强调"优化生产生活生态空间，持续改善村容村貌和人居环境，建设美丽宜居乡村"，进而2022年中央农村工作会议、2023年中央一号文件为贯彻党的二十大精神，强调"要一体推进农业现代化和农村现代化，实现乡村由表及里、形神兼备的全面提升"，体现了我们党对社会主义乡村建设规律和新型工农城乡关系的认识进一步深化，也体现了增进民生福祉、让人民生活更加幸福美好，特别是让广大农民拥有幸福美好家园对扎实推进乡村发展、乡村建设、乡村治理的新要求。[1]

中国式现代化是全体人民共同富裕的现代化、是物质文明和精神文明相协调的现代化、是人与自然和谐共生的现代化，以中国式现代化建设宜居宜业和美乡村，涉及农村生产生活生态方方面面，既包括乡村"物"的现代化，又包括乡村"人"的现代化，

---

[1] 胡春华：《建设宜居宜业和美乡村》，《农村工作通讯》2022年第23期；金文成：《贯彻落实党的二十大精神　建设宜居宜业和美乡村》，《农业发展与金融》2023年第1期。

还包括乡村治理体系和治理能力的现代化；既包括乡村基础设施和公共服务的现代化，又包括乡村居民素质和精气神的提升，并更加重视带动乡村小农和低收入人口参与农业农村现代化、分享农业农村现代化成果。这不仅顺应了亿万农民对美好生活的向往，有利于增进广大农民的获得感、幸福感、安全感和广泛认同感，有利于减缓甚至规避农村优质资源、优质要素、优质人才向城市过度流失的问题；还呼应了部分城市居民对宜居宜业和美乡村环境的青睐，有利于畅通乡村吸引城市居民、城市人才、要素下乡参与乡村振兴的路径，激发乡村人气和活力。

建设宜居宜业和美乡村，更多体现推进农村现代化的内容，也包括部分发生在农村或涉及城乡融合的农业现代化内容。当今世界，农业现代化与农村现代化日益呈现融合互动、耦合共生的特点，后发型发展中国家农业现代化和农村现代化的关系更是如此。基于前文分析可见，建设农业强国与推进农业现代化既是一体两面，又是对实现农业现代化的高标准严要求。因此，建设农业强国和建设宜居宜业和美乡村可以呈现融合互动、耦合共生关系，二者互为必要条件、相辅相成、相得益彰，并存在一定交集。如建设宜居宜业和美乡村必然要求农业和乡村产业高质量发展与此呼应，以便为农民甚至下乡的原市民、新农村居民提供更多更好的就业空间和生活环境；而农业和涉农乡村产业高质量发展，是推进农业强国建设不可或缺的重要内容。

但建设宜居宜业和美乡村与建设农业强国不是简单的包含或从属关系。宜居宜业和美乡村是农业强国不可或缺的条件，其建设中涉及产业发展的内容与建设农业强国有部分共同性。基于这一点，可以说"建设宜居宜业和美乡村是建设农业强国的应有之义"。但据此将建设宜居宜业和美乡村全部归入农业强国建设的内容，也是不适当的。因为建设宜居宜业和美乡村的部分内容，如推进农村人居环境整治提升，开展现代宜居农房建设，推进县域内义务教育、医疗卫生和养老服务能力建设等，虽然有利于吸引城市人才下乡参与农业强国建设和现代农业发展，有利于提升农民获得感幸福感安全感，但不是农业强国建设的内容，充其量属于农业强国建设的有利环境，因其有利于吸引优质、特色人才参与农业强国建设。有的学者将建设宜居宜业和美乡村作为建设农业强国的重要内容或目标方向，实际上存在着对农业强国或建设农业强国概念过度泛化和扩大化的问题，不利于农业强国建设突出重点、精准定位、靶向施策。我们之前的研究显示，当前在我国，建设农业强国虽有一定基础，但在许多主要方面与世界农业强国仍有较大差距，加快建设农业强国任重道远。[①]而为了切实推动农业强国建设行稳致远并不断取得实效，在加快建设农业强国的过程中，保持战略定力，注意明晰重点，聚焦发力，努力做到靶心不散、目标不乱，是必要的。

（三）加快建设农业强国与全面推进乡村振兴

自党的二十大召开以来，关于加快建设农业强国的研究迅速

[①] 姜长云、李俊茹、巩慧臻：《全球农业强国的共同特征和经验启示》，《学术界》2022年第08期。

升温，相关研究成果迅速涌现，在总体上带动了对农业强国建设的认识不断深化。但是，也有少数研究并非基于对农业强国共同特征、普遍规律和个性特色、国情农情的深刻把握，而是存在人云亦云，甚至不自觉地偷换概念的倾向。比如，有些人研究的加快建设农业强国问题，实际上就是全面推进乡村振兴或加快实现农业农村现代化问题，或明或暗地存在着将前者与后者等同的倾向。但是，如果二者能够等同，那么，"农业强国"，或"加快建设农业强国"这个概念的独特性何在？提出"加快建设农业强国"又有何必要？农业农村现代化是实施乡村振兴战略的总目标，"加快建设农业强国"不是基于"全面推进乡村振兴"或"实现农业农村现代化"之意造出的时髦新词。而对同一种现象、同一个事物，指望通过造出新词来指导新时代新阶段的"三农"工作，只会让工作越来越乱。据此，显然不能将农业强国简单等同于农业农村现代化，也不能将加快建设农业强国简单等同于全面推进乡村振兴。只有深刻认识"加快建设农业强国"这个命题的独特性，才能更好地认识"加快建设农业强国"的丰富内涵和以习近平同志为核心的党中央提出"加快建设农业强国"的远见卓识，更好地用中国式现代化指导农业强国建设并全面推进乡村振兴。

全面推进乡村振兴，要求"扎实推动乡村产业、人才、文化、生态、组织振兴"，加快建设农业强国主要属于农业及其关联产业振兴问题，并更多基于产业链供应链视角和城乡融合发展思维考虑以下三大问题，培育现代农业产业体系、生产体系、经营体系：一是增强农业及其关联产业链供应链创新力、竞争力和可持续发展能力；二是保障粮食和重要农产品稳定安全供给；三是提升农业及其关联产业链供应链韧性和安全水平。因此，加快建设农业强国属于乡村产业振兴问题，但又不限于乡村产业振兴。其多数内容发生在农业农村，但也有部分内容发生在城市，在农村之外；但与涉农乡村产业振兴密切相关，甚至是影响涉农乡村产业振兴的"牛鼻子"。这些发生在城市、在乡村之外的农业强国建设内容，往往与农业产业链供应链的中高端环节相关，甚至属于现代农业产业体系的关键领域或制高点，对提升农业及其关联产业的创新力、竞争力和可持续发展能力具有举足轻重的影响，甚至画龙点睛的作用。如农产品期货市场、涉农跨国公司或行业协会总部、农业基础研究等。乡村人才、文化、生态、组织振兴和城乡融合发展是全面推进乡村振兴的重要内容，也是加快建设农业强国的重要支撑条件或约束因素，但其中只有与农业及其关联产业相关的部分才属于建设农业强国的内容。

当然，全面推进乡村振兴也好，加快建设农业强国也罢，坚持系统观念和生态思维，注意乡村产业、人才、文化、生态、组织振兴的相互联系和影响、相互支撑和促进作用，注意突出重点与协同推进的有机结合，激发其连锁效应和关联影响，都是推动其高质量发展所必需的。

基于这些认识，加快建设农业强国是全面推进乡村振兴的战略任务。[①] 以习近平同志为核心的党中央作出"加快建设农业强

[①] 唐仁健：《加快建设农业强国——认真学习宣传贯彻党的二十大精神》，《中国种业》2023年第1期。

国"的战略部署，是基于"以中国式现代化全面推进中华民族伟大复兴"的使命任务，按照加快构建新发展格局、着力推动高质量发展的要求，就全面推进乡村振兴进行的进一步安排。就谋划和推进今后的"三农"工作而言，这不是更换频道，而是升级频道；不是调整方向，而是进一步聚焦发力，明确了目标任务、战略重点和主攻方向。

在新发展阶段和全面建设社会主义现代化国家新征程中，加快建设农业强国和建设宜居宜业和美乡村，构成全面推进乡村振兴的两大支柱；乡村发展、乡村建设、乡村治理构成全面推进乡村振兴的三大重点领域；推动城乡融合发展、深化改革扩大开放、强化创新驱动构成全面推进乡村振兴的三大动力源。2022年12月召开的中央农村工作会议和2023年中央一号文件均强调"依靠科技和改革双轮驱动加快建设农业强国"。党的二十大报告强调"构建高水平社会主义市场经济体制""推进高水平对外开放""必须坚持科技是第一生产力、人才是第一资源、创新是第一动力，深入实施科教兴国战略、人才强国战略、创新驱动发展战略，开辟发展新领域新赛道，不断塑造发展新动能新优势"[1]。在加快建设农业强国、加快推进农业农村现代化、全面推进乡村振兴的过程中，要注意推动其落实落地；换个角度看，推动城乡融合发展，可以说是拓展了深化改革扩大开放的内容。实际上，推动城乡融

---

[1] 习近平：《高举中国特色社会主义伟大旗帜　为全面建设社会主义现代化国家而团结奋斗——在中国共产党第二十次全国代表大会上的报告》，《党的二十大报告辅导读本》，人民出版社2022年版，第44页。

合发展的许多内容，都与深化改革扩大开放密切相关。

加快建设农业强国和建设宜居宜业和美乡村，都包含相关的乡村发展、乡村建设、乡村治理内容。如在加快建设农业强国的过程中，农业及其关联产业链供应链的发展，属于聚焦产业促进乡村发展的内容，有利于增加农村人气活力并拓展乡村就业增收空间，因而也影响着农村人居环境建设。与其相关的乡村基础设施建设，如农村规模化供水工程和水质提升专项行动、农村电网巩固提升、智慧农业基础设施建设、与农民培训和农业科技创新推广相关的公共服务，也是推进乡村建设中举足轻重、不可或缺的内容。在建设宜居宜业和美乡村的过程中，推进乡村产业发展具有举足轻重的地位，其中部分内容与加快建设农业强国形成交集。加快建设农业强国也好，建设宜居宜业和美乡村也罢，健全党组织领导的乡村治理体系，都可以发挥凝心聚魂作用。完善乡村治理，也可以推动二者协同发力，共同夯实全面建设社会主义现代化国家的乡村底蕴和发展基本盘。因为农业强国是社会主义现代化强国的根基，农业农村仍然是我国现代化建设面临的短板。

（四）建设农业强国与中国式现代化

中国式现代化是全面建设社会主义现代化国家的科学指南和行动纲领，当然也是加快建设农业强国的科学指南和行动指南。2022年12月，习近平总书记在中央农村工作会议上的讲话中明确提出，"建设农业强国，基本要求是实现农业现代化""所谓共同特征，就是要遵循农业现代化一般规律，建设供给保障强、科技装备强、经营体系强、产业韧性强、竞争能力强的农业强国。所谓中国特色，就是立足我国国情，立足人多地少的资源禀赋、农耕文明的历史底蕴、人与自然和谐共生的时代要求，走自己的路，不简单照搬国外现代化农业强国模式""农业强国的中国特色，我看主要应该包括以下几个方面"，即"一是依靠自己力量端牢饭碗""二是依托双层经营体制发展农业""三是发展生态低碳农业""四是赓续农耕文明""五是扎实推进共同富裕"[①]。对此要注意完整、全面、准确理解和综合把握。就总体而言，在讨论农业强国建设的结果时，应该更多强调国际比较和共同特征；但在讨论农业强国建设的具体道路和模式时，应该更加重视中国特色和因地制宜、因时制宜，规避"南橘北枳"，注意"时代有别"。当然，对此也不宜作过于绝对化理解。因为结果难免带有过程特征的深刻烙印。

以中国式现代化指导农业强国建设，首先需要科学把握农业强国建设的共同特征、普遍经验与基于自己国情农情的中国特色之间的关系。党的二十大报告要求"高举中国特色社会主义伟大旗帜"，明确"中国式现代化的本质要求是：坚持中国共产党领导，坚持中国特色社会主义，实现高质量发展……"，提出到2035年"建成教育强国、科技强国、人才强国、文化强国、体育强国、健康中国"的目标，要求"加快建设制造强国、质量强国、航天强国、交通强国、网络强国、数字中国"，并在相关部分提出"加快建设农业强国""加快建设海洋强国""加快建设贸易强国""加快建设

---

① 习近平：《加快建设农业强国 推进农业农村现代化》，《求是》2023年第6期。

教育强国、科技强国、人才强国""建设社会主义文化强国""加快建设体育强国",但除在总体上提出全面建成社会主义现代化强国、在文化强国前加了"社会主义"这个定语外,从未提及建设或建成"中国特色"的任何强国。[①]究其原因,我们认为,很大程度上在于"强国"是基于国际比较的概念,不是可以"自弹自评"的。在加快建设农业强国的过程中,过度强调"中国特色",轻视世界农业强国建设的共同特征和普遍规律,容易多走弯路,影响农业强国建设的高质量发展;也容易转化为自降标准、避难求易的借口,如此建成的农业强国难以获得世界广泛认可和国民广泛认同,更难以实质性增进全体人民,特别是广大农民的获得感、幸福感和安全感。但是,在尊重世界农业强国共同特征和普遍规律的前提下,由于国情农情不同,推进农业强国的具体道路和实施路径,又应该努力体现中国特色,立足国情农情特别是资源禀赋和发展阶段要求,体现一定的中国风韵。这也是推进农业强国建设高质量发展的要求。不顾国情农情、资源禀赋和发展阶段要求,不注意推进农业强国建设具体道路和实施路径的中国特色,盲目追求"高大上"的项目或形象工程,不仅难接"地气",难以落地,难以真正解决影响中国农业农村发展的"近忧远虑"问题,难以激发广大农民和涉农经营主体参与农业强国建设的主动性、积极性、创造性;也难以推动农业强国建设的可持续发展,并难以有效应对发展过程中各

[①] 习近平:《高举中国特色社会主义伟大旗帜 为全面建设社会主义现代化国家而团结奋斗——在中国共产党第二十次全国代表大会上的报告》,《党的二十大报告辅导读本》,人民出版社 2022 年版,第 22 页。

种"灰犀牛""黑天鹅"事件的冲击。

作为一个拥有14亿人口的发展中大国，我国具有人多地少的资源禀赋特点、大国小农的基本国情。在我国，坚持用中国式现代化加快农业强国建设，首先必须牢牢守住保障粮食和重要农产品稳定安全供给的底线。在我国，保障粮食和重要农产品稳定安全供给，要牢牢把握保障粮食和重要农产品稳定安全供给的主动权，确保粮食和重要农产品产业链供应链自主可控。当然，巩固拓展脱贫攻坚成果，也在很大程度上影响着保障粮食和重要农产品稳定安全供给。巩固拓展脱贫攻坚成果，要求坚决守住不发生规模性返贫的底线，要求增强脱贫地区和脱贫群众内生发展动力；这实际上涉及影响全体人民共同富裕的突出短板，也涉及激发农民农村特别是农村低收入人口和欠发达地区共同参与中国式现代化、分享中国式现代化成果的问题。

基于我国国情农情，以中国式现代化指导农业强国建设，还需要依托双层经营体制发展农业，完善联农带农的利益联结机制，引导家庭农场、农民合作社、农业产业化龙头企业，甚至农产品行业协会、跨国农业企业等现代农业产业组织通过优势互补、网络联动，协同带动小农户参与农业强国建设，合力拓展增收致富渠道。近年来，中央文件反复强调"强化以工补农、以城带乡，推动形成工农互促、城乡互补、协调发展、共同繁荣的新型工农城乡关系"，从宏观或广义上说，这也是完善联农带农利益联结机制的重要方式。中国有农耕文明的丰厚历史底蕴，有崇尚天人合一和整体思维、辩证思维、分形思维的文化传统，坚持用中国式现代化推进农业强国建设，要求更加重视推进农业及其关联产业链的绿色低碳转型，坚持生态为底、文化为魂，通过探索富有中国特色的农业强国建设道路，将加快建设农业强国与加快推进农民转型结合起来。坚持加强农业劳动力教育培训，重视农业后备人才队伍建设，尤其是加强对青年农民成长的支持，是世界农业强国建设的普遍趋势和共同路径。基于我国大国小农的基本国情，在加快建设农业强国的长过程中，如何促进农民转型、如何促进小农户与现代农业发展有机衔接、如何引导现代农业产业组织更好地联结带动小农户，恐怕是我们始终绕不开的突出难题。

三、农业强国、农业强省建设的衡量

党的二十大报告作出了"加快建设农业强国"的战略部署。2022年中央农村工作会议和2023年中央一号文件又就加快建设农业强国进行了具体部署。此后，推进农业强国建设的实践蓬勃展开。到2023年4月，全国已有20多个省份提出了农业强省建设目标。随着农业强国建设的推进，构建农业强国甚至农业强省建设的指标体系，成为亟待回答的一个重要实践问题。许多研究者跃跃欲试，希望基于对农业强国甚至农业强省内涵特征的认识，科学构建相关指标体系，进一步明确推进农业强国甚至农业强省建设的目标任务，客观评价其进展和成效。就总体来看，这种尝试是积极的、必要的。但是，农业强国建设是个有机整体，要注意通过科学构建农业强国甚至农业强省建设的指标体系,系统、客观地反映农业强国、农业强省建设的进展和成效;更要注意通过构建科学、合理的农业强国、农业强省建设指标体系,引导农业强国甚至农业强省建设高质量发展,防止因构建的指标体系质量不高,导致农业强国甚至农业强省建设误入歧途。

(一)明确构建指标体系的目的和需求

通常,指标体系是根据社会经济现象的内涵特征及其影响因素而编制的,由若干相互联系、相互依存但又不相互重叠的统计指标,按照一定逻辑关系组成的有机整体。[①] 如何构建、构建什么样的农业强国(甚至农业强省,下同)建设指标体系,在很大程度上取决于我们构建指标体系的目的何在,我们期望通过这套指标体系发挥什么样的功能作用。依据构建目的或功能作用不同,形成的农业强国建设指标体系也应有所不同。

通常,按照构建目的或功能作用,指标体系可分别用于识别、描述、评价、预测和监测,进行事前引导、事中监测、事后评价。以农业强国建设为例,识别指标体系主要用于辨识一个国家是否是农业强国。如我在《农业强国》一书中,将2020年人均GDP达到世界银行划定的高收入国家平均水平的70%、具有规模化的农业比较优势和强势竞争力作为两个"一票否决"指标,据此判断世界上哪些国家属于农业强国。描述指标体系主要用于反映一

---

① 邹顺华:《社会经济统计学》,中国财政经济出版社2010年版,第3页。

个国家在推进农业强国建设方面的实际进展和成效。比如2023年中央一号文件明确提出，"要立足国情农情，体现中国特色，建设供给保障强、科技装备强、经营体系强、产业韧性强、竞争能力强的农业强国"，那么，我们可以构建一个描述指标体系，从不同侧面分别反映供给保障强、科技装备强、经营体系强、产业韧性强、竞争能力强的发展状况，借此反映我国推进农业强国建设的实际进展，并将报告期与基期进行比较。评价指标体系主要用于评价一个国家在推进农业强国建设方面的进展、成效及其与目标值的差距，重在引导各类经济主体推进农业强国建设的总体行为或努力方向。而为了评价一个国家在推进农业强国建设方面的进展和成效，往往需要针对各指标设立建成农业强国或农业强国建设达到一定阶段的目标值。比如，以特定时点现有农业强国在相关指标上的平均值或基本值作为未来某一时期我国农业强国建设的目标值，并将我国当前在各指标上的现状值与目标值进行比较。预测指标体系主要基于现状和未来影响因素、情景假定，用于预测农业强国建设的未来发展。监测指标体系主要用于监测农业强国建设过程中可能面临的风险隐患或重点领域、关键环节失衡失控现象，并进行预警，通常对应不同的警情区间，如设置红灯区、黄灯区、绿灯区，或设置不同的警戒线。

当前，在我国构建农业强国建设的指标体系，首先需要科学辨识构建指标体系的目的何在，是要构建识别指标体系，还是要构建描述、评价、预测或监测指标体系？要重点关注识别指标体系、描述指标体系、评价指标体系的差异，不宜将农业强国的识别指标体系与描述、评价指标体系混同。当前我国在总体上与农业强国差距较大，建成农业强国是我们的长期战略目标。构建农业强国的识别指标体系，主要用于判断世界上哪些国家属于农业强国，不存在识别我国是否属于农业强国的问题。我国推进农业强国建设在总体上仍属于开局起步阶段，对农业强国内涵特征的认识也亟待提升。构建农业强国建设的指标体系，要基于对农业强国内涵特征和发展难点的科学把握；这本身有个随着实践、政策和理论的发展而逐步深化认识的过程。因此，当前在我国构建农业强国建设的指标体系，重点不在于构建预测、监测指标体系，而在于构建描述、评价指标体系。无论是描述指标体系还是评价指标体系，指标体系的设置不仅应该做到重要指标不缺失，还应尽量减少指标之间的重叠交叉或因果关系，避免有意无意地在某些重要领域强调过度或形成评价盲区，导致描述不准或误评误判问题。之前，有些专家在构建农业现代化或乡村振兴指标体系的过程中，经常出现某些重要指标因为难以量化被弃之不用。用这种方法构建的指标体系进行评价，实际上相当于用一个残疾人的标准来要求正常人，误评误判是难免的。也有一些专家在设置的指标体系中，部分指标之间存在严重的多重共线性问题，指标之间存在较高程度的相关关系，甚至互为因果，由此很容易形成部分指标权重被有意无意地高估的问题，难免导致评价失真。

农业强国建设的指标体系，在很大程度上反映了我们对农业强国的衡量标准和推进农业强国建设的行为准则。而"衡量标准关系重大。我们衡量什么影响我们做什么。如果我们的衡量标准有误,那么我们奋力争取的东西也将是错误的",甚至"我们构筑的理论、我们检验的假设和我们持有的观点都由我们的衡量标准系统决定"①。因此,在服务农业强国建设构建相关指标体系的过程中,对于未来看不准的,特别是中长期的,应该留个模糊地带,为未来深化认识提供必要的选择空间或回旋余地;切忌对未来看不准的现象盲目设置指标强行量化,导致指标体系构建中出现"先污染再治理"的问题。即在指标体系构建中形成严重偏差,若干年后因发现这种偏差及其带来的问题,再来治理这种偏差。这很容易误导决策,将农业强国建设引入歧途。至于有些研究者自己对什么是农业强国都一知半解,就自以为是,草率构建一套自己都拿不准的指标体系来"剪裁"或"度量"农业强国建设实践,则是不负责任的。

农业强省可以从两种维度来思考。一是省与省之间比较。有的省份根据农业发展的若干绩效和竞争力指标,完全可以说自己是农业强省,因为该省相对于其他省份农业发展具有较为明显的比较优势和强势竞争力。二是在农业强国建设的坐标系中考虑。农业强省是农业强国在省级层面的具体化,农业强省建设是农业强国建设的区域支撑,要按照建设农业强国的要求,来衡量农业强省建设。本书思考的农业强省建设,采取第二种维度,即在农业强国建设的坐标系中考虑和要求农业强省建设。农业强国建设是个有机整体,需要各省份各部门各领域相关行动协同推进。有

---

① [美]约瑟夫·E.斯蒂格利茨、[印]阿马蒂亚·森、[法]让—保罗·菲图西:《对我们生活的误测:为什么GDP增长不等于社会进步》,新华出版社2011年版,第17页。

些省份在推进农业强国建设中具有重要的战略地位，推进农业强省建设的条件也得天独厚。对于这些省份来说，加快推进农业强省建设是国家的要求，也是其自身的责任担当。引导发展基础和资源禀赋各异的省份，分别探讨推进农业强国建设的不同道路和模式，有利于丰富我国农业强国建设的内涵，推进我国农业强国建设行稳致远，促进不同道路、不同模式各展其长、优势互补、协同发力。但是，对于更多的省份来说，与其说是要推进农业强省建设，不如找准其在我国加快建设农业强国中的独特方位和比较优势，扬长避短，作出自己的独特贡献。可见，在构建农业强省建设指标体系的过程中，也不宜简单搬用农业强国建设的指标体系。为推动农业强省建设高质量发展，相关省份在构建农业强省建设指标体系的过程中，也要立足自身的资源禀赋和推动农业强省建设的现实基础，面向未来需求，注意因地制宜、扬长避短，努力发挥指标体系的导向作用。某些指标对于甲省比较重要，但对于乙省可能无足轻重。反之则反是。这种现象是正常的。构建农业强省建设指标体系，要注意把影响本省推进农业强省建设的关键指标选出来，把一些无关痛痒的指标剔出去，通过构建高质量的指标体系，引领农业强省建设高质量发展。

（二）重视指标体系的积极引导作用但不盲目迷信指标体系

我们构建的农业强国建设指标体系，特别是描述指标体系或评价指标体系，往往是基于我们对农业强国内涵特征和时代要求的科学认识。因此，相关指标体系，特别是描述、评价指标体系，可在一定程度上作为引导我们推进农业强国建设的行为准则，要注意发挥指标体系考核评价对推进农业强国建设的积极引导作用。只有这样，构建农业强国建设描述或评价指标体系，才具有必要性和实用价值。下文重点就农业强国建设的描述、评价指标体系进行分析。

但是，农业强国或农业强省建设本是一个生命有机体，内涵极其丰富，其内在组成部分之间往往存在千丝万缕的联系。任何一个描述或评价指标体系，都只能从若干维度或相关重要领域，就农业强国或农业强省建设的主要进展和成效进行粗略的、框架性的反映，难以全面、详细、准确地反映农业强国或农业强省建设的全貌。如保障粮食安全和重要农产品有效供给是建设农业强国的底线要求，在此方面除有总量要求外，还有结构要求。而无论构建的指标体系多么精美，都只能粗略反映保障粮食安全和重要农产品有效供给的基本要求，难以做到尽善尽美，甚至很容易找到可质疑之处。构建指标体系的研究者水平再高，情况也是如此。由于指标设置容易出现以偏概全甚至盲人摸象问题，基于数据可得性方面的考虑有时难免使用替代性指标，特别是指标体系的构建、指标选择、数据获取甚至描述、评价结果的分析，往往是建立在研究者有限理性的基础之上，多数情况下只能粗略反映农业强国或农业强省建设的外在表现，难以揭示其本质或内在机制。基于绩效和利益的关联，有些研究者还会不自觉地产生对某些指标的特殊偏好，比如选择容易凸显、容易提高地方政府政绩的指标，轻视不易凸显、难以提高地方政府政绩的指标，甚至不惜对量化指标数据"动手脚"，或倒果为因——不是为了建设农业强国而提升某些绩效指标，而是面向提升某些绩效指标的需求推进农业强国建设，从而影响农业强国建设的高质量发展。前几年在新农村建设中，许多地方比较重视交通要道两旁的绿化或美丽宜居乡村建设，与此是一个道理。部分地方推进的新农村建设看起来很美，但农民不欢迎不认同也懒得参与，与此有很大关系。

因此，在推进农业强国或农业强省建设的过程中，一方面，要加强对指标体系及其科学应用的研究；另一方面，要努力防止出现片面痴迷、崇拜、固恋指标体系的倾向，特别是要防止将农业强国建设简化为要求主要根据指标考核结果"修正"甚至"纠偏"农业强国建设实践的过程。要防止因此导致农业强国或农业强省建设的实践偏离丰富多彩的现实基础和时代要求。美国华盛顿天主教大学杰出教授杰瑞·穆勒指出，"指标其实可以成为好东西，只要我们是用它来辅助——而非替代——基于个人经验的判断力"；但是，"今日各式各样的组织都深信，成功的必经之路就是量化人的绩效，公布结果，并根据数字来分配酬劳。但是，当我们饱含热情地投入具有科学严谨性的评估过程，我们却由测量绩效，变成了痴迷于测量本身。这就带来了'指标的暴政'"，它始终威胁着人类生活的品质，甚至最重要机构的诚实性。[①] 在我国推进农业强国建设的过程中，杰瑞·穆勒的警示是值得铭记的。在研究农业强国或农业强省建设的成效时，减少"指标固恋"或对指标体系的痴迷，适当参考、全面审视"经验丰富的专业人士"

---

① ［美］杰瑞·穆勒：《指标陷阱：过度量化如何威胁当今的商业、社会和生活》，东方出版中心2020年版，序言。

特别是农业强国、农业强省建设利益相关者、参与者"针对特定情景的判断",是重要的。

本来,构建农业强国或农业强省建设的描述或评价指标体系,包括设置考核评价指标,旨在引导、督促甚至检查参与者的行为。但是,"每一种量化,都有办法做手脚""量化绩效的压力,会造成扭曲和分心效应"[1]。过度依赖指标体系评价,也会导致我们片面侧重于那些易于衡量的东西,甚至因指标体系诱发价值偏好,导致相关行为主体主要是按照考核指标的要求开展工作,对那些不在考核指标之列的工作视而不见,在指标体系中权重高的工作多做、权重少的工作少做、没有权重的工作不做,甚至出现类似"为了考试而教学"的倾向。如推进农业强国建设,需要着力提高现代农业产业体系或现代农业产业链供应链的创新力、竞争力和可持续发展能力。这些都可以通过若干指标来体现。但是,作为其背后支撑的产业生态、产业公地建设才是提升其创新力、竞争力和可持续发展能力的雄厚底蕴。在推进农业强国或农业强省建设的过程中,如果只重视创新力、竞争力、可持续发展能力这些"毛",不重视其背后的产业生态、产业公地建设这张"皮",那么,"皮之不存,毛将焉附"? 推进农业强国甚至农业强省建设,要防止因此成为"一时的热闹"而影响其可持续性。

注意发挥指标体系的积极引导作用,警惕指标体系迷信,还需注意指标体系的设置不宜追求"一个模子框到底"。农业强国

---

[1] [美]杰瑞·穆勒:《指标陷阱:过度量化如何威胁当今的商业、社会和生活》,东方出版中心 2020 年版,序言。

建设也好，农业强省建设也罢，指标体系的设置不仅基于对农业强国、农业强省内涵特征和本质要求的认识，还要基于对农业强国、农业强省建设现实基础、时代要求和发展瓶颈、关键问题的科学研判。指标体系甚至特定指标的设置，往往基于这些背景，具有一定的"生命周期"，体现较强的时效性和前瞻性。当前，我们处于一个发展环境不稳定不确定性明显增加的时代。当发展环境、发展背景出现明显的质的变化或阶段性转变时，原先适用的指标体系或部分指标很可能失去其存在价值。因此，顺应时代要求，更新指标体系或特定指标设置，调整其重点或引导方向，就是引导农业强国或农业强省建设高质量发展的必然要求。构建农业强国或农业强省建设的指标体系，不宜追求"一劳永逸"，要注意顺应时代要求和发展阶段的变化进行适时更新，借此调整重点关注和引导方向。况且，农业强国、农业强省建设本身有个"打铁没样，边打边像"的过程。随着认识的深化，动态调整或完善指标体系，也有利于通过指标体系的高质量设置，引导农业强国或农业强省建设的高质量发展。基于这种判断，我们认为，当前设置农业强国、农业强省建设的指标体系，宜以2035年或其之前为主，对于更长期的目标，如到本世纪中叶建成农业强国的目标宜粗不宜细。因为任何人对未来，往往都是越近的东西越容易看得清，越远的越难看得清。

农业强国、农业强省建设本身是个"水涨船高"的过程。现有世界农业强国今后的发展很可能出现一些新现象、新趋势、新潮流，这些方面应该影响农业强国、农业强省建设的指标设置。无视这些新现象、新趋势、新潮流，很可能导致我国的农业强国建设离真正的世界农业强国"共同特征"偏差较大，而且这种偏差很可能与"基于自己国情的中国特色"无关。从这种角度考虑，构建农业强国或农业强省建设的指标体系，也应以2035年及其之前为重点。

（三）关于评价指标体系中若干具体指标的建议

在《农业强国》一书中，我提出了"农业强国2020年主要评价指标"，并与相关国家进行了比较。但从严格意义上说，该书重点是探讨什么是农业强国、农业强国有哪些具体表征、推进农业强国建设有哪些共同经验和普遍趋势，对农业强国评价指标的分析还是比较粗略的。而且较为准确地说，其中有的指标，如"农业比较优势和强势竞争力例证"更多地应该算作农业强国的识别指标，而非评价指标。近期，关于农业强国或农业强省描述或评价指标体系的研究，虽然许多方面都在积极展开，但就总体而言，还未见较为成熟的研究成果发布。有的专家在会议发言中提出，土地生产率、劳动生产率、资源利用率应该是农业强国建设的重要评价指标。这种分析是有道理的。但是，具体操作起来，土地生产率、劳动生产率、资源利用率到底选择什么指标，还需要结合指标含义、指标属性和数据可得性慎重选择。如单位耕地面积农业增加值，2020年我国是9464.49美元/公顷；在我们筛选的11个世界农业强国中，除加拿大和新西兰当年数据缺失外，我国仅低于以色列、荷兰和日本，分别为14317.01美元/公顷、14478.22美元/公顷和12824.65美元/公顷；相比之下，澳大利亚、德国、丹麦、法国、意大利和美国分别仅及我国的 9.2%、26.5%、21.5%、24.4%、58.9% 和 13.4%。

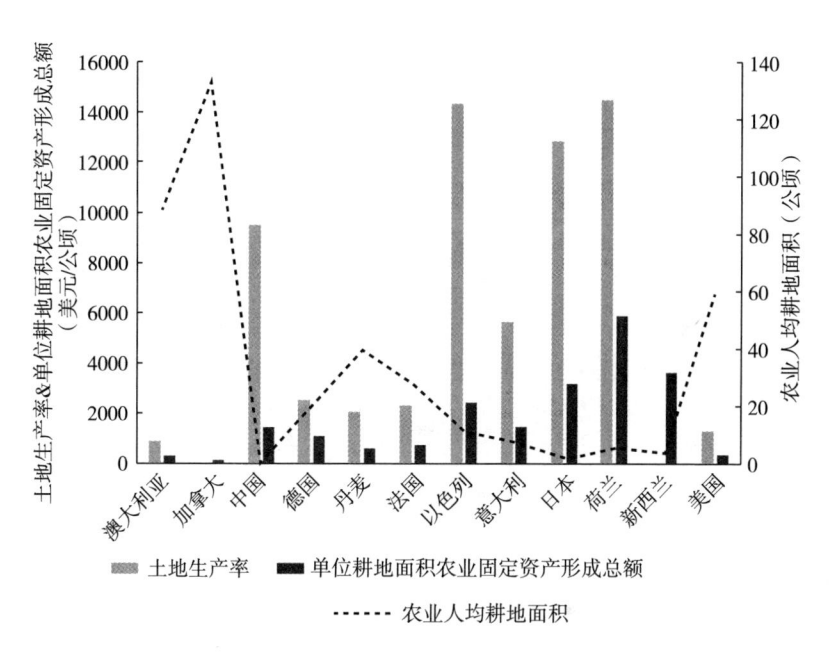

图 3-2 我国与世界农业强国部分指标比较[①]

---

① 注：在本图中，农业人均耕地面积 = 耕地面积 / 农业从业人员，数据来源：农业从业人员数据来自联合国粮农组织（FAO），https://www.fao.org/faostat/en/#data/OE；耕地面积数据来自世界银行，https://data.worldbank.org/indicator/AG.LND.ARBL.HA。土地生产率用单位耕地面积农业增加值来衡量，单位耕地面积农业增加值 = 农业增加值 / 耕地面积，数据来源：农业增加值（现价）数据来自世界银行，https://data.worldbank.org/indicator/NV.AGR.TOTL.CD（2020 年新西兰和加拿大的农业增加值数据缺失）。单位耕地面积农业固定资产形成总额 = 农业固定资产形成总额 / 耕地面积，数据来源：农业固定资产形成总额数据来自联合国粮农组织（FAO），https://www.fao.org/faostat/en/#data/CISP。（以上数据更新时间均为 2022-12-22）

表 3-1　2020 年我国与世界农业强国相关指标比较分析

国家	农业人均耕地面积（公顷）	土地生产率（美元/公顷）	单位耕地面积农业固定资产形成总额（美元/公顷）
澳大利亚	88.50	871.25	305.38
加拿大	133.33	/	135.17
德国	20.82	2509.23	1091.42
丹麦	39.51	2039.60	608.60
法国	27.55	2306.90	738.75
以色列	11.36	14317.01	2442.29
意大利	7.40	5578.17	1473.85
日本	1.89	12824.65	3182.77
荷兰	5.42	14478.22	5887.00
新西兰	3.37	/	3637.42
美国	59.72	1266.87	375.95
中国	0.62	9464.49	1431.43

注：数据来源同图 3-2。

从图 3-2 和表 3-1 进一步可见，与多数农业强国相比，我国农业的土地生产率并不低，至少差距不是很大。从表 3-2 还可以进一步看出，我国主要农产品单产水平，有的低于部分现有的农业强国，有的还高于部分现有的农业强国，至少与现有的农业强国相比我国差距不大。以色列、荷兰、日本和我国农业的土地生产率比较高，一个重要原因是人均耕地面积少，农业集约经营特征比较显著。当前，农业土地生产率低于我国的世界农业强国，人均耕地面积都明显高于我国。从我国和世界各农业强国单位耕地面积农业固定资产形成总额的比较，也可以看出这一点。因此，在比较不同国家农业土地生产率时,应该适当关注不同类型国家资源禀赋的差异;甚至在筛选农业强国建设评价指标时,要不要选择土地生产率指标,也是可以进一步讨论的。我们甚至认为,不一定要选择土地生产率指标,因为它不是制约我国农业强国建设的突出问题和敏感因素。

表 3-2　2021 年我国主要农作物单产与部分农业强国比较　单位:千克/公顷

国家	谷物类作物	其中 水稻	其中 玉米	其中 小麦	糖料作物	豆类作物	油菜籽作物	蔬菜类作物
澳大利亚	2548	9382	6682.2	2524.9	85928.2	1580.7	1819.7	24290.2
加拿大	3078.3	/	10056.7	2411.2	78774.4	1253.3	1537.3	24745.1
德国	6998.1	/	10360.8	7301.5	81764.5	3414.8	3501.4	34993.7
丹麦	6355	/	7073.4	7526.7	77503	3535.5	4008	23683.3
法国	7170.9	5072.4	9911.7	6928.4	85511.6	2552	3373.6	23357.6
以色列	3508.8	/	21113.5	2331.3	/	1425.1	/	16862.8
意大利	5562.8	6427.5	10329.5	4224.8	54127.9	1978	3085	34476.7
日本	6787.3	7496.7	2678.7	4986.4	66769.9	1636.1	1969.5	27487
荷兰	7872.3	/	9966.3	8018	81248.7	/	3027.6	57468
新西兰	8728.4	/	11400	9712.2	/	3417.4	2021.7	25981.9
美国	8268	8640.4	11110.9	2978.2	76488.6	1367.8	1463.1	33657.5
中国	6320.8	7112.4	6291.2	5810.1	84298.6	1832.7	2163.7	25747.4

注:本表数据均来自联合国粮农组织(FAO),https://www.fao.org/faostat/zh/#data/QCL。"/"表示数据缺失,数据更新时间为 2023-03-24。

农业劳动生产率和比较劳动生产率是衡量各国农业现代化水平高低的重要标尺,也是评价推进农业强国建设进展的重要指标。评价农业强国建设的进展,需要采用农业劳动生产率这个指标，对此不需作过多解释。采用农业比较劳动生产率这个指标，一个重要原因是它可在相当程度上反映农业现代化相对于国民经济现代化的差距，用农业劳动生产率占全社会劳动生产率的比重来衡量。如按当年价格计算，2019年我国农业的比较劳动生产率为27.7%，在现有的11个世界农业强国中，美国、法国、德国、意大利、澳大利亚、丹麦、荷兰、以色列和日本分别为65.9%、58.9%、64.2%、48.7%、83.8%、55.5%、79.2%、130.3%和29.5%；加拿大和新西兰缺乏2019年数据，2018年对应数据分别为111.3%和99.4%。[1] 再从我国来看，根据《中国统计年鉴2021》数据，我们用第一产业比较劳动生产率粗略代替农业比较劳动生产率，从图3-3可见，当前在我国31个省、自治区、直辖市中，除黑龙江、河北两个粮食主产省农业比较劳动生产率较高外，河南、山东、四川、江苏、吉林、安徽、湖南、湖北、内蒙古、江西、辽宁等其他11个粮食（区）主产省农业比较劳动生产率水平多处于中下游位置；而黑龙江、河北两省整体经济发展水平低，2021年人均GDP分别居全国倒数第2位和倒数第5位，分别仅及同年全国人均GDP的58.0%和66.6%。[2] 可见，就多数粮食主产区的省份而言，推进农业强省建设必须尽快改变农业现代化相对于国民经济现代化的严重滞后状况；就黑龙江、河北等农业比较劳动生产率相对较高的粮食主产省而言，推进农业强省建设则应

---

[1] 姜长云：《农业强国》，东方出版社2023年版，第33页。
[2] 资料来源：人均GDP数据来自国家统计局，https://data.stats.gov.cn/search.htm?s=%E4%BA%BA%E5%9D%87GDP。

在提升整个国民经济的现代化水平上多发力。

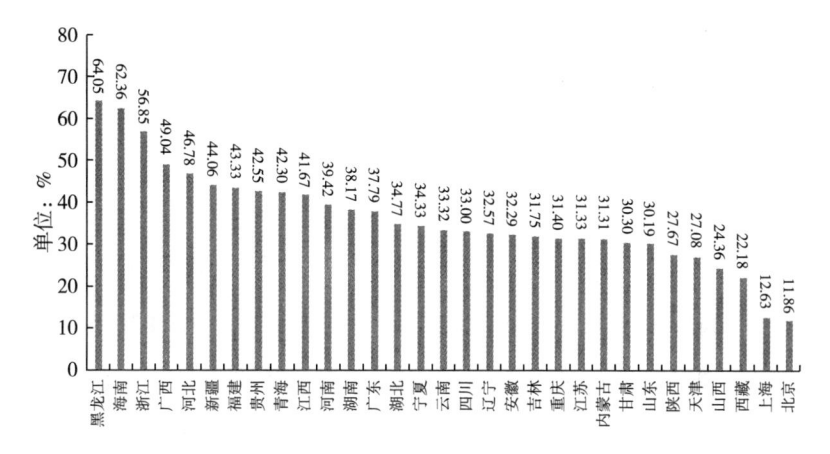

图 3-3　2021 年各省(自治区、直辖市)第一产业比较劳动生产率(当年价格)[①]

2023 年中央一号文件将"供给保障强"作为农业强国的一个重要特征。我们之前的研究提出，农业强国在世界农业竞争中呈现出规模化比较优势和强势竞争力，具体表现为"一底三强一高一足"特征。"一底"即以保障粮食安全和重要农产品稳定安全供给为底线。有些农业强国属于小国，依靠自身难以保障粮食和重要农产品稳定安全供给，但由于经济发展水平高，通过国际市场仍能为实现粮食和重要农产品有效供给提供可靠保障。但人口大国要成为农业强国，保障粮食安全和重要农产品有效供给，应该主要依靠自身。根据联合国粮农组织（FAO）数据，2020 年、

---

① 数据来自各省统计局，第一产业比较劳动生产率 =（第一产业劳动生产率 / 各省劳动生产率）× 100%，其中第一产业劳动生产率 = 第一产业增加值（当年价格）/ 第一产业就业总人数，各省劳动生产率 = 各省 GDP（当年价格）/ 各省就业人数。

2021 年，中国大陆人均谷物产量分别为 432.75 千克和 443.28 千克，分别居世界第 40 位和第 38 位。以 2020 年、2021 年数据计算，人均谷物产量前 39 位和前 37 位的国家（地区）总人口分别 15.78 亿人和 14.78 亿人，分别仅比中国大陆多 1.53 亿人和 0.52 亿人，也即分别多 10.7% 和 3.6%；其中包括加拿大、丹麦、美国、澳大利亚、法国、德国等现有的世界农业强国。[1] 鉴于我国的粮食口径比国际上通行的谷物口径大，我们按照粮食等于谷物＋薯类＋大豆的口径[2]，分别计算了各国人均粮食产量，结果发现 2021 年中国（大陆）人均粮食产量 554.31 千克[3]，居世界第 37 位。同年居世界前 36 位的国家共有人口 12.87 亿人，较同年中国大陆人口（14.26亿人）还少 1.39 亿人，低 9.7%；其中同样包括前述 6 个现有的世界农业强国。当然，保障粮食和重要农产品有效供给，除保障粮食有效供给外，还有其他重要农产品有效供给；而且，无论是粮食还是重要农产品有效供给，不仅有总量问题，还有结构问题。各省在设置农业强省建设指标体系时，不同省份的重要农产品甚

---

[1] 数据来源：联合国粮农组织（FAO）数据库，谷物数据 https://www.fao.org/faostat/en/#data/QCL（数据更新时间 2023-03-24）；人口数据来自 https://www.fao.org/faostat/en/#data/OA（数据更新时间 2022-11-10）。

[2] 国家统计局农村社会经济调查司：《中国农村统计年鉴·2021》，第 375 页。数据来源：谷物、薯类、大豆数据均来自联合国粮农组织（FAO）数据库，https://www.fao.org/faostat/en/#data/QCL（数据更新时间 2023-03-24）；人口数据来自联合国粮农组织（FAO）数据库，https://www.fao.org/faostat/en/#data/OA（数据更新时间 2022-11-10）。

[3] 按《中国统计摘要·2023》中 2022 年粮食产量和年末人口数计算，2022 年中国大陆人均粮食产量为 486.30 千克，与此处的 554.31 千克差距较大。这个差距可能来自薯类作为粮食的折算比例问题，我国在计算粮食产量时按 5 千克鲜薯折 1 千克粮食，但联合国粮农组织（FAO）数据看不出是否鲜薯、薯类数据要不要折算的信息。因此，相关数据仅供参考。

至还可能有所不同。对此应该予以充分重视。

农业强国的"三强一高一足"特征，主要是指农业及其关联产业创新力强、国际竞争力强、可持续发展能力强和农业现代化水平高、农业产业链供应链韧性和安全水平足。这"三强一高一足"从宽度上看，体现在现代农业产业体系、生产体系和经营体系建设中；从长度上看，体现在农业及其关联产业链供应链发展上；从高度上看，体现特定阶段、特定背景下农业强国建设的时代要求。在构建农业强国建设描述或评价指标体系时，这"三强一高一足"都应有适宜的指标来体现。但是，做这件事，说起来容易做起来难，企图"速战速决"更容易导致所构建的指标体系"难堪大用"，甚至容易"误导决策""误导实践"。鼓励不同学者、不同的研究团队在深化研究的基础上，分别构建相关评价指标体系，在一定时期内鼓励不同的评价指标体系"共生竞争"、优势互补，可能是不得不采取的"次优"选择。据此也可以看出，对农业强国的描述或评价指标体系，可以作为研究农业强国建设的重要参考，但只宜将其放在辅助位置，不可因为过度崇拜、迷恋甚至固恋这种指标体系，而将其抬高到"主修课"甚至"指挥棒"的地位。

通常而言，省与省之间产业、资源、要素的流动性往往明显大于国与国之间。况且，现代农业产业体系、生产体系、经营体系的运行往往受到周边地区的影响；农业及其关联产业链供应链创新力、竞争力、可持续发展能力的成长，更可能跨越省级行政区。因此，相对于农业强国建设，更应重视农业强省建设指标体系构建的复杂性和不同省份之间的差异性。加强农业强省建设指标体系的研究,既要有紧迫感,又要注意扎实前行,注意"在发展中探索,在探索中完善"。在农业强国建设的指标体系中,也不存在"绝对正确"的模式。

四、强化包容互动式研究

党的二十大报告,实际上向全党全国各族人民吹响了加快建设农业强国的冲锋号。2022年12月召开的中央农村工作会议和2023年中央一号文件,又结合贯彻落实党的二十大精神,就加快建设农业强国进行了战略部署。加快建设农业强国的实际行动正在迅速展开。如果将加快建设农业强国比喻为一支利箭,那么,现在箭已在弦上,到了不得不发的时候了。但是,客观地说,对农业强国的理论认识和我国推进农业强国建设的战略重点、主攻方向和实施机制、路径思路等研究,甚至农业强国建设有哪些国际经验教训可供借鉴,这些方面的研究在总体上仍然处于初级阶段。2022年3月份,农业农村部政策与改革司委托我开展相关问题的研究时,我们详细搜集了现有研究文献。最具代表性的研究成果主要有两个:一是时任农业农村部副部长叶贞琴关于农业强国的系列研究文章[1];二是中国社会科学院农村发展研究所魏后凯

---

[1] 叶贞琴:《现代农业强国有五大重要标志》,《农村工作通讯》2016年第23期。

所长和崔凯发表在《中国农村经济》2022年第1期的文章[①]。也许还有其他较好的研究成果我们当时没有注意到。但就总体而言，关于农业强国的研究，只是最近一年来才开始多起来了，总体来说还比较少见。这与加快建设农业强国的实际需求相比，仍有很大差距。因此，如果说加快建设农业强国具有重要性和紧迫性，那么深化农业强国建设的理论和政策研究更加重要和紧迫。

有些人问，关于农业强国的研究，涉及一些基本概念，它的内涵、外延是什么？农业强国建设如何实现？怎样客观评估农业强国建设的国内外经验和教训？怎么看待建设农业强国与实现农业现代化的异同点？怎样用中国式现代化指导农业强国建设？这些问题理论界应该早日形成社会共识，得出清晰统一的看法。但是，"百花齐放、百家争鸣"，正是相关研究处于初级阶段时推动其高质量发展需要重视的常态。真理越辩越明，农业强国的理论和政策研究也是这样。不经过反复讨论和争鸣的过程，要在相关问题上形成理论和政策共识，基本上也是一种奢求；即便形成了共识，也很容易成为低层次的、经不住推敲的"共识"，并无多少实际价值，更难以真正满足推进农业强国建设高质量发展的需求。因此，在深化农业强国建设的研究中，出现必要的争论和讨论是难免的。与其他大多数研究一样，在深化农业强国建设的研究中，"百花齐放、百家争鸣"是正常现象。在类似农业强国建设这样的理论或政策、实践问题研究的初级阶段，情况尤其如此。

[①] 魏后凯、崔凯：《建设农业强国的中国道路：基本逻辑、进程研判与战略支撑》，《中国农村经济》2022年第1期。

但是，加快建设农业强国，与其说是一个重要的理论问题，不如说是一个重要的政策和实践问题。为了推动更多高质量的研究成果涌现出来，以便更好地服务农业强国建设政策和实践的迫切需求，鼓励更多的研究者秉持包容之心和求同存异、求真务实的态度，也是必要的。这样有利于不同的研究者之间诚恳学习、相互借鉴、相互启发，努力寻求理论和政策研究的最大公约数。否则，如果大家都是"各说各话""自说自话"，缺乏交流互动的诚心、虚心待人的勇气，甚至缺少基本的换位思考，各自不在一个平台上讨论，或者不注意不同话语体系的对接和交流，可能只会延误时机，影响相关理论和政策、实践研究的深化，也不利于研究成果更好地服务宏观决策和地方实践的需求。比如，什么是农业强国？这是农业强国建设研究中难以回避的基本问题。要在系统学习党的二十大报告和2022年12月召开的中央经济工作会议、中央农村工作会议，以及2023年中央一号文件精神的基础上，结合相关研究，尽快形成共识。2023年中央一号文件要求"立足国情农情，体现中国特色，建设供给保障强、科技装备强、经营体系强、产业韧性强、竞争能力强的农业强国"，实际上已经为我们科学把握农业强国的内涵外延，勾画了比较清晰和科学合理的轮廓。后续研究应该秉持求同存异、求真务实原则，尽可能完善、细化或补充，不宜另起炉灶，再搞一套。否则，你搞你的，我搞我的，最后把时间都耗费掉了，实际的研究进展反而不大；那么，理论研究与政策、实践需求的差距就会越拉越大，越来越难以满足建设农业强国的政策和实践需求。1992年邓小平同志南方谈话时提出"不争论,是为了争取时间干。一争论就复杂了,把时间都争掉了,什么也干不成,不争论,大胆地试,大胆地闯。农村改革是如此,城市改革也应如此"。这对于我们深化农业强国建设的理论和政策研究,应该说也是富有启发意义的。

这样说起来可能有些抽象。举例来说,有的专家在研究农业强国建设时提出,需要注意强化农业产业链供应链的创新驱动能力。他在评论时提出这种研究未注意科技的作用是个缺陷,那强化农业产业链供应链创新驱动能力能够离开科技?科技不是产业创新驱动能力的核心支撑?又比如,有的专家强调农业强国建设要注意发展涉农服务业,促进产业链供应链与服务链深度融合。他说这没有重视农业社会化服务的重要性,那涉农服务业跟农业社会化服务有多大实质性差别?这种思考问题的方式,跟较劲有什么实质性不同?显然,这样两种评论方式,至少存在无视他人研究、不注意交流互动,甚至"各说各话"的问题,难以通过交流互动推动研究质量的提升。因此,为了推动农业强国建设研究的高质量发展,为了农业强国建设的理论和政策研究更好地服务实践需求,应该尽量减少没有太大实际意义的争论,避免因此延误大好的研究时机。相信只要我们秉持学术包容之心,对他人的研究成果采取求同存异、求真务实的态度,注意包容不同学者的研究成果,努力寻求不同研究成果之间的最大公约数,在农业强国建设的理论和政策研究中就容易形成社会共识,并有利于涌现出更多的高质量研究成果,强化相关研究成果服务宏观决策和实践行动的能力。

进一步来看，按照习近平总书记在党的二十大的报告，中国式现代化"既有各国现代化的共同特征，更有基于自己国情的中国特色"①。按照类似逻辑，农业强国也是既有各农业强国的共同特征，更有基于自己国情的中国特色。这就涉及一个问题，当今世界到底有哪些国家属于农业强国？只有科学回答这个问题，才能更好地分析农业强国的共同特征，准确把握我国基于自己国情的中国特色。但是，有的人把某些国家排除在外，有的人把另外的国家包括在内，只要对我们判断农业强国的共同特征和自身特色没有实质性的重大影响，应该允许各位研究者略有不同。在有的会议上，少数研究者坚持认为，当今世界的农业强国只有美国一个，其他都不是农业强国。这与追求现代化的"美国化"有何根本不同？相关依据在大多数专业研究者和实际工作部门看来，恐怕也很难站得住脚。这实际上也难以体现以中国式现代化推进农业强国建设的理念和政策思维。由此也可见，在讨论哪些国家属于农业强国时，多些包容之心有利于形成理论、政策和实践共识。

根据我们对农业强国的内涵界定及农业强国"一个底线"和"三强一高一足"的基本特征，我们将 2020 年人均 GDP 是否超过世界银行划定的高收入国家平均水平的 70%、是否具有规模化的农业比较优势和强势竞争力，作为判断一国是否属于农业强国的两个关键指标，从而筛选出美国、加拿大、法国、德国、意大利、澳大利亚、新西兰、丹麦、荷兰、以色列、日本 11 个农业强国。

---

① 《党的二十大报告辅导读本》，人民出版社 2022 年版，第 20 页。

当然，这只是一种大致选择，可能有其他本该属于农业强国的国家被我们漏选。少数国家由于数据和资料缺乏，我们难以准确把握其农业比较优势和强势竞争力状况，将其遗漏于农业强国名单之外可能是难免的。但这对于我们科学认识世界农业强国的具体表征和历史经验未必有很大影响。对于我们筛选的前述农业强国，最容易受到普遍质疑的是，英国为什么不是农业强国，日本为什么是农业强国。有人说，英国早已实现了农业现代化，不应将其排斥在农业强国之外。但是，我们认为，在实现了农业现代化的国家中，农业强国属于农业现代化的"佼佼者"，英国可能不算。英国除威士忌等少数产品外，具有较强比较优势或国际竞争力的规模化农业及其关联产品并不多。因此，我们认为，英国不应列入农业强国。但有的研究者认为，英国农业在其他方面还有一些可圈可点的突出亮点，并要把英国归入农业强国。对此，我们认为，基于包容性研究的心态，按照求同存异原则，这也未尝不可。因为"萝卜青菜各有所爱"，在筛选农业强国名单时也要容忍"情人眼中出西施"。这方面可能不存在绝对统一、普遍认可的"标准答案"。

也有人认为，我们的东亚邻国日本虽然农业现代化水平较高，但农产品贸易长期存在较大逆差，且农业长期实行高保护状态，农产品价格水平较高。如果取消高保护政策，面对国际竞争，日本农业可能"一冲就垮"。因此，不应将日本归入农业强国之列。我们认为，这只能说明，日本不属于综合农业强国，但不能否认日本可以是特色农业强国。因为在世界农业竞争中，日本精品农业发展已经形成了规模化的比较优势和强势竞争力，类似"阳光玫瑰"葡萄这些高端化、品牌化农产品在国际市场拥有超强的竞争力。部分农业强国出于资源禀赋和地理位置等原因，部分农产品生产成本高，甚至不得不进口，长期存在农产品贸易逆差；但在国内外农产品市场中，产自这些农业强国的农产品多占据高端市场，而产自其他国家特别是非农业强国的农产品多占据低端市场，这也是农业强国国际竞争力的重要表现。如农业强国往往表现出由内而外的强，日本的大米和果蔬好吃早已名扬天下，市场影响力、控制力和话语权足，远超一般的农业发达国家。况且，日本的农业强国建设道路，对于人均农业资源禀赋少的东亚国家具有较强的代表性或借鉴价值。我国人均资源禀赋与日本相似，在建设农业强国的过程中注意借鉴日本的经验教训，有利于规避对欧美国家农业强国建设道路亦步亦趋、照搬照抄的问题，也有利于客观看待我国农业强国建设面临的约束条件。重视中国式现代化"既有各国现代化的共同特征，更有基于自己国情的中国特色"，也应注意尊重世界农业强国建设的多种模式，包括跨国跨区域模式。从日本的经验来看，中国的农业强国建设很可能要走出一条先建设特色农业强国，再建设综合农业强国的道路；而且，相对于特色农业强国建设，综合农业强国建设更加任重道远。我国加快建设农业强国，应该注意汲取众强之长，再结合国情农情消化吸收，形成自身的独特竞争优势。

第四章

建设宜居宜业和美乡村

习近平总书记在党的二十大报告中要求,"统筹乡村基础设施和公共服务布局,建设宜居宜业和美乡村",并将其作为全面推进乡村振兴的重要任务,与未来五年主要目标任务,特别是2035年我国发展的总体目标中要求"人民生活更加幸福美好""农村基本具备现代生活条件""人的全面发展、全体人民共同富裕取得更为明显的实质性进展;广泛形成绿色生产生活方式"等形成呼应。[①]2023年中央一号文件将建设宜居宜业和美乡村放在与加快建设农业强国并重的地位,在其全部9部分33条内容中,第7部分4条内容就"扎实推进宜居宜业和美乡村建设"进行了专门部署。从党中央提出实施乡村振兴战略到全面推进乡村振兴要求建设宜居宜业和美乡村,是逻辑使然,也是民心所盼。建设宜居宜业和美乡村,是以习近平同志为核心的党中央统筹国内国际两个大局,

---

① 习近平:《高举中国特色社会主义伟大旗帜 为全面建设社会主义现代化国家而团结奋斗——在中国共产党第二十次全国代表大会上的报告》,《党的二十大报告辅导读本》,人民出版社2022年版,第15页。

坚持以中国式现代化全面推进中华民族伟大复兴，推动构建新型工农城乡关系作出的重大战略部署，是在新时代新征程全面推进乡村振兴、加快农业农村现代化的重大决策安排。

一、宜居宜业和美乡村：盆景、愿景与风景

（一）宜居宜业和美乡村：全面推进乡村振兴的重要愿景

建设宜居宜业和美乡村，"是全面建设社会主义现代化国家的重要内容""是让农民就地过上现代生活的迫切需要"，也是"焕发乡村文明新气象的内在要求"[①]。那么，何为宜居宜业和美乡村呢？

宜居宜业和美乡村是宜居乡村、宜业乡村、和谐乡村、美丽乡村相互融合、有机结合、彼此成就的产物。让全体人民特别是广大农村居民过上美好生活，是建设宜居宜业和美乡村的出发点和落脚点。宜居既有适宜本乡本村居民居住之意，也有适宜下乡市民甚至外来游客居住之意。在讨论宜居宜业和美乡村建设时，农村居民不仅包括常住人口意义上的农村居民，还包括各种非"常住"状态，但在农村短期或临时居住的居民，如户籍在农村但只是偶尔回乡的人口、下乡短期居住或来乡村旅游的市民等。宜业，要结合营造良好的营商环境和就业创业服务环境，培育农业

---

① 胡春华：《建设宜居宜业和美乡村》，《农村工作通讯》2022年第23期。

和乡村产业高质量发展动能,为农村居民就地就近就业创业和吸引城市居民下乡就业创业提供更好的载体或平台。和谐乡村要求乡村发展体现乡邻和睦、城乡和而不同、人与自然和谐共生、现代乡村生产生活与农耕文明和民族风情等优秀传统乡村文化之间贯通融合的特点,体现积极进取、蓬勃向上的文明风尚和安定祥和的发展氛围,实现多样化、差异化、特色化的和谐包容。美丽乡村是美丽中国在乡村发展中的体现,兼具生活之美、生产之美、生态之美、人文之美等多重含义,它不仅要求改善农村人居环境,而且要求结合统筹城乡规划、加强乡村发展规划,统筹城乡发展空间,推动乡村生产、生活、生态空间各美其美、美美与共;体现农业现代化与农村现代化耦合共生、乡村物质文明与精神文明融合互动之美。

建设宜居宜业和美乡村,要求结合加强乡村基础设施和公共服务能力建设,优化其布局和连通性,特别是优先加强普惠性、基础性、兜底性民生建设,培育富有活力、特色和竞争力的现代乡村产业体系,有效激发、统筹提升乡村生产、生活、生态、文化等多重功能价值,推动农村基本具备现代生活条件,实现乡村由表及里、形神兼备的全面提升,形成乡村有别于城市的特色风韵,为农村居民就地就近过上现代文明生活提供便利,增加乡村对城市人口、人才和资源、要素的吸引力,畅通城市人口、人才和资源、要素进入农业农村的通道。随着城乡基础设施、公共服务联通性的改善,特别是随着交通通信条件和数字技术普及普惠性的增强,建设宜居宜业和美乡村将会带动越来越多的居民"在城市工作、在乡村生活"成为常态，部分居民"在城市生活、在乡村工作"也似怪不怪。

中国式现代化是全面推进乡村振兴的行动纲领，也是建设宜居宜业和美乡村的行动指南。建设宜居宜业和美乡村，要注意推动中国式现代化的理念和政策思维贯穿始终，将建设宜居宜业和美乡村的过程，有效转化为让全体人民，特别是广大农民共商共建共享乡村发展、乡村建设和乡村治理的过程，有效转化为调动一切积极因素共创乡村美好生活、扎实推进共同富裕的过程，也是更好满足人民群众对美好生活向往的过程。因此，人民群众，特别是广大农民的获得感、幸福感、安全感能否得到有效提升，能在多大程度上可持续，是检验宜居宜业和美乡村建设成效的重要标尺。正如习近平总书记强调的，"全面建设社会主义现代化国家，出发点和落脚点是让人民生活越过越好"①。

党的二十大报告提出，"中国式现代化，是中国共产党领导的社会主义现代化，既有各国现代化的共同特征，更有基于自己国情的中国特色"。在宜居宜业和美乡村建设的过程中，如何科学处理"共同特征"与"自身特色"的关系，是一个必须始终注意、不可大意的问题。重视宜居宜业和美乡村的共同特征，有利于增强其国际可比性或区域可比性，有利于提高其建设质量和建设价值，推动宜居宜业和美乡村建设"有高度、有奔头"，并通过居民获得感、幸福感、安全感等来体现。重视宜居宜业和美乡村的"自

---

① 习近平：《加快建设农业强国　推进农业农村现代化》，《求是》2023年第6期。

身特色",有利于调动一切积极因素、激发一切可以利用的资源要素参与宜居宜业和美乡村建设,优化建设宜居宜业和美乡村的路径和选择空间,推动宜居宜业和美乡村建设"有温度、能落地"。"越是民族的,越是世界的""越是富有特色的,越是具有竞争力的"。在建设宜居宜业和美乡村的过程中,也要注意这一点,推动宜居宜业和美乡村建设有效兼容发展的现实基础、乡土特色资源、优秀传统文化、现代科技和发展理念等,并将其集成转化为推动宜居宜业和美乡村建设的动力。尤其要注意历史文化传统和社会心理因素对宜居宜业和美乡村建设的影响。

就总体而言,小农户、欠发达地区特别是脱贫地区、低收入或高龄失能农村人口参与发展的能力弱、抗风险能力差,容易在农业农村发展中陷入边缘地位。因此,在建设宜居宜业和美乡村的过程中,要将加强普惠性、基础性、兜底性民生建设与完善联农带农特别是弱有所扶机制结合起来,着力解决好人民群众、农村居民特别是小农户、欠发达地区特别是脱贫地区、低收入或高龄失能农村人口的急难愁盼问题,并完善相关体制机制和政策保障。

建设宜居宜业和美乡村的过程,实际上也是推进农业农村现代化的过程。习近平总书记提出,"农村现代化既包括'物'的现代化,也包括'人'的现代化,还包括乡村治理体系和治理能力的现代化"[①];"推进农村现代化,不仅物质生活要富裕,精神生活

---

① 习近平:《论"三农"工作》,中央文献出版社2022年版,第277页。

也要富足"①。这两句话对于理解建设宜居宜业和美乡村的过程,也是适用的。而且,随着发展水平、时代要求的提高和发展阶段的演进,宜居宜业和美乡村的标准也会"水涨船高";随着宜居宜业和美乡村建设的推进,建设宜居宜业和美乡村在继续重视"物"的现代化的同时,更加重视"人"的现代化和乡村治理体系、治理能力的现代化。

当前,我国已全面建成小康社会、历史性地解决了绝对贫困问题。在此背景下,建设宜居宜业和美乡村应该更加重视提升乡村,特别是乡村居民的科学文化内涵和精神风貌。正所谓乡村振兴"既要塑形,也要铸魂",要推动农民"既要富口袋,也要富脑袋"。要提升农民的精气神,培育蓬勃向上、和谐包容、富有韧性的乡村品格。因此,建设宜居宜业和美乡村是一个动态演进和转型升级的过程,不可能一蹴而就,更不能指望"毕其功于一役"。从"宜居宜业和美乡村"政策的由来及其形成演变也可以清晰地看到这一点。

(二)建设宜居宜业和美乡村:从理论到行动、从盆景到风景

回望历史,展望未来,建设宜居宜业和美乡村的过程,是一个理论认识逐步深化、政策实践逐步丰富的过程。

• 2005年10月党的十六届五中全会通过的《中共中央关于制定国民经济和社会发展第十一个五年规划的建议》,提出"建设社

---

① 习近平:《加快建设农业强国 推进农业农村现代化》,《求是》2023年第6期。

会主义新农村是我国现代化进程中的重大历史任务。要按照生产发展、生活宽裕、乡风文明、村容整洁、管理民主的要求",扎实稳步"推进社会主义新农村建设"①。

• 2013年中央一号文件要求"加强农村生态建设、环境保护和综合整治,努力建设美丽乡村",这是中央一号文件首次提出"建设美丽乡村"②。

• 2017年10月,习近平总书记在党的十九大报告中首次提出"实施乡村振兴战略",要求"坚持农业农村优先发展,按照产业兴旺、生态宜居、乡风文明、治理有效、生活富裕的总要求,建立健全城乡融合发展体制机制和政策体系,加快推进农业农村现代化"③。

• 2018年中央一号文件提出,"让农村成为安居乐业的美丽家园""把乡村建设成为幸福美丽新家园""持续推进宜居宜业的美丽乡村建设",将到2020年"美丽宜居乡村建设扎实推进"、到2035年"农村生态环境根本好转,美丽宜居乡村基本实现"、到2050年"乡村全面振兴,农业强、农村美、农民富全面实现",作为实施乡村振兴战略的目标任务,并将"提高农村民生保障水平,塑造美丽乡村新风貌"作为该文件的专门一部分进行决策

---

① 《中共中央关于制定国民经济和社会发展第十一个五年规划的建议》,2005年10月11日中国共产党第十六届中央委员会第五次全体会议通过。
② 中国政府网,《中共中央 国务院关于加快发展现代农业进一步增强农村发展活力的若干意见》,https://www.gov.cn/gongbao/content_2332767.htm。
③ 中国政府网:《习近平:决胜全面建成小康社会 夺取新时代中国特色社会主义伟大胜利——在中国共产党第十九次全国代表大会上的报告》,https://www.gov.cn/zhuanti/2017-10/27/content_5234876.htm。

部署。①

• 2020 年 10 月党的十九届五中全会通过的《中共中央关于制定国民经济和社会发展第十四个五年规划和二〇三五年远景目标的建议》明确"实施乡村建设行动",要求"把乡村建设摆在社会主义现代化建设的重要位置"②。

• 2021 年中央一号文件要求"促进农业高质高效、乡村宜居宜业、农民富裕富足"③。

• 2022 年 5 月中共中央办公厅 国务院办公厅印发的《乡村建设行动实施方案》要求"努力让农村具备更好生活条件,建设宜居宜业美丽乡村"④,直至党的二十大报告提出"建设宜居宜业和美乡村"。2023 年中央一号文件围绕"扎实推进宜居宜业和美乡村建设"进行具体决策部署。⑤

推进宜居宜业和美乡村建设,也是一个从盆景到愿景再到风景的转变过程。长期以来,在全面建设小康社会、建设社会主义新农村和实施乡村振兴战略的过程中,各地涌现了一些建设宜居宜业和美乡村的先进典型,也为党中央形成"建设宜居宜业和美

---

① 中国政府网:《中共中央 国务院关于实施乡村振兴战略的意见》,https://www.gov.cn/zhengce/2018-02/04/content_5263807.htm。
② 中国政府网:《中共中央 国务院关于全面推进乡村振兴加快农业农村现代化的意见》,https://www.gov.cn/gongbao/content/2021/content_5591401.htm。
③ 中国政府网:《中共中央 国务院关于全面推进乡村振兴加快农业农村现代化的意见》,https://www.gov.cn/gongbao/content/5591401.htm。
④ 中国政府网:《中共中央办公厅 国务院办公厅印发〈乡村建设行动实施方案〉》,https://www.gov.cn/gongbao/content/2022/content_5695035.htm。
⑤ 中国政府网:《中共中央 国务院关于做好 2023 年全面推进乡村振兴重点工作的意见》,https://www.gov.cn/zhengce/2023-02/13/content_5741370.htm?dzb=true。

乡村"的重大决策部署提供了重要的实践基础。其中，特别值得重视的是，2003年浙江省开始组织实施的"千村示范、万村整治"工程（简称"千万工程"），堪称全国建设宜居宜业和美乡村的排头兵，也是"建设宜居宜业和美乡村"重大决策部署的重要实践源头。如早在2008年，浙江安吉县委、县政府就发布了《安吉县建设"中国美丽乡村"行动纲要》，将"中国美丽乡村行动"作为安吉县新农村建设"整体化实践、品牌化经营的探索"和将安吉县新农村建设水平提升到全国领先水平的主抓手，要求"积极探索建设'环境优美、生活甜美、生活和美'的现代化新农村的'安吉模式'"[①]。20年来，"千万工程"的迭代更新和转型升级，也为丰富宜居宜业和美乡村建设的内涵提供了重要的实践基础。如《浙江省美丽乡村建设行动计划（2011—2015年）》要求"以深化提升'千村示范、万村整治'工程建设为载体""努力建设一批全国一流的宜居、宜业、宜游美丽乡村"[②]。《浙江省深化美丽乡村建设行动计划（2016—2020年）》将实现空间优化布局美、生态宜居环境美、乡土特色风貌美、业新民富生活美、人文和谐风尚美、改革引领发展美作为美丽乡村的美好愿景。

当然，迄今为止，就全国而言，还有其他一些建设宜居宜业和美乡村建设的先进典型或称"盆景"，只不过浙江实施的"千万工程"较为突出、较为持久，且已由点上"盆景"转化为局部"风

---

① 安吉县档案馆：《安吉县建设"中国美丽乡村"行动纲要》，https://zjnews.zjol.com.cn/ztjj/gjdar2021/bnbd/202105/t20210531_22608897.shtml。
② 《浙江省美丽乡村建设行动计划（2011—2015年）》，http://www.liandu.gov.cn/art/2012/4/23/art_1229370872_3733785.html。

景"。建设宜居宜业和美乡村的过程，往往是发挥先进典型示范引领作用，促进点上"盆景"转化为全域"愿景"和"风景"的过程。党的惠农富农政策，往往对促成这种转化发挥了重要的动力支持作用。

值得注意的是，习近平新时代中国特色社会主义思想，也对推动"千万工程"等先进经验的转型升级、对丰富宜居宜业和美乡村建设的内涵，发挥了重要的引领和指南作用。如在2022年12月召开的中央农村工作会议上，习近平总书记强调"要一体推进农业现代化和农村现代化，实现乡村由表及里、形神兼备的全面提升""要敬畏历史、敬畏文化、敬畏生态，留住乡风乡韵乡愁""乡村建设是为农民而建，要健全自下而上、农民参与的实施机制，多听群众意见，照顾农民感受"[1]。这体现了必须坚持人民至上、守正创新、问题导向、系统观念等习近平新时代中国特色社会主义思想的世界观和方法论。展望未来，习近平新时代中国特色社会主义思想的世界观和方法论，将会成为推动全国宜居宜业和美乡村建设由"愿景"转化为"风景"的强大动力。

二、"千万工程"的创新意义和时代价值

"千万工程"最初是2003年开始由时任浙江省委书记习近平同志亲自谋划、部署并推动实施的重大工程。20年来，浙江省坚

---

[1] 习近平：《加快建设农业强国　推进农业农村现代化》，《求是》2023年第6期。

持"一张蓝图绘到底",推动"千万工程"顺应时代要求和发展阶段转变,不断实现阶段性跃升和转型升级,持续推进农村人居环境和生态文明建设,引发了农村经济社会发展的系统性变革和乡村布局、城乡关系的深刻调整,推动了乡村生态振兴与产业振兴、人才振兴、文化振兴、组织振兴的激荡变革和互动提升,深刻改变了浙江的乡村风貌和农民精神风貌,为建设社会主义新农村、全面推进乡村振兴发挥了重要的探路试水作用,堪称建设宜居宜业和美乡村、推进农业农村现代化的重大创新之举,也是有效提升广大农民获得感、幸福感、安全感和广泛认同感的重大民心工程、德政工程。"千万工程"的实践,为习近平新时代中国特色社会主义思想的形成和发展提供了重要的实践源头。通过"千万工程"的实践,体会习近平新时代中国特色社会主义思想的世界观和方法论,对于我们全面建设社会主义现代化国家,特别是全面推进乡村振兴、建设宜居宜业和美乡村,具有重要的时代价值。

(一)"千万工程"的主要阶段及其成效

1."千万工程"20年实施的3个主要阶段

第一阶段,为"千村示范、万村整治"的启动阶段,时间跨度为2003—2010年,重点是以推进农村"脏、乱、差、散"治理为切入点,加大村庄环境整治力度。2003年,在浙江全省近4万个村庄中,仅有10%左右环境较好,绝大多数村庄环境较差,存在"村庄布局缺乏规划指导和约束,农民建房缺乏科学设计,有新房无新村、环境脏乱差等现象普遍存在,农村精神文明建设、社会事业发展相对滞后"等突出问题，成为制约农业和农村现代化建设的突出矛盾。2003年6月发布的《中共浙江省委办公厅、浙江省人民政府办公厅关于实施"千村示范、万村整治"工程的通知》（浙委办〔2003〕26号）将实施"千万工程"的总目标定为"用5年时间，对全省10000个左右的行政村进行全面整治，并把其中1000个左右的行政村建设成全面小康示范村"[①]。

有人进一步将2003—2007年作为"千万工程"的示范引领阶段，将2008—2010年作为"千万工程"的整体推进阶段。"千万工程"在其示范引领阶段，在加强基层组织和精神文明建设、发展经济的同时，全面推进村庄布局优化、道路硬化、村庄绿化、路灯亮化、卫生洁化、垃圾等废弃物集中处理、污水净化处理、河道净化等。在整体推进阶段，中共浙江省委办公厅、浙江省人民政府办公厅《关于深入实施"千村示范、万村整治"工程的意见》（浙委办〔2008〕18号）强调"坚持'统筹发展、富民美村、固本强基'，在全省范围内开展以改善农村人居环境为重点的村庄整治建设""对照村庄规划，重点整治村庄建筑乱搭乱建、杂物乱堆乱放、垃圾乱丢乱倒、污水乱泼乱排，突出改路、改水、改厕、垃圾处理、污水治理等重点，做到路平灯明、水清塘净、村洁景美"。到2010年，浙江全省共对17283个村实施了村庄环境综合

---

① 浙江省发展和改革委员会：《中共浙江省委办公厅、浙江省人民政府办公厅关于实施"千村示范、万村整治"工程的通知》，https://fzggw.zj.gov.cn/art/2009/9/8/art_1621000_30357804.html?eqid=999f3ac500017f92000000036492783e。

整治，基本完成了第一轮村庄整治。[①]

第二阶段，为"千村精品、万村美丽"的深化提升阶段，时间跨度为2011—2020年，重点是开展美丽乡村建设，并将其作为推进生态文明建设的重要举措。中共浙江省委、浙江省人民政府2010年12月31日发布的《浙江省美丽乡村建设行动计划（2011—2015年）》要求"以促进人与自然和谐相处、提升农民生活品质为核心，围绕科学规划布局美、村容整洁环境美、创业增收生活美、乡风文明身心美的目标要求，以深化提升'千村示范、万村整治'工程建设为载体，着力推进农村生态人居体系、农村生态环境体系、农村生态经济体系和农村生态文化体系建设，形成有利于农村生态环境保护和可持续发展的农村产业结构、农民生产方式和农村消费模式，努力建设一批全国一流的宜居、宜业、宜游美丽乡村"[②]。2016年中共浙江省委、浙江省人民政府印发的《浙江省深化美丽乡村建设行动计划（2016—2020年）》（浙委办发〔2016〕21号）要求"进一步深化美丽乡村建设，着力打造美丽乡村升级版""扎实推进美丽乡村示范创建工作，推动'物的新农村'和'人的新农村'建设齐头并进，全面改善农村生态环境、人居环境和发展环境，不断提升广大农村的美丽度和农民群众的幸福感""实现空间优化布局美、生态宜居环境美、乡土特色风貌美、业新民富生活美、人文和谐风尚美、改革引领发展美

[①] 叶慧、方杰：《浙江争当新时代排头兵》，http://zjnews.china.com.cn/jrzj/2018-11-26/155374.html。
[②] 《浙江省美丽乡村建设行动计划（2011—2015年）》，http://www.liandu.gov.cn/art/2012/4/23/art_1229370872_3733785.html。

的美丽乡村美好愿景，美丽乡村建设工作走在全国前列"，推动美丽乡村建设"从'一处美'向'一片美'""从'一时美'向'持久美'""从'外在美'向'内在美'""从'环境美'向'发展美'""从'风景美'向'风尚美'"转型，并从"形态美"迈向"制度美"[①]。

第三阶段，为"千村未来，万村共富"的创新升级阶段，时间跨度为2021年以来。《浙江省深化"千万工程"建设新时代美丽乡村行动计划（2021—2025年）》（浙委办发〔2021〕57号）提出，"以深化'千万工程'、推进共同富裕示范区建设为牵引，以共建共享全域美丽大花园为目标，坚持标准化推进、精细化建管、数字化赋能、品牌化经营、人文化引领、均等化服务，对标国际一流，实施新时代美丽乡村全域共美、环境秀美、数智增美、产业壮美、风尚淳美、生活甜美行动，建设具有'江南韵、乡愁味、国际范、时尚风、活力劲、共同富'特点的新时代美丽乡村"，明确要求"聚焦人本化、生态化、数字化、融合化、共享化导向，开展未来乡村建设试点，培育农业农村现代化先行示范"。2022年1月，《浙江省人民政府办公厅关于开展未来乡村建设的指导意见》（浙政办发〔2022〕4号）强调，"以党建为统领，以人本化、生态化、数字化为建设方向，以原乡人、归乡人、新乡人为建设主体，以造场景、造邻里、造产业为建设途径，以有人来、有活干、有钱赚为建设定位，以乡土味、乡亲味、乡愁味为建设特色，

[①] 胡豹、顾益康、文长存：《"千万工程"造就万千和美乡村——浙江"千村示范、万村整治"工程20年经验总结》，《浙江农业科学》2023年第7期。

本着缺什么补什么、需要什么建什么的原则，打造未来产业、风貌、文化、邻里、健康、低碳、交通、智慧、治理等场景，集成'美丽乡村+数字乡村+共富乡村+人文乡村+善治乡村'建设，着力构建引领数字生活体验、呈现未来元素、彰显江南韵味的乡村新社区"，要求"有农村区域的县（市、区）每年开展1—3个未来乡村建设。自2022年开始，全省每年建设200个以上未来乡村。到2025年，全省建设1000个以上未来乡村"[①]。"千村引领、万村振兴、全域共富、城乡和美"已成为浙江深化新时代"千万工程"的目标和抓手。

2."千万工程"实施的成效

20年来，浙江实施"千万工程"，引发了农村人居环境、生态环境、农民精神风貌的深刻变革，促进了农村从"脏乱差散"向"绿富美强"的有序转换，培育了宜居宜业宜游的乡风村韵，为提升乡村生活品质和广大乡村居民的获得感幸福感安全感提供了丰富滋养；也为探索"绿水青山"向"金山银山"转化的路径开拓了思路，推动了乡村打造城市"后花园"，助推了打造"人人共享""诗画浙江"的美丽大花园。多年来，浙江农村人居环境质量位居全国前列，构建便捷生活圈、完善服务圈、繁荣商业圈、体验旅游圈不断取得实效，一批特色风景线、特色精品村、美丽庭院、美丽乡村交相辉映、相得益彰，许多乡村"景在村中，村在景中"，堪称建设宜居宜业和美乡村的"探路先锋"和"领航旗

---

① 《浙江省人民政府办公厅关于开展未来乡村建设的指导意见》，https://www.zj.gov.cn/art/2022/2/7/art_1229019365_2392197.html。

舰"，也为让农民就地就近过上现代文明生活提供了先行典范，其示范效应和品牌影响力迅速彰显。2022年，浙江全省农民人均可支配收入达到37565.0元，在全国31个省（自治区、直辖市）中位居全国第二，比全国平均水平高86.6%。[①]

"千万工程"的实施，激发了城乡关系的深刻变革和城乡空间格局的深刻调整，推动了城乡融合和一体化发展，为探索城乡融合发展方式、提升乡村发展能级开拓了思路，疏通了科技赋能、文化赋能和数字、资本等现代要素赋能农业农村现代化的渠道，畅通了以工促农、以城带乡的路径，为构建工农互促、城乡互补、协调发展、共同繁荣的新型工农城乡关系发挥了重要的试验示范和"探路先锋"作用，促成了"城市让乡村更和美、乡村让市民更向往、城乡协力富裕富足"的生动局面。通过实施"千万工程"，浙江已形成以都市圈为依托，以县城为龙头，中心镇、中心村为重要节点，城市基础设施和公共服务向农村有效延伸，通过信息化或数字技术等实现有效连接的县域公共服务体系，基本形成30分钟便民公共服务圈、20分钟医疗卫生服务圈、繁荣兴旺的休闲文旅圈和幸福体验的品质生活圈。2022年，浙江城乡居民人均可支配收入之比下降到1.90∶1，城乡共同富裕的步伐更加坚实。

"千万工程"的实施，还推动了乡村产业振兴、人才振兴、生

---

① 数据来源：《2022年浙江省国民经济和社会发展统计公报》，参见 http://tjj.zj.gov.cn/art/2023/3/16/art_1229129205_5080307.html；《中华人民共和国2022年国民经济和社会发展统计公报》，参见 http://www.stats.gov.cn/sj/zxfb/202302/t20230228_1919011.html。

态振兴、文化振兴、组织振兴的激荡转化，激发了乡村人气活力，推动了乡村多重功能价值的有机结合和良性互动，带动了美丽生态、美丽经济、和美生活的融合共生和相互转化，增加了对城市人口和人才下乡、乡贤归乡的吸引力，堪称全面推进乡村振兴的"先行标杆"和加快农业农村现代化的"领头雁"。"千万工程"的推进，通过促进农村一二三产业融合发展，带动了新产业、新业态、新模式的迅速涌现及其与乡村传统产业、传统文化的深度融合，也为浙江乡村产业的蓬勃发展提供了良好的基础设施、公共服务和创新创业创造环境，推动形成了原乡人、归乡人、新乡人、游乡人合力共建美好幸福家园的良好氛围。实施"千万工程"，促进了现代农业与乡村制造业和乡村服务业、数字经济和数字技术与乡村实体经济融合发展态势的加快形成，也为增加农民收入、发展新型农村集体经济提供了坚实支撑。结合实施"千万工程"，加强乡村基层民主法治和基层党支部建设，形成"众人的事情由众人商量"等生动活泼局面，推动浙江形成了党建引领乡村治理和自治、法治、德治、数治有机结合的乡村治理体系，提升了乡村治理体系和治理能力现代化水平，也导致乡村善治成为推动乡村产业振兴、人才振兴、文化振兴、生态振兴和组织振兴互促共赢的重要基石。

（二）"千万工程"的创新意义和经验启示

1.从农民群众最关心、最直接、最现实的利益问题入手，激发广大农民参与的内生动力。

20年前，"提高广大农民群众的生活质量、健康水平和文明素质"，是当时浙江省启动"千万工程"的一个重要动因。因此，浙委办〔2003〕26号文件要求切实把实施"千万工程"办成造福百姓的"实事工程"，明确"以村庄规划为龙头，从治理'脏、乱、差、散'入手，加大村庄环境整治的力度，完善农村基础设施，加强农村基层组织和民主建设，加快发展农村社会事业，使农村面貌有一个明显改变，为加快实现农业和农村现代化打下扎实的基础"。这正是瞄准了广大农民最关心、最直接、最现实的农村环境整治和农村人居环境改善问题，在实施过程中注意充分尊重农民意愿。浙江省委、省政府发布的《浙江省美丽乡村建设行动计划（2011—2015年）》强调，"坚持以人为本。始终把农民群众的利益放在首位"[1]。因此，浙江省委、省政府实施"千万工程"从一开始就强调"防止刮风，切忌强迫命令"。在"千万工程"实施过程中涌现的"浦江经验"，就是时任浙江省委书记习近平亲自倡导并带头下访接访群众形成的。当时，在浙江经济迅速发展的同时，流动人口增加、社会阶层分化、环境污染严重问题凸显，但基层治理能力跟不上，导致社会矛盾激化、信访热点问题突出。浦江问题尤为严重。习近平同志倡导推动并带头实践了领导下访接待

---

[1] 《浙江省美丽乡村建设行动计划（2011—2015年）》，http://www.liandu.gov.cn/art/2012/4/23/art_1229370872_3733785.html。

群众制度，深入群众、直奔基层，帮助群众解决揪心事、烦心事、操心事，为加强和创新基层社会治理、走新时代的群众路线发挥了重要的示范作用。①

20年来，"千万工程"的每次迭代升级和创新举措，都是通过帮助广大农民解决影响其生活品质、就业增收和民生改善的急难愁盼问题，增进了广大农民的获得感幸福感安全感和在这些方面的广泛认同感，为"千万工程"成为在国内外富有影响的"民心工程""德政工程"提供了便利，也为激发广大农民参与"千万工程"的内生动力创造了条件。长期以来，"千万工程"能够一步步地促进浙江建设宜居宜业和美乡村由点到面、由"盆景"向"风景"转化，这是重要原因。通过推进全域、连片环境综合整治，不仅有效改善了乡村"颜值"和农民的生活体验，促进了农村美丽环境向美丽经济的转化，还带动了农民就业增收渠道的开拓和农村人气活力的增加。可以说，推进美丽乡村建设，不仅带动了浙江农家乐、民宿经济、乡村旅游的迅速发展，还促进了"好看""好玩""好吃""好带""好想""好创意"与乡村产业发展的有效结合，拓展了乡村产业和农民就业增收的发展空间，也提升了乡村吸引城市人口、人才和资本下乡的"魅力"。立足新时代新征程，浙江深化"千万工程"也好，全国建设宜居宜业和美乡村也罢，农民说好，才是真的好！

---

① 代玉启:《"浦江经验"的丰富内涵和时代价值》,《重庆日报》,2023年6月12日。

2. 坚持农民主体地位，引导农民在参与发展中增强共商共建共享发展能力。

之前，推进新农村建设也好，实施乡村振兴战略也罢，许多地方出现了"政府干，农民看，还有几个在捣蛋""干部积极，农民消极，风凉话不断"的现象，一个重要原因是对坚持农民主体地位重视不够，不注意激发调动农民参与的主动性、积极性和创造性，农民参与发展的内生动力和能力不足。浙江实施"千万工程"的实践证明，坚持农民主体地位，注意激发农民参与的主动性、积极性和创造性，培育农民参与的内生动力和参与能力，是推动其取得成功的制胜法宝。中共浙江省委、浙江省人民政府发布的《浙江省美丽乡村建设行动计划（2011—2015年）》强调，"尊重农民群众的知情权、参与权、决策权和监督权"。浙委办发〔2016〕21号文件进一步明确，"坚持以人为本，推进共享发展。始终把农民群众的利益放在首位，充分发挥农民群众的主体作用"。

结合实施"千万工程"，浙江许多地方在探索坚持农民主体地位的方式和路径上，也进行了富有特色的探索。如杭州市余杭区径山镇小古城村坚持"众人的事情由众人商量"，在探索基层民主协商制度方面进行了不懈探索，激发了村民的主人翁意识，形成了共商带动共建共享的良好局面。坚持"众人的事情由众人商量"，不仅为维护农民群众根本利益、促进农民共同富裕提供了便利，也为激发广大农民的主动性、积极性、创造性提供了前提，有利于广大农民更好地在共商共建中共享发展成果。这也有利于规避外来企业、外来资本甚至外来人才"代替农民"而非"帮助农民"的问题，引导其在参与乡村振兴的过程中更好地实现联农带农。最早提出美丽乡村建设的安吉县，坚持把美丽乡村建设的决定权交给农民，让农民选择美丽乡村要不要建、何时建、怎么建，逐步走出了一条生态美、产业兴、百姓富的可持续发展道路，获得全国首个生态县、中国县域综合竞争力百强县、全省深化"千万工程"建设新时代美丽乡村工作优胜县等称号，连续4年位居全国县域旅游综合实力百强县榜首，并被联合国授予"地球卫士奖"。

当然，坚持农民主体地位，并非意味着可以轻视农民发挥主体作用面临的局限，如视野不宽，容易出现重当前、轻长远的问题；社会关系网络不发达，多数面临对接外部市场、外部资源和要素渠道不畅的问题。因此，加强农民培训、引导农民"在干中学"、帮助农民搭建就业创业和对接外部市场、资源要素的平台，鼓励农民在参与发展中增强共商共建共享发展的能力，是"千万工程"取得成功的一个重要经验。前述小古城村坚持"众人的事情由众人商量"，实际上为引导农民拓展发展视野、培育长远眼光提供了有效机制。《浙江省美丽乡村建设行动计划（2011—2015年）》要求"深入开展文明村镇创建活动，把提高农民群众生态文明素养作为重要创建内容"。《中共浙江省委　浙江省人民政府关于2022年高质量推进乡村振兴的实施意见》强调，"落实乡村人才振兴扶持政策。支持布局创业孵化基地""实施高素质农民培训计划""实施农民创业促进行动"等，都与引导农民"在干中学"、提升农民参与发展能力密切相关。

3. 坚持生态优先、系统思维，积极培育乡村产业振兴、人才振兴、文化振兴、生态振兴、组织振兴的"大合唱"。

20年前，浙江省启动"千万工程"的一个重要目标是"加快生态省"建设，明确要求同建设生态省、打造"绿色浙江"结合起来，并将农村作为建设生态省的重点、难点和主战场。实施"千万工程"，从治理农村"脏、乱、差、散"入手，将加强村庄环境整治同建设绿色生态家园结合起来，将改善农村生产、生活、生态环境作为久久为功的重点，突出体现了生态优先的理念。《浙江省美丽乡村建设行动计划（2011—2015年）》将实施生态人居建设行动、生态环境提升行动、生态经济推进行动、生态文化培育行动作为其四大主要任务，这四大主要任务都与生态有关。2005年8月，时任浙江省委书记习近平同志在考察浙江安吉时提出了"绿水青山就是金山银山"的理念，推动安吉率先开启美丽乡村建设的探索，促进浙江的"千万工程"成为践行"绿水青山就是金山银山"理念的重要平台。

浙江实施的"千万工程"，从农村环境整治和人居环境改善入手，属于推进生态振兴的范畴，却带动了农村经济社会发展的全面系统变革，可谓"牵一发而动全身"。但是，"千万工程"并非止步于此，而是注意系统发力，利用浙江的资源优势、地缘优势、人文优势和发展优势，营造农村生态振兴与产业振兴、人才振兴、文化振兴、组织振兴融合互促的格局。借此，不仅为推进农村生态振兴、巩固农村环境整治和人居环境改善成果，提供了持续的财力保障，增强了"千万工程"的可持续性；还注意带动乡村全面振兴和农民农村共同富裕，通过"田园变公园、村庄变景区、农房变客房"，拓宽了绿水青山向金山银山转化的通道，推动了乡村"生态优势"更好地对接人文优势、市场优势，并转化为"经济优势"和"民生福利"。借此，也容易增加乡村对外部人口、人力、人才和资源、要素的吸引力，带动许多乡村由"脏、乱、差、散"向"绿、富、美、强"转化。让"好山好水好生活"，成为吸引游客、增加文旅收入的"撒手锏"，也为农业、乡村产业品牌产品、特色产品、文创产品拓展了市场，为产业融合、民宿经济、"电商+"等新业态的崛起，疏通了对接市场和创新要素的渠道。

4. 坚持规划先行、城乡统筹，注重发挥示范引领、头雁带动作用。

浙江实施"千万工程"，从一开始就在浙委办〔2003〕26号文件中强调"规划先行，统筹安排""按照统筹城乡经济社会发展的要求""统一规划中心村、逐步缩减自然村""搞好县域村庄布局总体规划和村庄规划"。《浙江省美丽乡村建设行动计划（2011—2015年）》在部署实施"生态人居建设行动"时，明确要求"推进农村人口集聚。大力培育建设中心村，以优化村庄和农村人口布局为导向，修编完善以中心村为重点的村庄建设规划""推动自然村落整合和农居点缩减，引导农村人口集中居住。开展农村土地综合整治，全面整治农村闲置住宅、废弃住宅、私搭乱建住宅"[1]。通过实施"千万工程",浙江构建了以县域美丽乡村建设规划为龙头、村庄布局规划、中心村建设规划、农村土地综合整治规划、历史文化村落保护利用规划为基础的"1+4"县域美丽乡村规划体系。[2] 近年来,浙江城乡基础设施加快同规同网、最低生活保障实现市域城乡同标、基本公共服务均等化全国领先,成为全国城乡发展较为协调的省份。[3] 通过推动高起点规划、高品质建设、高质量管控的有机结合,促进城乡统筹和融合发展,提升了统筹城乡生产、生活、生态空间的质量,推动了城乡成为各美其美、比翼双飞、和而不同的"命运共同体"。2008年,安吉县完成了全国第一个《美丽乡村建设总体规划》。长期以来,该县坚持"多规融合",统筹协调各类空间规划,有效保障了各类项目落实落地。

浙委办〔2003〕26号文件在部署启动"千万工程"时,不仅强调发挥"千村示范"的带动作用,还特别强调结合农村基层党组织"先锋工程"、创建民主法制村、争创文明村等活动,发挥先进典型的引领作用。通过评选全省深化"千万工程"建设新时代美丽乡村(农村人居环境提升)工作优胜县和浙江省美丽乡村示范乡镇、特色精品村、历史文化(传统)村落保护利用示范村,这些先行榜样的示范作用更加凸显。如杭州市余杭区小古城

---

[1]《浙江省美丽乡村建设行动计划(2011—2015年)》,http://www.liandu.gov.cn/art/2012/4/23/art_1229370872_3733785.html。
[2]《总结推广浙江"千万工程"经验 推动学习贯彻习近平新时代中国特色社会主义思想走深走实》,《求是》2023年第11期。
[3]《总结推广浙江"千万工程"经验 推动学习贯彻习近平新时代中国特色社会主义思想走深走实》,《求是》2023年第11期。

村，村容村貌治理、村庄和产业发展瓶颈的化解、民生工程建设，都坚持"村里的事情大家商量着办"，成为对建设宜居宜业和美乡村具有重要示范价值的典型模式，先后荣获全国乡村治理示范村、国家级生态村、全国文明村等80余项称号，在村集体经济收入大幅增长的同时，农民人均纯收入高出全国平均水平1倍以上。在实施"千万工程"的过程中，注重头雁带动作用，包括鼓励乡村社区和新型农村集体经济组织发挥引领和平台带动功能，通过增加社区公共品供给等方式，帮助普通农户降低参与"千万工程"的成本和风险。《浙江省国民经济和社会发展第十四个五年规划和二〇三五年远景目标纲要》提出，"深入实施美丽大花园建设行动""充分发挥大花园示范县引领作用，形成一批可复制推广的县域大花园建设典型模式，推进全省县域大花园建设提质扩面"[1]。

5.坚持党建引领、政府主导、市场驱动，完善鼓励不同利益相关者协同参与的体制机制。

浙江"千万工程"的成功，同浙江省坚持党建引领、党政重视，培育政府主导、市场驱动、社会协同的发展格局密切相关。时任浙江省委书记习近平牵头进行了"千万工程"的顶层设计，创新和推动了"千万工程"的"四个一"工作机制，实行"一把手"负总责，全面落实分级负责责任制；成立一个由省委副书记任组长的"千万工程"工作协调小组，每年召开一次高规格的"千万工程"工作现场会，定期表彰一批"千万工程"先进集体和

---

[1]《浙江省国民经济和社会发展第十四个五年规划和二〇三五年远景目标纲要》，https://www.zj.gov.cn/art/2021/12/3/art_1229540814_4815966.htm。

个人。① 通过积极营造各级党委政府争先创优、比学赶超的浓郁氛围，并将农村人居环境整治纳入为民办实事内容进行干部绩效考核，"千万工程"的实施建立在激发调动各级政府增加投入和加强政策支持的基础之上。

加强基层基础，加强村党支部、村委会班子建设，引导村党组织和党员干部积极发挥带头作用，也是"千万工程"取得成效的重要密码。"村美、户富、班子强"，早在2003年就成为浙江省实施"千万工程"对于示范村的要求之一。近年来，浙江结合实施"千万工程"，加强党组织领导的自治、法治、德治、智治相结合的乡村治理体系和治理能力建设，推进乡村治理向基层下沉，有效发挥了为乡村振兴凝心铸魂的作用。从这方面说，"千万工程"既是乡村建设工程、乡村发展工程，又是完善乡村治理的重要基础工程。如浙江安吉县以开展全国乡村治理体系建设试点创建为抓手，推广完善村村全国乡村治理示范村、全国先进基层党组织经验，通过"党建网、治理网、服务网、民情网"四网融合，推行"掌上矛调"App行政村全覆盖，推动组织扎根、资源下沉、服务进门、矛盾化解，畅通了基层治理"最后一千米"，形成了党建引领有力、部门协力共建、乡村积极有为、农民主动参与、社会积极响应的乡村治理格局。近年来，该县坚持建管并重，持续推进农村生活垃圾、污水、厕所"三大革命"；建立了县级农村人居环境智慧监管系统，实现农村人居环境从问题发现到问题反

---

① 《总结推广浙江"千万工程"经验　推动学习贯彻习近平新时代中国特色社会主义思想走深走实》，《求是》2023年第11期。

第四章　建设宜居宜业和美乡村

馈、整改、督查的云上闭环管理。

"千万工程"的实施，不仅注意增加农村集体经济和农民收入，为增强农村集体和农民投入能力创造了条件；还注意通过深化改革，调动社会力量支持"千万工程"的积极性，鼓励运用市场机制推进村庄运营，并争取社会支持。浙委办〔2003〕26号文件明强要求坚持"各方支持，密切协作"的基本原则，体现了调动一切积极因素支持"千万工程"的政策理念，甚至明确要求"充分运用市场机制，广泛吸纳社会资金"。《浙江省美丽乡村建设行动计划（2011—2015年）》明确"按照'谁投资、谁经营、谁受益'的原则，鼓励不同经济成分和各类投资主体以独资、合资、承包、租赁等多种形式参与农村生态环境建设、生态经济项目开发""广泛动员和引导工商企业、民营企业家、华人华侨、爱心人士等参与支持美丽乡村建设"[1]。结合实施"千万工程"，浙江许多地方在坚持农民主体地位的同时，积极完善体制机制，激发原乡人、归乡人、新乡人、旅乡人参与乡村振兴的积极性，鼓励社会力量通过企业捐建、两进两回（科技、资金进农村，人才、乡贤回农村）等方式参与"千万工程"，培育协同推进乡村振兴的"命运共同体"。近年来，结合实施"千万工程"，浙江大力深化农业农村改革，鼓励以村集体经济为主导的股份合作社发展、引导工商资本参与乡村振兴、深化强村富民集成改革、持续深化农村综合改革试点。如推动资源变资产、资金变股金、农民变股民的"三

---

[1] 《浙江省美丽乡村建设行动计划（2011—2015年）》，http://www.liandu.gov.cn/art/2012/4/23/art_1229370872_3733785.html。

变改革",探索盘活闲置宅基地、闲置农房的路径等,促进了文旅农融合发展和农民增收,也带动了农村创新创业创造活力的彰显。

6. 坚持因地制宜、循序渐进、久久为功,探索顺应不同发展阶段和资源禀赋特征、富有区域特色的路径和模式。

浙江"千万工程"的启动,是以习近平同志为代表的时任浙江省委、省政府顺应当时浙江省情农情和发展阶段特征,审时度势,准确把握乡村发展需求和城乡发展规律的产物。浙江位于我国东南沿海,陆地有"七山一水两分田"之说,经济发达程度位居全国前列,但当时省内区域之间经济社会发展水平和资源禀赋特征差异较大,城乡发展、经济社会发展不平衡的问题也较为严重。"千万工程"的实施,始终强调因地制宜,区分不同地形地貌、不同发达程度的村庄,甚至城郊村庄和普通村庄,考虑地方财政支撑能力、社会力量的动员能力和农民接受程度,体现"千万工程"落地的不同层次、等级标准和地方特色,"有多大力量办多大事",不追求"一口吃成个胖子"。如浙委办〔2003〕26号文件明确要求"坚持因地制宜,分类指导,多层次地推进环境治理、村庄整理、旧村改造、新村建设和特色村建设等"。当前,在全国学习"千万工程"的过程中,有些地方强调由于受经济发展水平特别是地方财力限制,"浙江经验虽然很好,但我们学不了""因为浙江有钱"。浙江推进"千万工程"的实践告诉我们,这种质疑是不能完全成立的。只要我们注意将量力而行与尽力而为结合起来,增强工作的主动性、积极性和创造性,努力结合本地实践推进"千万工程",取得成效的希望仍然是比较大的。

20年来,浙江省委、省政府一步一个脚印走、一届接着一届干,接续发力,持之以恒,推动"千万工程"整治范围不断扩大到浙江全域乡村,内涵不断丰富并迭代升级,促进了浙江全域美丽生态、美丽经济与和美生活的有机结合,在推动乡村产业发展、农民就业增收、提升农民生活品质和乡村活力等方面结出了累累硕果,体现了全面推进乡村振兴、建设宜居宜业和美乡村的历史耐心。浙江通过顺应时代要求和发展阶段变化,因地制宜地探索"千万工程"的实践模式,促进了"千万工程"在不同类型地区"千姿百态"的差异化发展,形成了"百花齐放春满园"的发展格局,也培育了各地乡村振兴的独特魅力和竞争力,规避了"千村一面"对乡村多重功能价值的损害。浙江许多地方乡村产业发展能够做好"土特产"的文章,与此也有很大关系。当前,浙江的"千万工程"进一步向纵深发展,浙江省委明确提出要在"深入践行'千万工程'上努力打头阵当先锋作示范",但仍然提出要"在全省选树建成1000个左右和美乡村示范村,差异化打造、特质化发展、全域化提升,加快探索走出中国式农业农村现代化新路径"[1]。可见,推广"千万工程"经验,强化区域特色和区域差异,在任何时候都是必要的。

---

[1] 中共浙江省委:《在深入践行"千万工程"上走前列作示范》,《求是》2023年第12期。

（三）"千万工程"的时代价值

1.坚持问题导向、系统观念，科学把握有效市场、有为政府、有机社会优化组合的"合理区间"。

"千万工程"实施之初，从清理庭院垃圾等生活小事做起，投资少、见效快、惠及民生直接，因而容易操作。如前些年，浙江深入开展"五水共治""三改一拆""四化三边""双清行动"[①]，这些事情看起来都谈不上"高大上"，但都属于农民群众所思所盼，都属于影响农民农村生活品质的"关键小事"，也是影响农村民心民生的"基础实事"。"千万工程"实施以来，一直以改善农村生产、生活、生态环境为重点，注意带动农民农村加快转变生产方式和生活方式，将推动"物"的现代化和"人"的现代化结合起来，让政府工作重点与农业农村农民发展亟待化解的痛点难点结合起来，培育推进农业农村现代化的"兴奋点"。

"千万工程"从实施之初，就突出强调系统观念、综合发力。如浙委办〔2003〕26号文件强调，"要围绕人的全面发展，坚持物质文明、精神文明、政治文明协调发展，坚持生产与生活条件同步改善，建设与管理同步推进"。《浙江省美丽乡村建设行动计划（2011—2015年）》要求美丽乡村建设"围绕科学规划布局美、村容整洁环境美、创业增收生活美、乡风文明身心美的目标要求"，坚持"以县为单位通盘考虑，整体推进""推进农村环境连线成片

---

① 此处，"五水"即治污水、防洪水、排涝水、保供水、抓节水，"三改一拆"即改造旧住宅区、旧厂区、城中村和拆除违法建筑，"四边三化"即在公路边、铁路边、河边、山边等区域开展洁化、绿化、美化行动，"双清"即清理河道、清洁乡村。

综合整治"等。[①]浙江安吉县很早就提出,要建设"村村优美、家家创业、处处和谐、人人幸福"的新农村。长期以来,该县坚持"生态产业化、产业生态化"思路,促进生产发展、生活富裕、生态良好相得益彰,美丽环境向美丽经济有序转换,并推动"美丽乡村""美丽园区""美丽城镇""美丽县城"四美联创,近年来正在着力打造国际化绿色山水美好城市。《浙江省国民经济和社会发展第十四个五年规划和二〇三五年远景目标纲要》提出,"建设人人共享的美丽大花园""联动建设美丽城市、美丽城镇、美丽乡村"。

"千万工程"坚持问题导向、系统观念,还突出体现为科学处理有效市场、有为政府、有机社会关系,推动政府、市场、社会组织和农民各尽其能、各就其位、优势互补,避免主体行为错位对可持续发展机制的损害。如在实施"千万工程"之初,更重视政府投入支持和政府行为的引导作用,将众多涉农工程汇聚其旗下,如农村自建饮水工程、"万里清水河道"工程、"强塘固房工程"、"农村建设节地"工程和"万家文化礼堂引领工程"。"千万工程"深入推进,日益重视培育政府投入"四两拨千斤"的作用,引导行业协会、产业联盟和强村公司发挥更大作用。在坚持农民主体作用方面,更加强调尊重农民的决策选择权、参与发展权和利益分享权,但不强调农民是基础设施和公共服务的投入主体。在新型经营主体与农户关系上,更加强调联农带农的利益联

[①] 《浙江省美丽乡村建设行动计划(2011—2015年)》,http://www.liandu.gov.cn/art/2012/4/23/art_1229370872_3733785.html。

结机制建设，帮助农民拓展就业增收和提升发展能力的渠道，增加"在干中学"的机会。浙江省农业农村厅、中共浙江省委组织部2023年印发的《关于促进强村公司健康发展的指导意见（试行）》提出，"以增强村集体经济造血功能为目标，以市场化经营为导向""积极培育强村公司，规范公司运行机制，增强发展安全性、稳定性，扎实推进高质量发展，持续提升强村公司联村带农致富能力"[①]。

2. 坚持守正创新、融合思维，创新新阶段新征程实施"千万工程"的方式与路径。

浙江实施"千万工程"20年来，推动农业农村现代化高质量发展亮点纷呈，促进城乡融合和一体化发展厥功至伟，一个重要原因是坚持守正创新、融合思维。具体地说，就是顺应发展阶段和发展要求的变化，创新"千万工程"的实施方式、路径选择和工作重点，推动"千万工程"在促进产业融合、城乡融合、数字经济和实体经济融合、乡土文化和乡村记忆与区域发展融合等方面不断取得实效，有效发挥了惠民生、暖民心、增活力的作用。面向新阶段新征程，实施"千万工程"的外部环境和内在需求正在发生新的变化，如农村人口老龄化、村庄空心化、农业劳动力老弱化问题凸显，农村人口、经济、基础设施和公共服务布局加速集中趋势明显。"50后""60后"劳动力回农村干不动、"70后""80后"干动不愿回（农村）、"90后""00后"不会干不愿回

---

① 《浙江省农业农村厅等10部门关于促进强村公司健康发展的指导意见（试行）》，https://www.zj.gov.cn/art/2023/6/30/art_1229278041_2482113.html。

（农村）的现象将加速显现。农村人口、经济布局和公共服务能力建设适度集中化将是大势所趋，继续沿用传统的"村村通"思路加强农村基础设施和公共服务能力建设，很难避免大量浪费。从大量国际经验看，情况也是如此。因此，立足新阶段新征程，创新"千万工程"的推进方式，因地制宜、循序渐进，更加重视中心镇、中心村建设，更加重视优化乡村布局和城乡布局，将更加紧迫。

党的二十大报告要求"以中国式现代化全面推进中华民族伟大复兴"，因此中国式现代化应该是新时代新征程实施"千万工程"的行动指南。而中国式现代化"既有各国现代化的共同特征，更有基于自己国情的中国特色"。2023年6月，中央财办、中央农办、农业农村部、国家发展改革委已发文要求有力有序有效推广浙江"千万工程"经验。坚持中国式现代化的理念和政策思维，要求我们在推广浙江"千万工程"经验的过程中，不仅要更加重视学习借鉴浙江经验体现的世界观和方法论，还要更加重视浙江特殊性对实施"千万工程"的影响，防止"照猫画虎""照葫芦画瓢"，甚至"穿新鞋，走老路"。要注意立足所在区域的资源禀赋、发展基础和历史文化特征，提高推广实施"千万工程"的针对性和有效性，切实推动高质量发展行稳致远。中央财办等部门印发的《关于有力有序有效推广浙江"千万工程"经验的指导意见》的通知强调"学习'千万工程'经验的目的全在于推广应用，各地要结合实际创造性转化到'三农'工作实践之中，推动农业农村现代化取得实实在在成效""坚决反对形式主义、官僚主义，及时纠正工作偏差和苗头性倾向性问题,确保推广'千万工程'经验不跑偏、不走样、不落空"①,很大程度上就是考虑这方面的因素。20年前浙江实施"千万工程",从农村环境综合整治切入,其前提是通过20世纪80年代之后长达20多年的改革开放,浙江经济发展和财政实力已经形成了良好基础;乡镇企业的长期较快发展,不仅为乡村集体、社会资本和农户参与"千万工程"提供了良好的经济支撑;也导致社会发展、基础设施和公共服务严重滞后于经济发展的问题更加凸显,提升农民生活品质对改善村容村貌的要求更加强烈。

3. 坚持人民至上、稳打稳扎,着力推动村庄建设与村庄运营有机结合。

坚持人民至上,强调站稳人民立场、把握人民愿望、尊重人民创造、集中人民智慧,把人民群众对美好生活的向往作为我们的奋斗目标。20年前,"千万工程"的启动,基于时任中共浙江省委书记习近平对浙江农村的长期深入调研,凸显了习近平深厚真挚的为民情怀和前瞻思维。20年来,"千万工程"始终坚持稳打稳扎,不断实现"小步迭代",推进传统农村社区向现代农村社区转型,将"千万工程"建成中国式现代化道路在浙江省域、"三农"领域的成功实践和典型样板,为全面推进乡村振兴探索示范了成功路子和机制办法。②之所以这样,一个重要法宝也是坚持人

---

① 中国政府网:《中央财办等部门印发〈关于有力有序有效推广浙江"千万工程"经验的指导意见〉的通知》,https://www.gov.cn/lianbo/bumen/202307/content_6890255.htm。
② 唐仁健:《深入学习推广浙江"千万工程"经验 奋力开创乡村全面振兴新局面》,《农民日报》,2023年6月30日第1版。

民至上，立足当前、着眼长远，从解决当前问题着手，一步一个脚印扎实前行，不搞"大拆大建"。浙江推进"千万工程"，"有钱"只是条件，但"有心"更为重要。[①]这个"心"，首先应该是"坚持人民至上"的心。只要坚持人民至上，始终注意想民忧解民难惠民生暖民心，人民群众对美好生活的向往，将会一步一步实现。推广"千万工程"也好，全面推进乡村振兴也罢，要注意将尽力而为与量力而行更好地结合起来，通过一件件关系民生民心的"微改造、精提升"，逐步化解让农民揪心、烦心、操心的"老大难"问题。

坚持人民至上、稳打稳扎，包括注意增强"千万工程"的可持续性。"千万工程"从根本上说是个乡村建设和发展工程。但将推进乡村建设、乡村发展与建设、发展成果的管护和乡村运营结合起来，又是"千万工程"能够持之以恒、历久弥新的重要原因。之前，许多地方在推进新农村建设或乡村振兴中，依靠政府投入进行基础设施和公共服务能力建设，但"重建轻管"的问题突出，很快就会导致建成的基础设施和公共服务能力因为缺乏管护，形成功能残缺和闲置浪费，甚至被迫部分报废。浙江在实施"千万工程"的过程中，注意解决好谁来运营和管护乡村社区公共性基础设施的问题。[②]中共浙江省委、浙江省人民政府印发的《浙江省深化"千万工程"建设新时代美丽乡村行动计划（2021—2025

---

① 邵峰：《准确把握"千万工程"研究方法》，《农村工作通讯》2023年第13期。
② 黄祖辉：《"千万工程"的巨大贡献与深远意义》，https://www.sohu.com/a/679886199_121443915?scm=1019.20001.0.0.&spm=smpc.csrpage.news-list.1.1688697943246bIN44cl。

年）》提出，"以城乡一体化为导向，完善长效管理标准，推广物业管理等做法，不断提升农村人居环境管理精细化、专业化水平。厘清政府和农民管护职责，建立财政补助、村集体补贴、农民适当付费的运营管护经费保障制度""普及文明健康绿色环保生活方式，推动农户自觉承担起垃圾分类、门前三包等责任，建设健康乡村"。2022年浙江省人民政府办公厅印发的《关于开展未来乡村建设的指导意见》提出，"建立未来乡村、未来社区全面衔接机制，统一谋划、同步推进、统筹运营，统筹抓好未来乡村与县域风貌样板区建设，协同打造共同富裕现代化基本单元"[①]。当前经济下行压力较大，许多地方财政减收问题凸显。在此背景下，实施"千万工程"应把环境综合整治和乡村产业发展更好地结合起来，增强可持续发展能力。

在实施"千万工程"的过程中，有些居于"旗舰"性质的县市或乡村，在推进乡村运营方面，往往走在前列。如2023年3月发布的《中共安吉县委 安吉县人民政府关于全域提升乡村能级全面推进乡村振兴 探索中国式乡村现代化安吉路径的实施意见》提出，要"推动产业质量、人才动力、运营效率三大革命系统集成"，要求"以工业理念发展现代农业，以市场思维运营美丽乡村""率先制定和发布全域乡村运营指南，坚持以'运营前置、产权清晰'为核心""推动运营机制村级主导向市场主体转型、建投机制从财政投入向社会投资转变、价值实现机制从有形资源向有

---

① 《浙江省人民政府办公厅关于开展未来乡村建设的指导意见》，https://www.zj.gov.cn/art/2022/2/7/art_1229019365_2392197.html。

效资产转化"。安吉县提供的资料显示，近年来该县坚持强村富民方向，持续推动"建设美丽"与"经营美丽"双轮驱动，实现规划、建设、管理、经营一体化推进，将村庄建设与村庄运营结合起来，不断发挥优势、放大优势、创造优势，推进现代农业与乡村工业、乡村服务业融合发展，推进美丽生态向美丽经济转化不断取得实效。根据浙江杭州余杭区的相关资料，该区小古城村成立村级旅游公司，开展3A级景区村庄运营，将彩虹滑道、民宿集群等旅游项目沿茶山绿道串珠成链，探索集田园观光、养生度假、农耕体验、文化文创等多功能于一体的现代农业发展方式。

三、重视乡村企业特殊性

20年前，浙江启动"千万工程"，从农村环境整治和人居环境改善入手，统筹推进农村生产、生活、生态环境改善，带动了宜居宜业和美乡村建设高质量发展。但是，浙江实施"千万工程"有个重要的背景条件，就是之前乡镇企业的大发展。甚至实施"千万工程"旨在解决的农村环境综合整治问题，很大程度上也是源自乡镇企业的大发展。当时许多农民"起早贪黑赚钞票，垃圾堆里数钞票"[①]均与发展乡镇企业相关。因此，聚焦产业促进乡村发展，是实施"千万工程"的前提，也是建设宜居宜业和美乡村

---

① 何兰生等：《初心如磐——"千万工程"二十年记（上）》，《农民日报》，2023年5月29日。

的基础工程。忽视了农业和乡村产业发展，建设宜居宜业和美乡村很容易因缺乏财力保障而成为"无源之水、无本之木"。

聚焦产业促进乡村发展，包括发展农业和非农乡村产业。基于同农业千丝万缕的联系，乡村企业可以成为农业发展的"领头羊"。在宜居宜业和美乡村建设中，农业特别是特色农业发展的重要性已经受到广泛关注，今后应该进一步引起重视。乡村振兴关键是产业要振兴。乡村企业作为发展壮大乡村产业的微观基础和主要载体，以农业农村资源开发利用为依托，是推进产业振兴的引擎或骨干支撑，是激活农业乡村多重功能价值的重要媒介，也是承载农民就地就近转移就业和城镇化的重要平台。但是，对乡村企业特殊性重视不够，是当前制约乡村企业发展的重要因素。全面推进乡村振兴、建设宜居宜业和美乡村，促进农业强、农民富、农村美，必须更加重视乡村企业的独特功能。融合城乡、衔接工农，增进农民获得感、幸福感、安全感，也必须重视乡村企业的独特作用，促进乡村企业高质量发展，推进乡村企业与城市企业共生互融、竞争合作、优势互补、协同提升，为更好发挥乡村企业对建设宜居宜业和美乡村的"压舱石"作用创造条件。

（一）乡村企业的特殊性和一般性同样不可轻视

乡村与城市或城区相对应。《国务院关于调整城市规模划分标准的通知》（国发〔2014〕51号）将城区界定为"在市辖区和不设区的市、区、市政府驻地的实际建设连接到的居民委员会所辖区域和其他区域"①。据此,可将乡村界定为县域除城关镇以外的地区,包括城关镇所辖行政村范围;换句话说,乡村即县域(含县级市、旗)地区,不含县市政府驻地的实际建设连接到的居民委员会所辖区域。②乡村企业位居乡村,与城市企业之间有其作为企业的一般性,这是毋庸置疑的。进入本世纪以来,中央政策日益强调统筹城乡发展、促进城乡一体化发展、建立健全城乡融合发展的体制机制和政策体系,加快形成工农互促、城乡互补、全面融合、共同繁荣的新型工农城乡关系。这对重视乡村企业作为企业的一般性提出了强烈要求。党的十九大以来,党中央更加强调坚持完善社会主义市场经济体制、深化市场化改革、扩大高水平开放的战略方向,更加强调建设高标准市场体系、推动高质量发展、建设现代化经济体系的战略要求,更加强调"完善公平竞争制度,全面实施市场准入负面清单制度""强化竞争政策基础地位,落实公平竞争审查制度""清理废除妨碍统一市场和公平竞争的各种规定和做法""促进内外资企业公平竞争"。在此背景下,重视乡村企业一般性,更加具有重要性和紧迫性。

但是,任何事物都是矛盾普遍性与特殊性的对立统一,乡村企业的一般性与特殊性也是对立统一的,可以并行不悖。重视乡村企业的一般性,并不意味着要轻视甚至否认乡村企业的特殊性。

---

① 中国政府网:《国务院关于调整城市规模划分标准的通知》,https://www.gov.cn/zhengce/content/2014-11/20/content_9225.htm。
② 2021年6月1日起施行的《中华人民共和国乡村振兴促进法》规定,"本法所称乡村,是指城市建成区以外具有自然、社会、经济特征和生产、生活、生态、文化等多重功能的地域综合体,包括乡镇和村庄等"。

矫枉过正，很可能适得其反。将重视乡村企业的一般性与重视乡村企业的特殊性有机结合起来，有利于更好地完善乡村企业支持政策，促进乡村企业高质量发展，更好地支撑乡村产业振兴和农业农村优先发展，加快推进农业农村现代化。乡村企业的特殊性从其主要作用可以看得非常清楚。

1. 发展乡村企业有利于资源要素的本地化利用，增加农业或农村的就业增收机会。

乡村企业根植于农业乡村，同农业、农村、农民的联系较为密切。习近平总书记指出，"新农村建设一定要走符合农村实际的路子，遵循乡村自身发展规律，充分体现农村特点，注意乡土味道，保留乡村风貌，留得住青山绿水，记得住乡愁""乡村社会与城市社会有一个显著不同，就是……熟人社会特征明显""良好生态环境是农村最大优势和宝贵财富"[①]。发展壮大乡村企业，有利于充分利用本地资源、地缘、市场和社会网络优势，推进农业和农村资源变资产、资产变产业、产业变效益，培育农业农村关联、衍生产业，更好地实现扬长避短并培育竞争优势，促进农村产业融合、农业与在地文化和生态环境等融合发展，带动农业和农村延伸产业链、打造供应链、提升价值链，将更多的就业增收机会留在农村、留给农民。改革开放以来，我国已经涌现了许多立足资源优势，依托乡村企业，发展乡土特色产业、农产品加工流通业、乡村休闲旅游业，推进农村一二三产业融合发展的先进典型，

---

① 中共中央党史和文献研究院：《习近平关于"三农"工作论述摘编》，中央文献出版社2019年版，第111、122、125页。

形成了富有区域特色和竞争力的农业农村服务业、乡村制造业发展模式，推动了农民就业增收渠道的拓展升级。近年来我国农民工仍以外出就业为主、就地就近就业为辅，外出就业对农民增收的作用更为突出。形成这种现象的一个重要原因是，乡村企业发展不足，难以为农民实现本地化就业增收提供充足机会。如2022年全国农民工总量2.96亿人，其中本地农民工和外出农民工分别占41.9%和58.1%；外出农民工月均收入5240元，较本地农民工月均收入高30.2%。[①] 日本推进农业"六次产业化"和我国近年来推进农村一二三产业融合发展，都涉及乡村企业发展，其中一个重要目标就是将更多的就业增收机会留给农业农村。

2019年我们对安徽天长市（县级市）的调研显示，该地27家粮食产业化龙头企业，2018年共加工转化粮食150万吨，而全市粮食产量仅75万吨，不足部分从周边地区收购。这些粮食产业化龙头企业基本都位居乡村，属于乡村企业，其发展不仅带动了本地粮食加工转化和农民增收，还带动了周边地区粮食加工转化和价格增加、农民增收。这些粮食产业化龙头企业的用工主要来自农民工，农民工在其中就业每天收入可达100~150元；每吸纳一个农民就业，全年即可带动农户增收2万~5万元甚至更多。近年来，部分地处乡村的农业产业化龙头企业用工老化问题突出，成为制约其可持续发展的一个突出问题。但换个角度看，这也说明许多在城市就业竞争力较弱、年龄较长的农村劳动力，可以到

---

① 国家统计局：《2022年农民工监测调查报告》，http://www.stats.gov.cn/xxgk/sjfb/zxfb2020/202304/t20230428_1939125.html。

乡村企业获得就业和增收机会。

2.发展乡村企业有利于激活乡村人气和活力，丰富农业农村发展的内涵底蕴。

近年来，随着农村经济社会转型的加快和工业化、信息化、城镇化的发展，部分地区农村青壮年劳动力大量进城，农村经济农业化、村庄发展空心化、乡村劳动力老弱化不断深化，乡村人气和活力迅速下降，加剧了部分地区农业、乡村的萧条衰败，也给激活乡村多重功能价值、推进乡村产业振兴乃至乡村振兴带来了新的难题。与此同时，乡村劳动力老弱化叠加乡村人口老龄化迅速深化，导致留守儿童、留守妇女、留守老人问题日趋凸显，乡村社会自生能力和自我保护能力迅速弱化，影响乡村民生质量的提高，给延续乡村文化血脉、完善乡村治理增加了新的障碍。这还导致乡村地区对加强公共卫生、义务教育、健康养老等基本公共服务的需求迅速扩张，迫切要求通过"外部输入"等方式加强乡村基本公共服务，弥补不断扩大的农业乡村公共服务供给缺口，帮助乡村地区改变自生能力和自我保护能力弱化的状况，提高民生保障水平。围绕发展壮大乡村企业的需求，吸引城市人才、资源、要素进入或参与乡村发展，促进乡村产业振兴、人才振兴、文化振兴、生态振兴和组织振兴融合互动，不仅有利于提升农业农村的生产功能、激活农业乡村的生活功能和生态功能；还有利于规避农村青壮年劳动力和精英人口外流对农村自生能力和自我保护能力的损害，丰富农业农村发展的内涵和底蕴，增强农业和乡村的自我发展能力；并通过增加更多"彰显地域特色、承载乡村价值、体现乡土气息"的乡村企业产品供给，更好地顺应居民消费结构升级和消费需求个性化、多样化、优质化、服务化发展趋势，带动城市"消费下乡"甚至人才、人口下乡。

长期以来，在部分发达国家，乡村地区生态宜居水平的提升和乡村企业发展，不仅减缓了乡村人口和劳动力外流，还有效带动了城市人口到乡村居住或创新创业。根据叶兴庆等的考察，第二次世界大战结束后德国促进乡村地区发展的重要措施是通过项目建设创造就业机会，增加农民收入；特别是通过完善产业基础设施和功能区布局，增强小城市和镇的产业配套与服务功能，增强对大企业的吸引力。[1] 根据芦千文、姜长云的研究，近年来美国农业农村政策的一个重要趋势是，加强对乡村小企业和新兴产业发展的支持，增强农业和乡村制造业的增长驱动力，挖掘乡村能源和生物经济增长潜力。[2] 近年来，我国许多地区农村一二三产业融合发展的推进，也有效促进了农业农村发展的多元化、综合化和融合化，增强了农村的人气和活力，为吸引城市人才和消费需求下乡创造了条件。[3]

3. 发展乡村企业有利于城乡融合和一体化发展，强化本土化、区域化、都市圈一体化的涉农产品供给保障。

培育发展现代化都市圈，是"以城市群为主体构建大中小城

---

[1] 叶兴庆等：《走城乡融合发展之路》，中国发展出版社2019年版，第277—285页。
[2] 芦千文、姜长云：《乡村振兴的他山之石：美国农业农村政策的演变历程和趋势》，《农村经济》2018年第9期。
[3] 国家发展改革委宏观经济研究院、国家发展改革委农村经济司：《产业融合：中国农村经济新增长点》，经济科学出版社2016年版，第129—180页。

市和小城镇协调发展的城镇格局""推进大中小城市网络化建设"的重要抓手,也是"坚持乡村振兴和新型城镇化双轮驱动"的重要平台。结合发展乡村企业,在都市圈内部统筹城乡发展空间、优化乡村发展布局,培育都市圈核心城市、梯级节点城市、小城镇和特色小镇、广域乡村产业的产业关联和梯度发展格局,有利于乡村企业(产业)更好地融入都市圈区域生产网络,增强乡村企业的本土根植性、抗风险能力和对城市企业的配套服务支撑能力,更好地发挥城市产业、城市消费对乡村产业发展的带动作用和牵引功能,培育城乡产业融合、协同发展新格局。长期以来,在我国客观形成了农业或乡村关联产品大跨度供给、长距离供求匹配格局,甚至对国计民生至关重要的主要粮食品种也出现生产、消费的空间分离拉大趋势[①],增加了涉农供应链运行中的污染、资源浪费和产品损耗,甚至影响食品安全、消费体验和涉农产业链的质量、效益、竞争力。以都市圈为平台发展壮大乡村企业(产业),强调重点打造本土化、区域化、都市圈一体化的涉农供应链,甚至基于底线思维强调对都市圈、区域中心城市的重要农产品自给率要求,有利于增强重要农产品和涉农民生产品的供给保障能力,也有利于优化涉农供应链的风险和机遇管理,培育需求导向的农业和乡村产业发展模式,增强乡村企业供应链对客户需求变化的快速响应能力。近年来,崇尚本地化食品、食品短链和可持

---

① 姜长云、王一杰:《新中国成立 70 年来我国推进粮食安全的成就、经验与启示》,《农业经济问题》2019 年第 10 期。

续食品供应链日益成为重要的国际趋势。[①]地产地消在欧美部分国家以及日本广受青睐。这也昭示在我国发展乡村企业的重要性值得重视。

4.重视乡村企业发展,有利于更好地应对重大传染病疫情等突发公共卫生事件的冲击。

现代社会是高风险社会,突发事件往往多发频发,不确定性、破坏性强,容易呈现多种致灾因素复合叠加的特点。一旦出现重大传染病疫情等突发公共卫生事件,更容易因城市人流的密集性、集聚性,甚至区域中心城市在区域经济和交通体系中的枢纽性,形成跨区域甚至跨国家快速传播扩散的特点和连锁复合影响。在我国现行城镇化模式下,农村劳动力大范围转移、跨地区流动,多数劳动力春节回家过年、春节后外出返工,呈现农户家庭精英人口与弱势留守人口空间分离的特点。面对重大传染病疫情等重大突发公共卫生事件,这种农村劳动力转移模式不利于发挥家庭的自救和自我防护功能,甚至容易增加疫情防控的难度;也会给常态化疫情防控阶段推动经济社会发展全面步入正常轨道增加障碍,妨碍企业复产达产、生活性服务业复业复市和学校复学复课进程。按照《乡村振兴战略规划(2018—2022年)》倡导的方向,"引导农村劳动力外出就业,更加积极地支持就地就近就业"[②],并结合发展乡村企业壮大乡村产业,有利于减少农村劳动力大范围

---

① 张晓山、杜志雄、檀学文等:《可持续食品供应链:来自中国的实践》,黑龙江人民出版社2009年版,第3—50页。
② 中国政府网:《中共中央 国务院印发〈乡村振兴战略规划(2018—2022年)〉》,https://www.gov.cn/zhengce/2018-09/26/content_5325534.htm。

转移、跨地区流动，降低重大传染病等突发公共卫生事件对经济社会发展的冲击效应。

（二）三个不等式

1. 城乡融合发展≠城乡企业一样化发展，不重视乡村企业特殊性容易加大其发展成本和风险。

《乡村振兴战略规划（2018—2022年）》提出，"乡村是具有自然、社会、经济特征的地域综合体，兼具生产、生活、生态、文化等多重功能"。乡村企业根植于乡村地区，必然打下乡村发展的深刻烙印。构建城乡融合发展的体制机制和政策体系，不等于可以不尊重乡村企业的特殊性和差异性。否则，不仅不利于培育乡村企业的竞争优势，反而容易增加乡村企业的发展成本和风险。如有些地方让乡村民宿执行同城市酒店相同的消防和安全标准，加大了乡村民宿的运营成本和生存困难，甚至逼迫乡村民宿将违规经营常态化，增加了乡村民宿的运营风险，影响对乡村民宿的监管质量。习近平总书记很早就强调搞乡村振兴和新农村建设，"要注重地域特色，尊重文化差异，以多样化为美""注意乡土味道，体现农村特点，保留乡村风貌，不能照搬照抄城镇建设那一套，搞得城市不像城市、农村不像农村""城乡一体化发展，完全可以保留村庄原始风貌，慎砍树、不填湖、少拆房，尽可能在原有村庄形态上改善居民生活条件"[①]。对待乡村企业与城市企业的关系也是如此。

---

① 中共中央党史和文献研究院：《习近平关于"三农"工作论述摘编》，中央文献出版社2019年版，第105、114、121页。

2. 全面完善公平竞争制度≠不要考虑乡村企业特殊性，否则容易加剧乡村企业政策支持的边缘地位和竞争环境的不公平性。

全面完善公平竞争制度，是建设高标准市场体系的基本要求。强化竞争政策基础地位，强化公平竞争审查的刚性约束，建立公平竞争审查抽查、考核和公示制度，已经成为新时代加快完善社会主义市场经济体制的迫切要求。但是，完善公平竞争制度，不等于可以不考虑乡村企业产业属性和地域环境的特殊性。况且，建立高标准市场体系，事实上的公平竞争比形式上的公平竞争更加重要。公平竞争审查制度有些例外规定也是国际惯例。这些例外性的政策措施虽然可能产生排除和限制竞争的效果，但是只要政策制定机关能够说明其对实现政策目的不可或缺，且不会严重排除和限制市场竞争，并有明确实施期限，公平竞争审查制度往往会给这些政策留出实施空间。如在我国公平竞争审查制度中，属于维护国家安全、实现扶贫开发和救灾救助等社会保障目的、实现节约能源资源和保护生态环境等社会公共利益情形的政策措施，都属于例外规定。[1] 我国和许多国家产业政策中也有关于中小企业的特殊支持措施。[2] 相对于城市企业，我国乡村企业在总体

---

[1] 中国政府网：《国务院关于在市场体系建设中建立公平竞争审查制度的意见》，https://www.gov.cn/zhengce/content/2016-06/14/content_5082066.htm。
[2] 如《中华人民共和国中小企业促进法》强调"坚持各类企业权利平等、机会平等、规则平等"，明确了对中小企业特别是小微企业发展提供财税支持、融资促进、创业扶持、市场开拓、服务措施和权益保护，许多措施较为细化实化。如要求"提高中小企业在政府采购中的份额"，甚至明确"向中小企业预留的采购份额应当占本部门年度政府采购项目预算总额的百分之三十以上；其中预留给小型微型企业的比例不低于百分之六十"。

上存在天然的竞争弱势，且基于多数乡村企业联农带农的利益联结机制，可以同实现前述社会保障目的、社会公共利益实现一定程度的对接。因此，只要拿捏好力度，注意不要严重排除和限制市场竞争，重视乡村企业的特殊性可以做到不违反公平竞争制度，符合公平竞争审查制度的例外规定；甚至在推进乡村企业与城市企业规则平等的同时，可以有效促进其与城市企业的权利平等、机会平等。实际上，公平竞争作为市场经济的基本原则和市场机制高效运转的重要基础，在此框架下，不仅强调竞争起点的平等性，还强调竞争机会的均等性、竞争结果的对称性。[1]

那么，相对于城市企业，乡村企业在总体上存在的天然性竞争弱势表现何在呢？由于地处乡村，乡村企业面临相对较差的基础设施和公共服务支撑条件，容易面临生产生活配套基础设施支撑不足、公共服务或生产生活服务集成性和可获性差的困扰。尽管近年来我国生产性服务业发展和中小企业服务体系建设取得了重大进展，但在总体上仍严重滞后于需求，且主要集聚于城市。乡村企业远离这些服务的供给中心，处于我国生产性服务体系或中小企业服务体系的"神经末梢"，且由于受乡村基础设施和信息化条件等限制，存在服务供给成本高、可得性差的倾向，容易出现服务体系"鞭长莫及""可望难即"的问题，导致乡村企业获取人才、科技、融资等优质要素和对接中高端市场的条件较差、成本较高、风险较大。相对于城市，乡村地区发展机会少、生活比

---

[1] 翟巍：《欧盟公平竞争审查制度研究》，中国政法大学出版社2019年版，第1页。

较单调，也增加了乡村企业招聘员工特别是人才的难度。多数乡村企业立足农村，依托农业，行业属性的特点容易增加其规模小、成长慢、利润薄、风险高、资金回收期长、对地方财政贡献小、对金融支持和社会资本吸引力不足等倾向，加剧其在争取用地、融资、用工和财政支持方面的不利地位。许多涉农企业不仅容易面临原材料或产成品价格大起大落的困扰，还容易因食品安全、环境污染、动植物疫情等突发事件，导致正常运行的企业骤然陷入危机。如果不考虑由于行业属性、地域特点带来的乡村企业特殊性，简单采取城乡企业形式"等同"的所谓普惠性政策，容易加剧乡村企业在政策支持上的边缘地位，甚至实际"被歧视"的状态。这不利于城乡企业的公平竞争，影响乡村企业竞争力和可持续发展能力的提升；更遑论坚持农业农村优先发展。[①]与乡村企业天然弱质性相关的这些问题，可以通过引导乡村企业向小城镇、特色小镇和产业园区发展的方式部分解决，但难以根本消除。

3. 乡村企业重要性≠不要考虑乡村企业复杂性和差异性，否则容易影响乡村企业支持政策的针对性。

除少数市民在企业就业外，绝大多数城市企业与所在地的市民没有多少利益联结。乡村企业与此明显不同。乡村企业发展不仅直接惠及当地农民就业增收和农民参与发展能力的成长，带动当地关联、衍生和配套产业发展，还会因乡村企业与当地农业和

---

① 如据我们对部分地区的调研，地方财政、金融支持实体经济的普惠性措施，往往难以真正惠及农产品加工企业，还同其规模小、实力弱、盈利能力差有密切关系。姜长云、张义博、芦千文：《当前农业产业化龙头企业发展形势及相关建议》，《全球化》2019年第6期。

农村资源开发的关联效应，对农业乡村产业发展和农村资源环境产生深刻影响，影响农业农村生产、生活、生态、文化等功能的发挥和持续。国家引导发展壮大乡村产业，明确"以完善利益联结机制为核心"，但在乡村企业发展中能否真正做到这一点，还要看不同类型乡村企业在完善利益联结机制方面面临的特殊问题能否得到有效化解。乡村企业中有些属于大企业。德国排名前100的大企业，许多将总部设在小镇上，带动了周边乡村地区发展和就业。[①]我国乡村企业多属中小微企业，但也有一些行业龙头企业位居乡村地区。[②]因此，单纯的中小企业支持政策难以全面覆盖乡村企业。况且，近年来虽然我国中小企业支持政策在总体上不断加强，但就总体而言，仍存在对中小企业政策支持力度不足、惠及面有限的问题，乡村中小微企业由于地处广袤乡村，实际位于中小企业支持政策的"神经末梢"，对国家中小企业支持政策往往"可望而不可即"，难以享受中小企业支持政策的"阳光雨露"。

此外，乡村企业就其本身而言，也是一个具有高度异质性的群体。对于乡村企业如果缺乏有效的分类指导，容易导致相关政策前瞻性和针对性不足，影响政策支持的效果。如相对于乡村小微企业，许多乡村大企业在完善联农带农利益联结机制方面面临的主要问题，是如何防止形成"企业控制产业"的垄断行为和压制农产品收购价格、农民就业工价的现象。对于多数乡村小微企

---

① 叶兴庆等：《走城乡融合发展之路》，中国发展出版社2019年版，第277—285页。
② 如我们曾经调研的舜宇光学仪器科技（集团）有限公司是国内领先的综合光学产品制造商，2019年获评财富中国500强企业第329位，位居浙江余姚市智能光电小镇，地处阳明街道丰乐村。

业，类似问题往往不甚严重，完善联农带农利益联结机制的关键是完善激励机制、明确激励导向。

（三）统筹考虑一般性与特殊性推动乡村企业高质量发展

基于前文分析，在坚持新时代加快完善社会主义市场经济体制总体要求的前提下，要制定专门性的乡村企业支持政策，帮助乡村企业改善发展环境，保障其公平参与市场竞争，维护合法权益，推进高质量发展，促进乡村企业更好发挥对推进乡村产业振兴乃至乡村全面振兴中的引擎和骨干作用。

1.坚持竞争中性原则和公平竞争制度，优化乡村企业发展环境。

坚持竞争中性原则和公平竞争制度，是建设高标准市场体系、发展更高水平开放型经济的基本要求。2019年3月在第十三届全国人大二次会议上，时任国务院总理李克强所作《政府工作报告》明确要求，"按照竞争中性原则，在要素获取、准入许可、经营运行、政府采购和招投标等方面，对各类所有制企业平等对待"[①]。2019年4月中共中央办公厅、国务院办公厅印发的《关于促进中小企业健康发展的指导意见》进一步强调，"按照竞争中性原则，打造公平便捷营商环境，进一步激发中小企业活力和发展动力"[②]。经济合作与发展组织（OECD）认为，各国政府在提供服务与产品的国有企业和私有企业之间奉行竞争中立原则、营造公平竞争环

---

① 中国政府网：《2019年政府工作报告》，https://www.gov.cn/zhuanti/2019qglh/2019lhzfgzbg/index.htm。
② 中国政府网：《中共中央办公厅 国务院办公厅印发〈关于促进中小企业健康发展的指导意见〉》，https://www.gov.cn/zhengce/2019-04/07/content_5380299.htm。

境，需要夯实八大基石，即精简政府企业的运作形式、成本核算、商业回报率、公共服务义务、税收中立、监管中立、债务中立与直接补贴、政府采购。如在公共服务义务方面，不仅要取消国有企业或先入企业的特权，还要对承担公共服务的企业进行充分补偿；在政府采购方面，采购政策和程序应具有竞争性、非歧视性并保证高透明度。①尽管坚持竞争中性原则涉及的主要是不同类型所有制企业之间的关系，但由于国有企业和政府准政府办企业主要分布在城市地区，坚持竞争中性原则和公平竞争制度有利于消除基于所有制类型等原因在融资、用地、人才等要素获得和准入许可、经营运行、政府采购、招投标等方面对乡村企业的歧视性待遇，增进乡村企业竞争环境的公平性。

2020年1月底以来，面对国内外新冠疫情的冲击和影响，许多乡村企业在原材料或资金供应、产品销售、对外贸易甚至劳动力使用方面面临了严重困难，加大了运营成本、经营风险甚至生存困难。在从2020年到2022年的3年新冠疫情防控期间，为应对疫情冲击出台的投资政策、产业政策、消费政策等，虽然在总体上取得了明显成效，但部分政策可能不自觉地潜伏着有利于城市企业、国有企业或大规模企业的门槛条件，形成对乡村企业发展的变相歧视。如消费券等政策的实施②，可能因发放条件、适用

---

① 经济合作与发展组织：《竞争中立：经合组织建议、指引与最佳实践纲要》，谢晖译，经济科学出版社2015年版，第1—8页。
② 万静：《公平竞争审查保障中小微企业生存发展》，《法制日报》，2019年6月29日。

范围的不同设置，影响不同类型企业的公平竞争。[1]进一步看，许多地方在疫情防控前出台的许多政策也存在类似情况。如隐含对乡村企业的歧视性技术标准、行政许可和备案审批手续，甚至部分存在滥用行政权力制造市场壁垒等倾向。因此，贯彻竞争中性原则和公平竞争制度，完善公平竞争审查制度、强化其实施机制，对于优化乡村企业发展环境、促进乡村产业乃至乡村振兴高质量发展，日益具有重要性和紧迫性。

2.基于乡村企业发展的特殊性和外部性，适度加强对乡村企业发展的财税倾斜支持。

从前文分析可见，乡村企业发展对于促进乡村振兴和城乡融合发展，具有特殊的重要性和外部性。但是，相对于城市企业，乡村企业往往面临较差的外部环境，特别是基础设施和公共服务支撑条件，导致其实现节本增效提质降险的难度加大，容易在争取资源、要素和市场的竞争中处于劣势。在坚持竞争中性原则和公平竞争制度的前提下，对乡村企业发展在财税政策方面提供必要的倾斜支持，可以较好地弥补乡村企业的竞争弱势并补偿其外部性，在实现乡村企业与城市企业规则平等的同时，更好地增进

---

[1] 如2020年新冠疫情防控转入常态化阶段后，部分地区针对"餐饮娱乐、文化旅游、住宿、体育健身、商业零售等受疫情影响较重的行业"发放电子消费券，发放方式包括通过手机端支付宝应用程序分批定时发放，消费者抢券；或通过工会微信公众号抢券，先到先得，抢完为止，限期使用。消费券在该行政区内支持支付宝或微信收款，并愿意配套相应优惠让利活动的全部商户均适用。此项政策看似坚持了公平竞争原则，属于对全部消费者、全部商户的普惠性政策，但由于网络、交通等条件的限制，主要惠及的是城市企业和城市消费者，乡村企业和农村消费者面临事实歧视。至于少数地方给出消费券适用的入围商家名单，则是直接违反公平竞争原则，对于乡村企业的不公平性更为突出，因为多数乡村企业难以达到该入围条件。

其权利平等和机会平等。这也是坚持农业农村优先发展、扩大农业农村有效投资的基本要求。当然,这种倾斜支持,应该采取对乡村企业普惠的方式并注意拿捏好力度,同以乡村产业园区、集聚区为重点积极推进乡村创新创业、加强乡村企业服务体系建设、鼓励乡村企业增强创新驱动能力、支持乡村企业开拓营销渠道并提升发展品质品牌品位、引导乡村企业集聚集群集约发展结合起来,同引导城乡企业联合合作、鼓励城市企业增强对乡村企业发展的带动能力结合起来,优先支持乡村企业围绕区域特色资源开发,培育特色产业竞争力、可持续发展能力和促进低收入人口增收。如建议对于到乡村创办或与地方政府合作兴办乡村产业园、集聚区,或围绕产业链、供应链、创新链打造城乡大中小企业协同发展网络的城市大企业、中型企业达到一定条件的,分别准予其享受国家支持中小企业、微型企业的财税支持政策;对于城市企业在乡村开展经营活动达到一定规模的,可部分享受乡村企业优惠政策;准予乡村大中型企业分别享受国家支持小微企业的优惠政策。同时,国家支持实体经济发展的政策措施,建议根据行业领域不同对乡村企业实行一定程度的倾斜,并切块支持乡村企业发展,解决乡村企业对其"可望不可即"的问题。

上述政策建议可从国外相关支持政策的演变得到启示。如长期以来,国外中小企业支持政策日益呈现与支持区域经济和社会发展政策结合的趋势。许多国家对于落后地区或贫困地区的中小企业,往往给予更多的财政补贴和税收优惠,甚至鼓励地方政府与大企业合作兴办专业化的产业园区,支持相关中小企业入园并同大企业建立稳固合作关系。[①] 美国在通过新市场税收减免（The New Markets Tax Credit，简称 NMTC）计划支持低收入社区发展时，确保有一定比例定向支持农村低收入社区发展。[②] 这方面的经验值得我国借鉴。2018 年由美国国家科技委员会发布的《美国先进制造业领导力战略》提出了为确保国家安全和经济繁荣，美国要实现在跨工业部门先进制造业领导力的愿景；这一愿景要通过追求开发和转化新的制造业技术，教育、培训和连接制造业劳动力，扩展国内制造业供应链能力 3 个目标来实现，并将加强粮食和农业制造业的机会、加强农村社区先进制造业分别作为未来 4 年开发和转化新的制造业技术、扩展国内制造业供应链能力的具体战略目标之一。《美国先进制造业领导力战略》还明确提出，制造业是美国农村经济的主要来源，对美国农村尤为重要。食品制造业是农村制造业最大的部门。在农村，制造业占收入和就业的比例高于城市区域。联邦政府支持那些专门为农村地区量身定制用于增强其制造业实力和适应能力的项目，该项目旨在促进农村繁荣

---

① 姜长云、杜志雄、刘志荣等：《农村中小企业转型发展论——关于政策转型和服务体系建设的研究》，经济科学出版社 2011 年版，第 169—176 页。
② 美国国会从 2000 年开始推行新市场税收减免计划，旨在吸引必要的私人投资重振陷入困境的地方经济，解决低收入社区投资不足的问题。NMTC 计划允许个人和公司投资者获得联邦所得税税收抵免，以换取其对被称作社区发展实体的专业金融中介提供股权投资。借此，显著降低了低收入社区的资金成本和项目总成本，给之前面临发展融资困难的城乡低收入社区带来活力，支持其产业发展并创造就业机会。鉴于实施 NMTC 计划时农村社区与其对应的城市社区相比往往面临不利地位，2004 年美国国会和财政部修正了 NMTC 计划，以确保其一定份额定向支持非大都市的县，有效促进了对农村低收入社区的投资。参见：Goldsmith, Chase. NMTC Program Paves Way for Expansion of Investing in Rural America. Journal of Tax Credits, May 2019, Volume X, Issue V.

的先进制造业、资本进入、投资和商业援助。[①]

3. 加强对乡村企业发展的统筹规划和创新生态建设,强化乡村企业发展的融资和用地用电保障。

要结合把都市圈作为推进乡村振兴与新型城镇化双轮驱动的战略平台,着力培育"中心化提升、网络化发展"的都市圈发展格局,将提升都市圈中心城市功能和发展能级、推进其集约型紧凑式发展,同打造都市圈梯级增长节点、培育网络发展的都市圈城镇体系结合起来。结合推进县城城镇化补短板强弱项,夯实县城在都市圈建设中的重要节点功能,鼓励其培育衔接城乡、承接大中城市功能疏解和产业转移的关键纽带功能,增强县城引领县域乡村产业转型发展的能力和配套服务、公共服务软实力,打造推进乡村产业转型升级的"领头雁"和乡村人口就地就近城镇化的"压舱石",推动县城形成都市圈城乡融合、产业融合、产城融合的中转放大站。鼓励有潜力的县城转型成长为都市圈新生次级区域中心城市,将支持部分收缩型县城瘦身强体同培育新生县域发展中心结合起来。

在此基础上,引导乡村企业优化空间布局,并同优化都市圈区域城镇体系布局结合起来。要顺应区域经济、社会、交通和信息联系,尊重乡村企业产业属性和产业关联,鼓励乡镇联手打造具有较强竞争力和辐射带动力的区域中心镇和特色小镇,培育县域城乡产业协同发展平台和区域公共服务中心,引导乡村产业和

---

① https://www.docin.com/p-2158544496.html。

公共服务向中心镇、特色小镇适度集中，并形成集聚集群集约发展态势，培育规模经济、范围经济和网络效应。顺应农村经济社会转型和村庄空心化趋势，在尊重乡村特色、文化内涵和群众意愿基础上，循序渐进、因势利导稳健推进合村并居，并结合加强县域乡村产业发展载体建设，培育乡村产业区域差异化、网络协同化发展格局，鼓励打造各具特色的乡村产业链、乡村产业联合体或适（适度规模）组（组团式）微（微田园）生（生态化）分（分布式）乡村振兴综合体，推动县域乡村产业发展网络同都市圈区域生产网络融合对接。结合优化乡村企业布局和统筹城乡生产、生活、生态空间，重点依托县城和中心镇，培育乡村产业发展生态，提升创新创业、融资支持和科技成果转化等配套服务能力，鼓励一二三产业融合发展、产业同科技和文化等融合发展、大中小企业融通发展，打造本土化、区域化、都市圈一体化的乡村产业圈。在乡村产业发展生态建设中，要把优化营商环境、加强企业家或创新创业培训、完善创新创业服务体系放在突出地位。

如前所述，出于乡村企业产业属性和发展环境方面的原因，容易导致其在争取融资、用地、用电等方面处于不利地位。建议借鉴设立中小企业发展专项资金、中小企业发展基金、中小企业贷款风险补偿基金等方式，设立乡村企业发展专项资金、乡村企业发展基金、乡村企业贷款风险补偿基金，加强对乡村企业发展的资金支持，帮助乡村企业弥补其在享受政府实体经济支持政策中的边缘地位。完善差异化信贷政策，鼓励金融机构或金融机构同国家开发银行、中国农业发展银行合作，加强对乡村企业的中长期信贷支持。

鼓励大中小金融机构合作、金融机构同保险机构合作，创新乡村企业融资支持方式。鼓励地方金融机构在有效控制金融风险的前提下，推进深化农村金融联结的制度创新，将发展正规金融、民间金融比较优势有机结合起来，拓展乡村企业融资渠道。

最近几年来，涉及乡村产业发展的政策文件都把化解乡村产业发展用地难题和用电等要素保障放在突出位置。我们认为，要在坚守耕地和永久基本农田保护红线、明确用地类型和供地方式并实行分类管理的前提下，一方面，顺应农业新技术新业态新模式发展需求，支持探索将一定比例的辅助设施用地纳入农用地管理，逐步提升政策支持的精细性、有效性，并保持一定弹性；另一方面，在符合国土空间规划、推进集约用地的前提下，对于通过村庄整治、土地整理等方式节余的农村集体建设用地，要通过明确的制度规定，确保有底线比例用于乡村产业发展，或鼓励乡村集体经济组织通过土地出租、入股等方式联合参与乡村产业开发，夯实乡村产业发展的用地保障。考虑乡村企业及其用地的特殊性，对于乡村产业用地的投资强度、建筑密度、容积率等指标要求，应与城市产业园等有一定差距，并在乡村企业用地中优先实施弹性化用地制度和混合用地供应方式。此外，在粮食生产功能区、重要农产品生产保护区、特色农产品优势区特别是脱贫地区，为鼓励依托农业和特色资源发展乡村企业，建议适当降低乡村企业用电价格，或准予其有条件地享受农用电价政策，帮助乡村企业降低生产经营成本。

此外，鼓励乡村企业完善联农带农的利益联结机制，规范其资源开发利用和经营行为；加强乡村产业发展的统计工作，强化对乡村企业发展的分类指导,对于引导乡村企业高质量发展也是至关重要的。

四、促进乡村发展、乡村建设、乡村治理相得益彰

当前,我国已全面建成小康社会,开启全面建设社会主义现代化国家新征程,进入需要更加重视共同富裕的阶段。与此同时,随着脱贫攻坚战取得全面胜利,我国正在逐步实现由集中资源支持脱贫攻坚向全面推进乡村振兴平稳过渡,"三农"工作重心呈现向全面推进乡村振兴的历史性转移,扎实有序做好乡村发展、乡村建设、乡村治理重点工作日趋重要。在此背景下,以促进共同富裕为导向,优化促进乡村发展、乡村建设、乡村治理的路径选择,促进三者融合互动、相得益彰,对于高质量推进宜居宜业和美乡村建设,日益具有重要性和紧迫性。

(一)以共同富裕为导向聚焦产业促进乡村发展

近年来,随着乡村振兴和新型城镇化的推进,许多地方交通运输和信息通信条件明显改善,为区域经济和乡村产业发展提供了良好的基础设施条件。但是,在一个没有乡村产业或乡村产业特色不够鲜明的地方,交通运输和信息通信条件越发达,城市对乡村的虹吸现象往往越严重。因此,除少数宜居且邻近地区就业机会较多的地方外,在产业缺乏特色和竞争力的县域或乡村地区,交通运输和信息通信条件越好,越容易形成城市对乡村的资源、

要素、人才和市场抽吸,越容易出现乡村的萧条、衰败问题。因此,促进农民农村共同富裕、缩小城乡差距,应将聚焦产业促进乡村发展放在更加突出的地位,注意优化促进乡村产业发展的路径选择。这也有利于增加农民就地就近就业增收的机会,为规避农业劳动力大范围跨地区转移带来的留守儿童、留守妇女、留守老人问题提供便利,有利于增进农民农村的民生福祉,并激发乡村多重功能价值的开发。在一定程度上可以说,包括农业的乡村产业是乡村多重功能价值的"凝聚核",也是农民农村民生福祉的"增进剂"。此外,农业、乡村产业发展带来的就业和发展机会,还为吸引城市人才下乡就业创业、吸引城市人口进而消费需求下乡提供便利,有利于带动农村居民和人口素质的提高,丰富推进农业农村现代化的内涵底蕴。

聚焦产业促进乡村发展,首先需要注意国内外发展环境日趋复杂多变,增加了乡村产业发展面临的困难和挑战。面对百年未有之大变局和世纪疫情,全球发展特别是产业链供应链运行的不稳定不确定性明显增多加重,国内发展的周期性、结构性、体制性矛盾相互交织,我国发展面临的需求收缩、供给冲击和预期转弱三重压力正在不断加大,经济下行压力超出预期,乡村产业发展容易首当其冲。经济下行压力加大和地方财政困难增加,还容易导致农业和乡村产业发展面临的资源要素竞争更加激烈,妨碍财政投入和要素流入的增加。当前,我国人口总量增长已见顶回落,加之人口老龄化加快深化,已进入中度老龄化阶段。这些将从需求上制约农业和乡村产业发展。农村青壮年人口大量进城和农村老龄化加快深化，特别是农村老龄化水平明显高于城市，还容易导致农业农村自我发展能力和抗风险能力面临较大侵蚀，制约乡村抗风险能力的提升。因此，聚焦产业促进乡村发展，应将促进农业和乡村产业提质增效升级、增强其抗风险能力和促进农民农村共同富裕有机结合起来。要立足当前乡村产业发展实践和实现农民农村共同富裕的需求，聚焦产业促进乡村发展需要创新思维、拓宽视野，着力解决其发展中面临的以下问题，即城镇辐射带动农业乡村产业发展，进而促进农民农村共同富裕的能力弱；农业和乡村产业质量效益竞争力不强，影响带动农民就业增收的效果；乡村产业同农户利益联结机制不畅，导致农民难以有效分享农业和乡村产业发展的成果。为此，宜从以下方面协同发力：

1.鼓励城镇产业（企业）带动乡村产业融合协同发展。

当前我国城乡差距较大，很大程度上源于城乡产业（企业）提供的就业增收机会悬殊，农民在城镇企业获得高收入就业机会的能力不足也是重要原因。这同城乡营商环境、城乡企业发展能力的差距也有密切关系。要注意发挥城镇营商环境和企业发展能力建设对乡村的示范带动作用，也要注意培育乡村营商环境、企业发展能力建设的特色和独特竞争优势，推动形成城乡在营商环境、企业发展能力建设上和而不同、优势互补、相得益彰的发展格局，为促进城乡产业（企业）的融合协同发展格局创造条件。与此同时，坚持新型城镇化和乡村振兴双轮驱动方针，培育城市群、都市圈在推动城乡产业融合协同发展和促进乡村振兴中的战略平台功能，也是重要的。要结合支持城市群、都市圈建设，引导城市群、都市圈内核心城市、梯级节点城市的疏解产业向县域有序转移并延伸配套服务能力，鼓励城市大中企业同县域中小微企业融通发展，培育城乡企业分工协作、梯度发展、创新活跃、特色优势互补的产业链协同发展"共同体"。借此，引导城乡产业优化空间布局、协同推进集聚集群集约发展，并共建共享产业发展平台，打造城市群、都市圈层面的产业竞争合作新优势。近年来，国家强调提升产业链供应链现代化水平。但到县域或乡村层面，更多的不是提升县域或乡村产业链供应链现代化水平，而是让县域或乡村产业发展融入国家提升产业链供应链现代化水平行动，通过培育县域、乡村产业的独特优势和竞争力，彰显乡村产业乃至乡村发展的独特功能价值。就县域特别是乡村产业而言，推进其转型升级和竞争力提升是必要的，但其方向并非"高高益善"，而是以特色化为重兼顾适度高端化、特色化重于适度高端化。如果过于重视高端化疏于特色化，很容易适得其反。

2. 引导县域乡村产业因类制宜、因地制宜和适地适度发展。

发展县域、乡村产业需要立足资源优势和产业基础，面向市场需求，培育产业特色和竞争力，这是毫无疑问的。但是，随着居民收入和消费水平的提高，消费需求日益个性化、多样化，呈现优质化、绿色化、功能化、服务化甚至体验化的趋势。在此背景下，加强小众市场、细分市场开发的重要性日趋凸显。[①] 近年来，

---

① 这些小众市场产品大多具有奢侈品特征，更容易贴近注重生活品质和高尚生活方式的特殊消费群体，以及偶尔具有特殊消费动机的普通消费者的消费需求。相关产业的发展追求的不应是产量，而是个性化和高品质；应该走"曲高和寡"的发展路线，通过让消费者体验"宁咬鲜桃一口，不吃烂杏一筐"的感觉，赢得较高的垄断利润和产品附加值。

我国许多特色农业和乡村产业发展片面追求规模扩张和数量增长，导致"谷贱伤农"、"价跌伤企"和低水平同质竞争问题凸显，加剧了农业和乡村产业发展的风险隐患，也给巩固拓展脱贫攻坚成果增加了障碍。因此，引导县域、乡村产业发展跳出片面追求规模扩张和数量增长的思维局限，推进其适地适度发展，其重要性紧迫性正在明显增加。要顺应消费需求个性化、多样化趋势，注意区分大众市场和小众市场，鼓励县域、乡村产业发展告别大而化之、马马虎虎的粗放型发展方式，推进产业发展因类制宜、因地制宜、精准施策，走特色化、专用化、精细化和适度规模化的发展道路，培育需求牵引供给、市场引导生产的发展方式。注意结合区域特色资源、特色文化和乡土人才开发，在培育乡村产业发展特色的同时，积极发展本土根植性和抗风险能力强、彰显地域特色和多重功能价值的县域乡村产业体系。注意利用特色资源优势，如独特的土壤、气候条件和独特的种质资源、农艺技术、区域文化，塑造产业发展门槛，培育难以跨越的竞争壁垒，形成难以模仿复制、富有竞争力的名优特新产品体系。要通过打造县域、乡村优势特色产业的"限量版""多剧种""连续剧"，引导其成链群聚发展，做好稳量提质甚至减量提质的文章，促进产业质量效益竞争力的提升，防止片面追求数量、透支质量和可持续发展能力，影响带动农民共同富裕的效果。因此，有些区域特色优势资源差异显著，特别是区域小气候条件多样、优质特色农产品种类较多的地区提出，其农业现代化"不在大而在特，不在规模而在功能"，这是非常明智的。

3.增强县域、乡村产业创新驱动发展能力。

发展县域、乡村产业促进农民农村共同富裕，增强创新驱动能力至关重要。而创新能力薄弱，往往正是许多县域、乡村产业发展的短板弱项。近年来，许多地方涌现了一批发展县域、乡村产业的先进典型。受县域、乡村企业家资源和人力资本的限制，许多地方为加快县域、乡村产业发展，注意模仿复制先进经验。但由此也容易导致县域、乡村产业发展容易面临创新驱动能力不足、可持续性发展能力不强的困扰。以休闲农业和乡村旅游为例，这是近年来许多地方县域、乡村产业发展的重要亮点。倘若把休闲农业和乡村旅游比作果树，那么目前已有少数果树进入盛果期，多数果树进入初果期，更多的果树尚处于幼树期，还有更多的果树处于小苗备栽阶段。待这些果树全部进入盛果期，过度竞争和产能过剩问题将会异常突出。类似现象在其他县域、乡村产业发展中多数也是存在的。由此可见，持续增强县域、乡村产业创新驱动能力，日益具有重要性和紧迫性，产业外延扩张的重要性正在明显减弱。如乡村旅游是带动农户增收致富的重要产业。两个地方的乡村旅游发展，如果在同一层次上，当然旅游人次越多越好。但如果能让乡村旅游产品的设计和运营更加"有看头、有吃头、有玩头、有（文化）说头、有带头、有想头"[①]，借此吸引更

[①] 在此，"有看头"很好理解，实质是要求环境优美，景色诱人。"有吃头"即通过地方特色餐饮增加对游客的吸引力。"有玩头"要通过旅游产品和服务供给，让游客流连忘返，通过游客为快乐体验"埋单"，让旅游企业赢得效益。"有（文化）说头"即通过增加休闲农业和乡村旅游的文化内涵，提升其品位和消费体验。"有带头"就是要把农产品和地方特色工艺品变成旅游商品，提升其附加值和带动农民就业增收能力；"有想头"就是通过良好的旅游体验，为旅游业赢得"回头客"，为旅游景点景区赢得市场青睐和美誉度。

多的高端、特色消费群体，则比增加旅游人次更有价值。因为有些高端、特色旅游者一个人的购买力，往往超出普通旅游者若干人甚至上百人的购买力。这对增强乡村旅游的创新驱动能力提出了更高要求，要求借此改善旅游消费体验，让旅游产品和服务供给直击游客兴奋点，通过提升旅游品质品牌品位，让游客"在快乐体验中更好地为快乐埋单"，也为乡村旅游及其关联产业发展带来新的机遇。如带动旅游纪念品开发和农产品向旅游商品的转化。有些旅游产品创新驱动能力不强，甚至固执于"老子先前比你狠""老子背景比你硬"的思维，不注意在培育创新驱动能力上做文章，往往很难赢得市场和消费者青睐，很容易成为乡村产业发展的败笔。[①]近年来，农村产业融合发展日益引起消费者的重视和地方政府、企业家的青睐，但大量观察表明，在此方面的成功案例往往基于创新驱动能力的持续培育，失败案例多基于对先行模式的照搬照抄。

4.完善乡村产业带动农民就业增收提能的利益联结机制。

关于这一问题，本书其他章节已有专门讨论，在此不再赘述。

（二）创新推进乡村建设、乡村治理新路径

建设宜居宜业和美乡村，要求以共同富裕为导向，扎实推进

---

① 如许多遗迹遗址具有重要的考古价值甚至文化价值，但地方政府将其作为旅游景点来开发往往失败多于成功。因为如果在开发过程中没有较强的持续创新精神，不能将其考古价值、文化价值转化为旅游价值，许多遗迹遗址作为旅游景点是没有多少开发价值的。因为其市场非常小众，多数游客看不懂，难以唤醒游客的共鸣和体验，也难以带动相关旅游商品开发。

乡村建设、优化乡村治理。为此，关键是要"落实乡村振兴为农民而兴、乡村建设为农民而建"和"突出实效改进乡村治理"的要求，将推进乡村建设、完善乡村治理建立在直面农民农村需求的基础之上，扎实推进在发展中保障和改善民生；并将加强战略和规划引导与坚持"自下而上、村民自治、农民参与"原则协调起来，因地制宜、有力有序地引导乡村建设、乡村治理走向有利于持续提升农民获得感、幸福感、安全感和广泛认同感的轨道。

要结合优化乡村建设、乡村治理，努力营造农民共商共建共享乡村振兴的发展氛围，积极创造条件帮助农民增强参与乡村振兴的内生动力和自我发展能力，创造条件促进农民在参与乡村振兴的过程中增强参与乡村振兴、分享乡村振兴成果的能力；努力规避之前在农业农村发展实践中政府或企业"代农民作主"、"帮农民作主"的倾向和农民作为看客、认为"事不关己"的问题。要克服之前对乡村振兴、乡村建设热衷选示范建标杆、搞评价指标体系的倾向，将农民获得感、幸福感、安全感和广泛认同感是否得到有效提升，作为评价乡村建设、乡村治理乃至乡村振兴的主要依据。要基于对共同富裕内涵外延的科学把握和对促进农民农村共同富裕长期性、艰巨性、复杂性的深刻认识，科学把握实现共同富裕长期目标与推进渐进富裕、梯次富裕、差别富裕过程性的统一，防止片面追求同等富裕、要求实现共同富裕"齐步走"，甚至搞"劫富济贫"、道德绑架，制约经济社会运行效率的提高和高质量发展。通过优化推进乡村建设、完善乡村治理的路径和节奏，将促进农民农村共同富裕与有序推进农民农村渐进富裕、梯次富裕、差别富裕结合起来。为此，建议从以下方面修正或优化推进乡村建设、乡村治理的路径选择。

1.培育城市特别是县城对乡村转型发展的引领带动作用。

鼓励城市特别是县城通过延伸基础设施和公共服务能力，增强对乡村产业发展和农民生活改善的引领带动功能，推动乡村产业提质增效节本降险，增加乡村居民生产生活的便利。鼓励通过"总部+基地""营销中心+基地""加工中心+基地""服务平台+基地"等方式，引导乡村企业融入城市企业的分工协作网络，发挥城市产业发展对乡村产业发展、产业融合对城乡融合的引领带动作用，推动城乡产业链一体化发展。鼓励通过城市人才下乡，带动乡村本土人才成长和乡村产业高质量发展。通过优化城市特别是县城宜居宜业宜游宜学环境等方式，增强对外地高端、专业人才的吸引力，为强化乡村产业发展的人才支撑创造条件。近年来，许多地方通过提升普通初高中教学质量，带动乡村招才引智环境优化，促进了乡村发展、乡村建设、乡村治理联动发展。至于有些中小城市或县城打造富有影响力的职业教育基地，则是直接有利于优化乡村发展的人才供给条件，有利于提升乡村产业素质，夯实完善乡村治理的底蕴。

此外，在具备条件的地方，要鼓励利用数字经济识别需求、提升供给、链接和匹配供求的作用，鼓励县域、乡村产业更好地创新供给、激发需求并增强同中高端市场、异地市场的对接能力，赋能传统产业转型升级和新兴产业发展，增强对特色、细分、长尾市场的开发利用能力。县城是推进城乡融合发展的重要节点，也是传导大中城市、特大城市功能辐射的战略平台。当前尤应注意结合推进以县城为重要载体的城镇化建设，发挥县城对乡村发展、乡村建设、乡村治理的赋能和协同带动作用。这对于深化农业农村供给侧结构性改革、改变农民农村在实现共同富裕方面的滞后状况，都具有至关重要的积极意义。

2.优化乡村建设规划布局和实施机制。

推进乡村建设、建设宜居宜业和美乡村，调动一切积极因素，鼓励政府、企业和社会力量加强投入支持是必要的，优化乡村建设规划布局和实施机制同样关键。当前城乡收入差距较大，一个突出表现是城乡基础设施和公共服务差距大；推进农民农村共同富裕，要把缩小城乡基础设施和公共服务差距放在突出地位。但问题是，面对城乡之间巨大的基础设施和公共服务差距，如果不注意优化乡村基础设施和公共服务的规划布局，缩小城乡基础设施和公共服务差距对投入的需求相当于无底洞，也不利于增进乡村基础设施、公共服务的聚集经济、规模经济和范围经济效应。况且，从整个国民经济和社会发展来看，特定时期的资源动员能力往往是有限的。在此背景下，城乡之间的资源和要素配置实际上有个优化比例或优化区间，存在城乡投入此消彼长的问题。在特定时期内，资源、要素的城乡分配，需要考虑对国民经济和社会运行效率效益的综合影响，不宜片面追求对农村"多多益善"。否则，容易影响国民经济和社会运行效率效益的提升，甚至因为既得利益集团的抵制而增加摩擦成本、影响可行性。因此，对于优化乡村建设规划布局和实施机制不可大意，否则将会制约乡建设投入效率和效益的提高。

要借此统筹县域生产、生活、生态空间，培育以县城或中心镇为龙头，分工协作、优势互补、网络发展的县域城镇体系，促进县域城镇体系布局与城市群、都市圈布局有效衔接，为实施新型城镇化和乡村振兴双轮驱动战略，更好地发挥新型城镇化和乡村振兴的"比翼双飞""相得益彰"作用创造条件，也为实现乡村建设乃至乡村振兴更高质量、更有效率、更加公平、更可持续、更为安全的发展提供便利。由于农业农村发展环境的不稳定不确定性明显增加，加之对农业农村发展甚至城乡关系走势的认识往往需要经历不断深化的过程，乡村建设规划布局的调整，应该注意兼顾当前和长远，看准的积极推进，看不准的切忌仓促出手，以免增加未来发展的被动。要结合优化规划布局，为未来乡村建设规划布局的优化调整和细化实化留有必要弹性，并为未来发展提供更多更富包容性的选择空间，使乡村建设道路越走越宽广。

3.顺应乡村和农户农民加速分化趋势。

随着工业化、信息化、城镇化和农业现代化的推进，我国农民农村分化的进程明显加快，由此带动实现农民农村共同富裕对推进乡村建设、完善乡村治理的需求明显分化，并容易带来未来乡村振兴中的排斥性风险。[1] 推进乡村建设、完善乡村治理，应该顺应乡村和农户农民加速分化的趋势，因势利导，努力为未来发展留下回旋余地。这也是推进乡村振兴高质量发展的基本要求。

---

[1] 叶兴庆：《以提高乡村振兴的包容性促进农民农村共同富裕》，《中国农村经济》2022年第2期。

如果轻视这种分化趋势，很可能导致乡村建设、乡村治理与农民农村日益分化的需求脱节，推动乡村建设、乡村治理无效供给的形成。如 20 世纪 90 年代中期以来，我国乡村人口已呈总量不断减少的趋势。2022 年，全国乡村人口 49104 万人，仅相当于 1995 年的 57.1%，1996—2022 年的 27 年间年均减少 1364.56 万人。随着全国人口总量增长放缓和城镇化进程的深化，这种趋势仍将持续，在部分中心镇、中心村迅速成长的同时，部分地区的"空心村""空心镇"还会有所加重。优化乡村建设的规划布局，甚至优化农村人居环境、促进农民就地就近转移就业，都要注意引导人口、经济向具备发展潜力的县城和中心镇、中心村适度集中集聚，并在基础设施、公共服务能力建设上对县城和中心镇、中心村提供适度的倾斜支持。

与此同时，要顺应未来乡村人口总量减少的趋势，增强前瞻性，注意引导收缩型城镇、村庄瘦身强体和空心村整治。对于收缩型城镇、村庄的基础设施和公共服务，应以满足基本需求和存量优化为主，引导相关人口和产业更好地利用周边中心镇、中心村基础设施和公共服务的延伸服务能力。乡村基础设施和公共服务能力建设，要规避类似乡村道路建设"村村通"等注重按机构行政区域覆盖的传统模式，推动其更多关注常住人口分布格局变化带来的基础设施和公共服务需求，适度兼顾户籍人口与常住人口分布结构差异引发的临时性、季节性服务需求，为在乡村合力打造集约高效的生产空间、营造宜居适度的生活空间、保护山清水秀的生态空间创造条件，以便更好地促进乡村发展、乡村建设乃至乡村振兴高质量发展。

4.尊重农村快速老龄化对推进乡村建设、完善乡村治理的特殊需求。

近年来,在我国人口快速老龄化的同时,农村人口的老龄化进程明显快于城市。这种农村人口的更快老龄化,往往与农村青壮年人口大量进城并行发生,推动农村社会结构加速转型,并容易导致农村经济社会的自生能力和自我保护能力迅速弱化,甚至容易导致农业农村发展的内涵日趋单一,加剧农村发展的萧条和衰败。在这种背景下,第一,往往导致在乡村振兴实践中,发挥农民主体作用容易面临农村人口和劳动力快速老弱化的挑战。第二,容易导致留守儿童、留守妇女、留守老人问题不断加重,农业农村发展对从外部加强养老、医疗、卫生、教育等基本公共服务的需求迅速凸显,导致推进乡村建设的重要性紧迫性明显增加;进而从外部加强对农业农村基础设施和公共服务能力建设的支持,日益成为促进农业农村可持续发展和全面推进乡村振兴的基本要求。第三,随着乡村和农户农民分化的深化,特别是农民流动和城乡交流空间的扩大,农村社会原有的稳定性和自组织机制容易遭到破坏,面对不稳定不确定性明显增加的发展环境,农村社会出现失衡的可能性明显增加。因此,顺应新形势新要求,创新社会治理、重构农村社会稳定协调机制的重要性和紧迫性明显增加。[①]

要结合推进乡村发展和乡村建设,积极稳健地深化农村宅基地

---

① 姜长云:《转型发展:中国"三农"新主题》,安徽人民出版社2011年版,第20—22页。

改革，缓解吸引城市人才、人口下乡的制度约束[①]，对于吸引城市人才和人口参与乡村振兴、优化农村人口和劳动力结构，也日益具有重要性和紧迫性。当然，随着农村经济社会结构转型的深化和农村青壮年人口进城、城市人口和人才下乡规模的扩大，顺应农村人口结构演变的新趋势，创新农村社会治理的需求也会日趋凸显。

5. 将加强党对"三农"工作的全面领导与推进乡村治理体系治理能力现代化结合起来。

全面推进乡村振兴、建设宜居宜业和美乡村也好，促进乡村发展、乡村建设、乡村治理互动提升也罢，加强党对"三农"工作的全面领导，都是至关重要的。要把夯实基层基础作为固本之策，建立健全党委领导、政府负责、社会协同、公众参与、法治保障的现代乡村社会治理体制。为此，首先要注意引导鼓励和督促从事乡村振兴工作的各级领导干部增强推进乡村振兴的专业化能力，成为推进乡村振兴的行家里手；并顺应农业农村经济社会和人口结构转型趋势，增强乡村治理能力；鼓励运用数字经济等创新社会治理方式和农村精神文明推进方式，推动完善自治法治德治有机结合的乡村治理体系。与此同时，对各地创新乡村治理、推进乡村治理体系和治理能力现代化的经验教训加强研究，鼓励推广应用先进经验，对于提升乡村治理体系和治理能力现代化水平，也具有重要意义。

[①] 如有条件地支持城市人口购买农村宅基地，鼓励探索农村宅基地所有权、资格权、使用权分置有效实现形式；在具备条件的地区，鼓励进城落户农民有偿退出土地承包权、宅基地使用权、集体收益分配权。

第五章

赋能中国式农业农村现代化

习近平总书记多次强调，"没有农业农村现代化，就没有整个国家现代化""实现农业农村现代化是全面建设社会主义现代化国家的重大任务""新时代'三农'工作必须围绕农业农村现代化这个总目标来推进"。[①]在2022年的中央农村工作会议上，习近平总书记强调，"从现在开始，就要铆足干劲，全面推进乡村振兴，加快农业农村现代化步伐，为加快建设农业强国而努力奋斗"[②]。那么，在推进中国式农业农村现代化的过程中，完善赋能机制就是至关重要的。这包括改革赋能、科技赋能和融合赋能。

一、廓清改革赋能的方向

站在新的历史方位，科学辨识新发展阶段全面深化农业农村

---

① 习近平：《论"三农"工作》，中央文献出版社2022年版，第274、276、301页。
② 习近平：《加快建设农业强国 推进农业农村现代化》，《求是》2023年第6期。

改革的方向至关重要。

（一）科学把握全面深化农业农村改革的总目标

全面深化农业农村改革，应该服从和服务于全面推进乡村振兴、加快推进农业农村现代化的要求。早在2018年9月21日，习近平总书记在中共中央政治局第八次集体学习时就强调，"农业农村现代化是实施乡村振兴战略的总目标，坚持农业农村优先发展是总方针，产业兴旺、生态宜居、乡风文明、治理有效、生活富裕是总要求，建立健全城乡融合发展体制机制和政策体系是制度保障"[①]。2021年8月17日，习近平总书记在中央财经委第十次会议上的讲话中强调，"现在，已经到了扎实推动共同富裕的历史阶段"，要"促进农民农村共同富裕。促进共同富裕，最艰巨最繁重的任务仍然在农村。农村共同富裕工作要抓紧"[②]。农民农村共同富裕是实现农业农村现代化的重要标志，但推进农业农村现代化也有需要向实现农民农村共同富裕进一步聚焦的问题，不能说实现了农业农村现代化就自动实现了农民农村共同富裕。况且，农民农村共同富裕还涉及城乡差距问题。因此，立足新发展阶段、坚持新发展理念、构建新发展格局、推动高质量发展，应该将全面深化农业农村改革的总目标，界定为农业农村现代化和实现农民农村共同富裕两个方面。为此，科学理解农业农村现代化的内

---

① 中共中央党史和文献研究院：《习近平关于"三农"工作论述摘编》，中央文献出版社2019年版，第20、21页。
② 习近平：《扎实推动共同富裕》，《求是》2021年第20期。

涵外延，就是至关重要的。

农业农村现代化作为一个目标，是农业高质高效、乡村宜居宜业、农民富裕富足、城乡融合融通的有机结合，是保供增效的实力农业、近悦远来的魅力乡村、富裕进取的文明农民、和而不同的城乡关系的综合体现。推进农业农村现代化作为一个过程，是农业现代化、农村现代化耦合共生、融合互补、协调互动的现代化，也是农业作为产业现代化和农村作为区域现代化的结合体。习近平总书记反复强调要"坚持农业现代化和农村现代化一体设计、一并推进"[①]，就是这个道理。在推进农业农村现代化的过程中，需要注意植"根"、固"本"、铸"魂"。

农业现代化是农业农村现代化之"根"。离开了农业现代化，农村现代化就是无源之水、无本之木。推进农业农村现代化，必须以加强农业现代化为前提。要把保障粮食和重要农产品有效供给，作为推进农业农村现代化的底线要求；把提升农业质量效益竞争力和农业产业链供应链现代化水平，作为推进农业现代化的战略取向。

把提升农村居民生活品质，作为农业农村现代化之"本"。实现农民农村共同富裕，一个核心指标是实现农村居民生活品质的现代化。这是坚持以人民为中心发展思想的基本要求，也是推进乡村振兴过程中坚持农民主体地位的客观要求。要通过促进农民就业增收、优化乡村基础设施和公共服务，通过打造宜居宜业的

---

① 中共中央党史和文献研究院：《习近平关于"三农"工作论述摘编》，中央文献出版社2019年版，第45页。

美好乡村、清洁绿色的美丽乡村、文明祥和的和谐乡村，提高农村居民生活品质，增强广大农民的获得感、幸福感、安全感和广泛认同感。当然，农民农村共同富裕不仅涉及农村居民生活品质的现代化，还涉及提高发展的平衡性、协调性和包容性等问题。据此，可将防止发生规模性返贫作为推进农业农村现代化的另一底线要求。

实现农村人口结构和劳动力素质的现代化，是农业农村现代化之"魂"。按照以人为本原则，农村人口结构和劳动力素质的现代化，是农业农村现代化的重要支撑。坚持以人民为中心的发展思想，要求把推进农村人口结构和劳动力素质的现代化作为推进农业农村现代化的基石。考虑农村人口结构和劳动力素质问题时需要注意，今后的农村居民和劳动力可以是农村原居民，也可以是城市人口或人才下乡形成的乡村新居民。许多发达国家有部分居民在农村居住、在城市工作，这些人是农村居民，却是城市就业者。日本农村混合化居住水平很高，甚至许多村庄的主要居民不是在农村工作，而是在农村生活、在城市工作。这不仅带动城市人口、人才下乡，也带动城市原有的消费需求下乡，为促进农村一二三产业融合发展，即日本所说的农业"六次产业化"提供了便利。在当前农村老龄化迅速深化，而且农村老龄化程度明显高于城市老龄化的背景下，强调推进农村人口结构和劳动力素质的现代化，对于加快实现农业农村现代化，对于全面推进乡村振兴，具有特别重要的意义。

讨论上述问题，从表面上看似乎与农业农村改革无关，实际上并非如此。如按照现行政策规定，农户合法拥有的宅基地使用权可在本集体经济组织内部的农户之间进行转让，但农户宅基地不得出售给城市居民，也不得批准城市居民占用农民集体土地建设住宅。虽然有些试点地区正在积极开展农村宅基地制度改革试点，探索宅基地所有权、资格权、使用权"三权分置"有效实现形式，探索闲置宅基地和农房租赁等利用方式，但相关改革的主基点仍然是"稳慎推进"。从推进农村人口结构和劳动力素质现代化的角度来看，农村宅基地制度改革的步伐应该可以更大一点，采取稳慎积极的态度，适度扩大对非集体成员的开放性。借此，为更好地吸引城市人口、人才下乡创造条件。城市人口、人才下乡，可以带动城市资金和社会网络下乡，有利于动员全社会资源支持乡村振兴。许多发达国家都有政策规定，鼓励通过吸引城市人口、人才下乡，带动提高农业农村人口和劳动力质量。法国在20世纪70年代就允许具备一定条件的城市居民到农村购买二套房。日本还通过设立青年等就农资金提供低息无息贷款、促进农地向新农人集约等方式，促进青年人从事农业生产。[①]从推动农民农村共同富裕的要求来看，在推动乡村产业振兴的过程中，要注意结合推进制度创新，引导新型农业经营主体和乡村企业完善同农户、社区的利益联结机制，规避企业控制产业、压低农民工工资和农产品收购价格等行为发生，也能有效防止外来资本在农村迅速"捞一把"后，将破坏生态环境和乡村文化等恶果留给农民

---

① 曹斌：《日本农业》，中国农业出版社2021年版，第187页。

承担等现象发生。为此，在创新制度完善激励机制的同时，可设立相关负面清单或惩处机制，对新型农业经营主体或进入农业农村的工商资本进行必要的行为规范和约束，鼓励其扬长避短，杜绝其坑农害农行为。

（二）推动农业农村优先发展方针落实落地

当前，工农城乡发展不平衡、"三农"发展不充分，仍是我国发展不平衡不充分最突出的表现。"三农"工作仍是全面建设社会主义现代化国家、实现中华民族伟大复兴的重点难点所在，也是构建新发展格局、应对国内外风险挑战的重要潜力和基础支撑。因此，2021年中央一号文件强调，"新发展阶段'三农'工作依然极端重要，须臾不可放松，务必抓紧抓实"[①]。在新发展阶段全面推进乡村振兴的过程中，必须坚持农业农村优先发展总方针。按照《乡村振兴战略规划（2018—2022年）》，坚持农业农村优先发展，要求"把实现乡村振兴作为全党的共同意志、共同行动，做到认识统一、步调一致，在干部配备上优先考虑，在要素配置上优先满足，在资金投入上优先保障，在公共服务上优先安排，加快补齐农业农村短板"[②]。习近平总书记强调，"坚持农业农村优先发展的总方针，就是要始终把解决好'三农'问题作为全党工作重中

---

① 中国政府网：《中共中央 国务院关于全面推进乡村振兴加快农业农村现代化的意见》，https://www.gov.cn/zhengce/2021-02/21/content_5588098.htm。
② 中国政府网：《中共中央 国务院印发〈乡村振兴战略规划（2018—2022年）〉》，https://www.gov.cn/zhengce/2018-09/26/content_5325534.htm。

之重"[1]。但是，正如2018年习近平总书记在中共中央政治局第八次集体学习时指出的，"实际工作中'三农'工作'说起来重要、干起来次要、忙起来不要'的问题还比较突出"[2]。如何解决这一问题，推动农业农村优先发展的方针有效落地？我们认为，关键是要做到以下3点。

1.深化对坚持农业农村优先发展与建设高标准市场体系关系的认识。

"十四五"规划明确提出"构建高水平社会主义市场经济体制"的方向，建设高标准市场体系、强化竞争政策基础地位、完善公平竞争审查机制等，成为其基本要求。但是，公平竞争审查制度有些例外规定也符合国际惯例。基于前文分析，坚持农业农村优先发展强调基于农业农村"补短板"的需求，在干部配备、要素配置、资金投入和公共服务等公共资源配置上对农业农村给予适当的倾斜支持。对此，只要把握好时度效，并掌握在必要范围内，具有一定的社会保障目的、符合社会公共利益，就有望控制其排除和限制竞争的效果，符合公平竞争审查例外规定。这与构建高水平社会主义市场经济体制的要求可以协调起来。

2.从国内外经验教训来看，坚持农业农村优先发展要求在公共资源配置上采取一些细化实化甚至"长牙齿"的硬措施。

只有这样，才能更好地解决农业农村"说起来重要、干起来

---

[1] 中共中央党史和文献研究院：《习近平关于"三农"工作论述摘编》，中央文献出版社2019年版，第21页。
[2] 同上。

次要、忙起来不要"的问题。近年来，我国也探索出台了一些举措支持"三农"发展。如2018年中央一号文件提出，"调整完善土地出让收入使用范围，进一步提高农业农村投入比例"。2021年中央一号文件提出，"制定落实提高土地出让收益用于农业农村比例考核办法，确保按规定提高用于农业农村的比例"。但这里面存在两方面的问题：一是制定落实提高土地出让收益用于农业农村比例考核办法，应该考虑不同类型地区的差异，规避"指标好看、难以落实"或"中看不中用"的问题；二是随着房地产暴利时代趋于终结，未来土地出让收入增加的潜力迅速萎缩，甚至出现土地出让收入减少的问题，亟待探索新的政府性农业农村投入增长渠道。

3. 随着经济下行压力加大，建立农业农村投入稳定可持续增长机制的紧迫性迅速凸显。

党的十九届六中全会通过的《中共中央关于党的百年奋斗重大成就和历史经验的决议》强调，"我国经济发展进入新常态，已由高速增长阶段转向高质量发展阶段，面临增长速度换挡期、结构调整阵痛期、前期刺激政策消化期'三期叠加'的复杂局面，传统发展模式难以为继"[①]。2021年中央经济工作会议强调，"在充分肯定成绩的同时，必须看到我国经济发展面临需求收缩、供给冲击、预期转弱三重压力。世纪疫情冲击下，百年未有之大变局

---

① 中国政府网:《中共中央关于党的百年奋斗重大成就和历史经验的决议（全文）》，https://www.gov.cn/xinwen/2021-11/16/content_5651269.htm。

加速演进,外部环境更趋复杂严峻和不确定"[1]。加之俄乌冲突等地缘政治风险,多重超预期因素对经济运行带来严重冲击,导致经济下行压力陡然增大、社会预期不稳问题突出,至于财政减收增支、金融风险增加等问题更有可能在较大面积发生。在此背景下,很容易导致财政、金融方面难有更多资源实际用于农业农村,在部分地区实际可用于支持农业农村的财政、金融资源总量减少甚至难以避免。这种情况很可能影响农业农村优先发展方针的有效落地。那么,如何采取有效措施,拓展农业农村投入稳定可持续增长机制,越来越成为值得关注的现实问题,值得深思。对于这一问题如果重视不够,那么,随着经济下行压力的持续,未来几年很可能因为政府财政收入增长困难和经济、金融运行风险的加大,导致财政、金融对农业农村发展的投入支持出现增长乏力,甚至局部萎缩境地。

（三）顺应时代要求推进农业农村改革重点转移

改革开放以来,我国农业农村改革不断深化,为农业农村发展提供了强劲动力。回望过去,面向未来,可将农业农村改革的内容概括为还权、确权、活权、优化环境和赋能发展、联合融合等方面。

之前深化农业农村改革主要带有局部探索、破冰突围的性质,谋取在重点领域、关键环节改革取得突破,重点在还权、确权、

---

[1]《中央经济工作会议在北京举行——习近平李克强作重要讲话 栗战书汪洋王沪宁赵乐际韩正出席会议》,《人民日报》,2021年12月11日。

活权和优化环境上做文章。还权、确权、活权，涉及完善农村产权制度和要素市场化配置机制，归根结底是为了激活市场、激活主体、激活要素，充分激发农业农村发展的内生动力。"还权"最典型的是实行家庭承包制，包括近年来反复强调"保持农村土地承包关系稳定并长久不变"。"确权"如农村土地承包经营权确权登记颁证、土地等农村集体资源性资产确权登记颁证、经营性资产折股量化到本集体经济组织成员、推进宅基地使用权确权登记颁证等。"活权"即放活农村财产权利，如放活土地经营权，推进土地经营权有序流转，探索实施农村集体经营性建设用地入市制度、深化农村集体产权制度改革等。推进农村宅基地制度改革试点，也是"活权"的重要路径之一。完善盘活农村存量建设用地政策，实行负面清单管理，实际上也是对农业农村经营主体"活权"的重要方式。"优化环境"即优化农业农村发展环境。如改革完善粮食等重要农产品价格形成机制和收储制度、农业支持保护制度、粮食主产区利益补偿机制、农村金融保险制度改革等。

赋能发展和联合融合，归根结底是为了增强农业农村自我发展能力和开放发展能力。"赋能发展"即为农户、农业农村经营主体甚至农村社会主体赋能，帮助其克服自身能力不足及由此引起的"成长中的烦恼"。健全面向小农户的农业社会化服务体系；深化供销合作社综合改革，提高其为农服务能力；健全土地经营权流转服务体系，均是对农户或农业农村经营主体赋能发展的重要途径。"联合融合"，既是对农业农村经营主体或社会主体赋能发展的一种方式，也是发挥龙头引领、骨干带动作用，促进农业农村经营主体或社会主体"借势发展"带动"造势发展"的重要途径。"联合",如引导农业农村经营主体或社会主体联合起来,发挥新型农业经营主体、新型农业服务主体对小农户发展现代农业的引领带动作用,并为此进行体制机制创新。引导农业产业化龙头企业同农民专业合作社、家庭农场联合起来,协同带动小农户发展现代农业,培育农业产业化联合体等,均是推进"联合"的重要路径。"融合",如促进农村一二三产业融合发展,推进县域城乡融合发展,促进乡村生产、生活、生态融合发展等。推进新型城镇化与乡村振兴"双轮驱动",统筹城乡生产、生活、生态空间,促进城市大企业与乡村中小企业融通发展等,也涉及"联合融合"的内容。

今后,全面深化农业农村改革,要在巩固拓展现有改革成果的同时,顺应时代要求推进改革重点转移,并聚焦新阶段的改革目标。推进改革重点转移,即在巩固拓展还权、确权、活权、优化发展环境成果的同时,推动改革重点由还权、确权、活权、优化环境转向在巩固这些方面成果的同时,加强有利于赋能发展和"联合融合"的改革创新。

关于赋能发展,首先是对小农户和农村居民赋能发展,这是推动农民农村共同富裕的基本要求。健全面向小农户的社会化服务体系,是对小农户赋能发展的重要途径。通过优化基础设施、人居环境和公共服务等,推进乡村居民过上高品质生活,也是对乡村居民赋能发展的重要方式。这不仅有利于促进小农户与现代农业发展有机衔接,对于增强农村活力、人气和激活乡村生活、生态、文化、安全等功能，也有重要意义。这里面首先涉及如何对待两种形式农业适度规模经营的问题。一是土地流转型规模经营，如通过农户之间的土地流转，甚至农户土地向种养大户、家庭农场和进入农业的工商资本集中等，实现农业微观经营主体的规模化发展；二是服务带动型规模经营，即通过健全面向小农户的农业社会化服务体系，发展农业生产托管等农业生产性服务业，带动农户和家庭农场等进入农业分工协作网络，形成农业服务规模经营。在今后相当长的时期内，两种形式的农业适度规模经营并存发展、竞争发展，应该是我国不可回避的选择。但大国小农的基本国情，决定了对于我国多数地区而言，服务带动型规模经营可能是农业适度规模经营更为重要的路径。政策研究者和政策实践者千万不要一看到小农户就不舒服，就要推动其土地流转，企图像欧美那样，形成大规模家庭农场。实际上，我们的所谓大规模家庭农场，比欧美的家庭农场小得多。家庭农场、公司化农场可以发展，但不是唯一路径，甚至在多数地区不应是主要路径。中央早已明确了促进小农户与现代农业发展有机衔接的方向。在此需要注意的是，让小农户与现代农业发展有机衔接，不是让小农户离开农业。农业微观组织结构的转型，要与发展阶段和国情农情相适应。

要看到小农户是维护我国粮食安全、稳定农产品有效供给的重要力量。这几年许多农产品价格波动加剧，原因很多，但过度、片面追求农业微观经营主体的规模化是重要原因之一。在今后相当长的时期内，小农户既是一种生产方式，又是一种生活方式，

第五章 赋能中国式农业农村现代化

不要片面追求纯而又纯的专业化和规模化,对农户兼业要有个观察和包容的过程,顺其自然,因势利导,不追求整齐划一。多数小农户重视经济效益,又不像规模化家庭农场那么过度追求经济效益,因此这些小农户对价格波动的敏感性不一定像家庭农场那么强。这有它不好的一面,比如不利于提高农业经营效率,但有利于稳定粮食安全和重要农产品有效供给。从实践来看,农户主导的土地流转有利于提升农业质量效益和竞争力。但工商资本主导的土地流转,或者工商资本在地方政府推动下形成的土地流转,往往规模大、连片、好看,也存在租金高、容易增加土地转入成本和农产品生产成本的问题。退一步说,即便依托工商资本搞土地流转也未尝不可,但地方政府切忌推波助澜,推高流转成本。近年来,许多地方对于农村土地流转,政府往往定指标、下任务,热衷于推波助澜、锦上添花,推动土地规模经营过快过猛。有些地方甚至强迫农民集中上楼居住,鼓励督促农户搬到原住地多少千米之外居住,增加其耕作不便,倒逼农民退出土地、离开农业。这在加快土地规模经营进程的同时,也容易影响粮食综合生产能力的稳定性和可持续。因为就总体而言,以工商资本主导的土地流转,往往存在较高的离粮化倾向,偏爱种植经济效益比较高的经济作物。在此背景下,如果农民的非农就业渠道得不到有效开拓,有可能影响农民就业,妨碍农民走向共同富裕,也为侵蚀农村社会的稳定埋下隐患。

"赋能发展"不仅需要面向小农户、新型农业经营主体、新型农业服务主体甚至进入农村的工商资本和进入农村、已在农村的社会主体，也存在需要赋能发展的问题。虽然他们的规模明显大于小农户，但他们发展到一定程度后，也容易面临更高层次的规模小、层次低、功能弱问题，需要对其赋能发展。比如，在发展农业生产托管服务的过程中，需要探索有效方式，加强面向托管服务商的服务体系建设，鼓励平台型企业或托管服务商对托管服务商赋能发展，提升其发展能级。在乡村产业发展中，如何让乡村产业链更好地融入国家提升产业链供应链现代化水平的行动中？这需要有领军企业发挥对产业链转型升级的引领带动作用，引领利益相关者培育供应链战略伙伴关系；又要面向产业链供应链，加强服务链创新链建设，推进服务链创新链与产业链供应链融合发展，实现对产业链供应链赋能发展。

"联合融合"实际上涉及增强农业农村开放发展能力的问题。近年来，发展农村集体经济的问题日益引起重视。这不仅是一个乡村产业发展问题，更是一个完善乡村治理问题。完善乡村治理，打造共建共治共享的社会治理格局，必须解决钱从哪里来的问题。发展农村集体经济，通过其经营收益为完善乡村治理多提供"一把米"，有利于解决加强农村基础设施和公共服务能力建设"钱从哪里来"的问题。否则，如果乡村发展仍处于各类经营主体、服务主体和社会主体分散、原子化的状态，加强农村基础设施和公共服务能力建设，就很容易出现"心有余而力不足"的问题，完善乡村治理也很容易成为"空中楼阁"。农村集体经济高质量发展，还可以通过带动农民就业增收，促进农村社会稳定和谐，更好地引领带动农民农村走向共同富裕。近年来，发展农村集体经济的改革和制度创新很多。但我们认为,类似城郊地区和少数发达地区那种主要靠房屋或财产出租来发展乡村集体经济、拓展乡村治理资金来源的思路,在大多数农村地区不具有普适性。关键是要在农村集体资源性资产确权登记颁证等基础上,通过深化产权制度改革和培育产权交易市场等制度创新,促进农村产权流动,完善农村产权和要素市场化配置。再结合搭建乡村企业家成长和培养培训平台,推进农村集体经济提质增效升级,夯实完善乡村治理的资金支撑。当然,发展农村集体经济,不仅要注意先进典型的示范带动作用,更要注意风险防范和化解工作,切忌"村村点火,乡乡冒烟"式的普遍发展,或"学习先行者"的模仿式发展。因为这很容易导致农村集体经济的发展出现进入"拥挤"、产能过剩和低水平过度竞争问题。发展集体经济要因地制宜,量力而行。有些地方盲目要求消灭集体经济空白村,最终结果很可能是弊大于利,甚至劳民伤财的。有些村庄带头人连自家"一亩三分地"都搞不好,能否把集体经济发展好,这是值得怀疑的。更不能做什么都是发展集体经济优先,加剧民营经济发展面临的不公平竞争问题。企图给集体经济"吃偏饭",最终很可能导致其发展因缺乏企业家才能支撑,而陷入严重亏损、资不抵债的困境,影响乡村治理和农民走向共同富裕的进程。[1]

---

[1] 比如,据我们对东北某地的调研,有些地方发展农业生产托管也要集体经济优先,可能村庄负责人开始都不知道什么是农业生产托管,他的思路必然存在很大局限。在他的带领下,怎么能保证把农业生产托管发展好?发展农业生产托管,应该有市场化、产业化、社会化思路,要大张旗鼓地提出培育新型服务主体,鼓励服务主体走市场化、企业化发展道路。

增强农业农村开放发展能力，要求深化农业农村改革注意换位思考，激发调动一切积极因素参与乡村振兴，并将其同增强农业农村经济包容发展能力结合起来。之前，许多农业农村改革"目标很好、见效很难"，一个重要原因是不注意换位思考，不注意统筹激发利益相关者的积极性。对此，我们在后文关于农村金融改革的讨论中将有详细分析，在此存而不论。

（四）着力增强农业农村改革的系统性、整体性、协同性

党的十八届三中全会通过的《中共中央关于全面深化改革若干重大问题的决定》强调，"必须更加注重改革的系统性、整体性、协同性"[①]。党的十九届六中全会指出，"党的十八届三中全会也是划时代的，实现改革由局部探索、破冰突围到系统集成、全面深化的转变，开创了我国改革开放新局面"[②]。我们认为，进入新发展阶段，全面深化农业农村改革，要在巩固拓展现有改革成果和推进改革重点转移的同时，更加重视增强改革的系统性、整体性、协同性。

增强农业农村改革的系统性、整体性、协同性，首先体现在要注意农业农村内部改革的协调联动。如将深化农村宅基地改革、农村集体经营性建设用地入市制度改革，同完善乡村富民产业用地保障机制结合起来，同鼓励乡村产业完善联农带农的利益联结

---

① 《中共十八届三中全会在京举行——中央政治局主持会议 中央委员会总书记习近平作重要讲话》，《人民日报》，2013年11月13日。
② 《中共中央关于党的百年奋斗重大成就和历史经验的决议（2021年11月11日中国共产党第十九届中央委员会第六次全体会议通过）》，《人民日报》，2021年11月17日。

机制结合起来。鼓励依托农业农村特色资源，发展壮大乡村富民产业，让农民更多参与乡村产业发展、分享产业增值收益，不仅是促进农民就业增收和培育乡村产业的问题，对于培育农业乡村多重功能价值也有特别重要的意义。要结合打造乡村富民产业体系，鼓励产业链将主体留在县域，为推动县域城乡融合发展、走"亦工亦农、亦城亦乡"特色鲜明的中国特色新型城镇化道路[1]，提供强劲支撑。

增强农业农村改革的系统性、整体性、协同性，还应把农业农村改革放在整个城乡改革的大背景下考察，注意城乡改革的协同推进。如推动城乡融合发展，不仅包括县域城乡融合发展，促进进城农民工融入城市也是推动城乡融合发展的重要方式。如果粗略地将从"50后"到"75前"的农民工称作"第一代农民工"，从"75后"到"95前"的农民工称作"第二代农民工"，"95后"的农民工称作"第三代农民工"；那么，第一代农民工"融不进城市，只能回家乡"，第二代农民工"想融入城市，不愿回家乡"，第三代农民工"只想融入城市，不认同家乡"，甚至"家乡属于父辈"的心理特征在第三代农民工身上尤为显著。在此背景下，要解决农民工融入城市的问题，必须加强统筹城乡的制度创新。创新农民（工）培训制度，提高其就业创业能力，对于推动农民（工）就地就近转移就业、走"亦工亦农、亦城亦乡"的城乡融合发展道路，以及增强农民工融入城市的能力，都有重要意义。探

---

[1] 唐仁健：《扎实推进乡村全面振兴》，《求是》2021年第20期。

索类似"租购同权"的城市住房制度创新，也有利于降低农民工融入城市的成本和风险。[①]关键是怎么推进其进一步落实落地。此外，未来还要注意相关制度创新的协调联动。

此外，增强农业农村改革的系统性、整体性、协同性，还应同优化城乡空间布局结合起来。从20世纪90年代中期开始，我国乡村人口出现总量减少的趋势。考虑到当前全国人口总量见顶回落、城市化进程仍在推进，"十四五"时期乡村人口总量将会进一步减少，人口空间布局也将会出现重大调整，部分村庄萎缩萧条是必然趋势。在此背景下，要注意引导人口和经济布局适度集中，实现规模经济、范围经济和网络效应。乡村产业布局、乡村公共服务布局都要注意这种趋势。这也是推进城乡融合发展的基本要求。否则，加强农村基础设施和公共服务的投入需求就是无底洞。要注意引导农村中心村、中心镇布局，将加强基础设施和公共服务投入的重点放在县城和中心村、中心镇。注意县域内城乡融合发展与城市群、都市圈布局对接起来。但对此也要保持历史耐心，在尊重农民主体地位、保证农民利益不受损的前提下进行，防止出现"颠覆性错误"或"欲速不达"问题。关于这一问题，前文已有专门分析，在此不再细述。

---

① 姜长云：《第二章 中国共产党处理城乡关系的历程与经验》，载于唐仁健主编《中国共产党农史纲要》，中国农业出版社2021年版，第44页。

二、改革赋能呼唤新思维：以农村金融改革为例

金融是经济的血脉，农村金融是乡村振兴的重要动力源泉。近年来，我国农村金融改革创新持续深化，为打赢脱贫攻坚战、全面建成小康社会提供了有效的动力支持。当前，我国已进入新发展阶段，开启全面建设社会主义现代化国家新征程。但农村金融发展与巩固拓展脱贫攻坚成果、全面推进乡村振兴、加快农业农村现代化的要求仍有很大差距。加快农村金融改革、深化农村金融创新要有时不我待的紧迫感。但是，创新思维，全面拓展农村金融创新的视野至关重要。本文将以解决农业农村经营主体融资难问题为例，就此展开探讨和分析。

（一）两个观察、一个道理：农村金融改革亟待多些换位思考

观察一：2015年，在参与农村一二三产业融合发展相关政策文件起草前，我们曾赴西部某省进行专题调研。一家农业产业化龙头企业的老总参与座谈会，反映了该企业推进农村一二三产业融合发展面临的融资困难。听完介绍，我突然产生疑问：您所反映的这些问题，我们在2001年、2002年调研农业产业化龙头企业时同样遇到，这么多年了，为什么这些问题一直没有解决？换个角度看，如果您是当地银行行长，您会让银行给您现在的企业贷款吗？您所反映的企业融资难题会解决吗？该企业老总默然。很显然，答案是否定的。可见，探讨农村金融改革创新的思路，亟待换位思考。作为农村金融需求者，在希望农村金融供给者满

足其金融需求的同时，也要适当考虑农村金融供给者防控金融风险的需求。否则，很容易陷入农村（企业、农户等）抱怨金融的误区，导致问题越来越难以解决。

观察二：在开展农村金融调研时，时常听到农户、涉农企业甚至农业农村政策研究者抱怨：农户特别是涉农企业融资需求很大，金融机构的资金供给远难满足需求；金融机构这也不敢干，那也不愿做，过于担忧风险；为满足农户特别是涉农企业的融资需求，农村金融机构应该这样干，应该那样闯。至于采取这些措施，对农村金融机构运行风险的影响，则是许多农户、涉农企业甚至农业政策研究者很少考虑的。但是，基于防控金融风险的考虑，农村金融机构往往很难回应这种抱怨，并通过创新作出较大改变。更多的现实往往是，农村金融供给者与需求者各说各话，不在一个频道上，缺乏换位思考的同理心。这种供求双方"同床异梦"的结果，很可能导致农村（农户、企业等）更加抱怨金融，农村金融问题依然如故，甚至愈演愈烈。

这两个观察折射出加快农村金融改革创新的重要性和紧迫性，也反映出深化农村金融改革创新亟待利益相关者少些抱怨情结，多些换位思考。观察日常生活可以发现，抱怨情结除了增加自己和别人的不快，往往解决不了任何问题。要真正解决问题，需要将心比心的换位思考，从利益相关方的交流互动和协作中，合力找到解决问题的钥匙。农村金融改革创新也是这样。让农村金融供求双方之间、农村经营主体和金融机构之间换位思考，才能真正找到农村金融发展面临的痛点难点，发现农村金融创新的兴奋点。

当前，面对百年未有之大变局和世纪疫情，发展环境的不稳定不确定性明显增加，在许多地方，农村金融风险增加有其必然性。因此，统筹发展和安全的重要性更加凸显。在此背景下，多些换位思考，或许更容易找到农业农村经营主体融资难题的破解之道。否则，在运行环境变化导致企业运行风险增加的背景下，银行简单采取抽贷、惜贷等措施，可能对企业运行风险增加和信用等级下降推波助澜。但如适当放松信贷条件，甚至结合对金融机构采取差别化监管政策、增加支农支小再贷款等措施，帮助农业农村经营主体降低融资成本、增加融资便利，有利于降低农业农村经营主体的运行风险，特别是容易让那些市场有需求、发展有潜力，但面临暂时融资困境的企业渡过难关。

（二）功夫也在功夫外：应该跳出金融谈金融

现实生活中，当我们苦思冥想仍苦无良策时，换个思路往往柳暗花明；当大家梦寐以求求而不得时，跳出原有的思维方式，很可能感到"思路一改天地宽"。农村金融改革创新也是这样。当我们就金融论金融时，往往解决问题的钥匙不多。但当我们跳出金融谈金融时，或许解决问题的办法自动形成。如农户和农村经营主体融资难，一直是农业农村的老大难，但这一问题却一直"越来越难"，关键是这一问题有些需要通过深化农村金融改革创新来解决，有些仅此还是远远不够的，需要在农村金融之外找到破解问题的密码。

跳出金融谈金融，首先要正视农业农村产业素质对经营主体融资能力的影响，将推进农村金融改革创新与提升农业农村产业质量效益竞争力结合起来。熟悉情况的人都知道，在经济运行环境比较正常时，企业效益好的，银行都愿意提供贷款支持。企业效益好坏，影响因素固然很多，但产业素质往往具有决定性的影响。因此，加快农村金融改革创新，借此增加和优化农村金融供给固然重要，深化农业农村供给侧结构性改革，借此提升农业农村产业质量效益竞争力更为关键。有的地方农业农村产业发展质量不行，农业农村经营主体效益不理想，但这种问题并非仅靠增加银行贷款就能完全化解的。过度依靠银行贷款，甚至有可能让作为资金需求者的经营主体"越贷越穷"，陷入信用危机泥潭。实际上，创新农村金融亟待解决的问题，往往是那些产业发展有前景，但面临暂时性资金困难的农户或企业的融资问题；以及在现行政策或体制下解决不了，需要通过深化农村金融改革、优化农村金融支持解决的部分合理问题。如当前金融机构的农户或农村企业贷款主要是短期资金，对农业农村经营主体的中长期信贷支持不足，是农业农村金融面临的突出短板，导致许多农村企业被迫通过"短债长用"解决固定资产投资等长期资金不足问题。这种"短债长用"模式，在经济上行或繁荣时期问题不大，因为企业可以经常采用"借新贷还旧贷"摆脱资金不足问题。但在经济下行压力较大的时期，银行基于控制金融风险的考虑，容易采取抽贷、惜贷、限贷等措施，加大企业资金链断裂风险。况且，随着乡村振兴的推进，特别是农业农村产业融合发展的深化，农业农村经营主体对中长期信贷的需求明显增加,导致长期信贷支持不足对农业农村发展的制约更加突出。这昭示着农村金融创新亟待突破的一个方向。

有些农业农村经营主体产业发展无前景,质量效益竞争力差,甚至低水平过度竞争严重。简单要求金融机构对这样的经营主体增加贷款,多数不符合支持农业农村供给侧结构性改革的方向,甚至等于用类似"温水煮青蛙"的方式,放大农业农村产业结构和发展方式的问题。在经济运行环境较为正常的情况下,盲目通过增加信贷支持等方式,让已经陷入严重低水平过度竞争泥潭的农业农村企业苟延残喘,很可能因为通过帮助相关经营主体减少短期融资困境,反而延误其创新求变的机会,不利于农业农村产业的优胜劣汰。这样,不仅会加剧农业农村产业无效供给、产能过剩和资源浪费问题,还会加大富有竞争力的农业农村企业获得资源要素的难度,挤占其发展空间。况且,一味要求对这样的经营主体增加贷款,金融机构如何管控风险?在此方面,多些换位思考,有利于农村金融供求双方更好地求同存异,合力化解农村金融难题。否则,农户、农村企业等经营主体作为资金需求方,农村金融机构作为资金供给方,二者各想各的,结果只能是农村金融供求双方不在一个频道上,那农村金融面临的痛点难点只能越结越大。作为资金供给方的金融机构无论怎么干,作为资金需求方的农村经营主体都不满意。农村金融机构如果对农业农村经营主体的需求照单全收,完全跟着农业农村经营主体的感觉走,最终也会因经营风险明显增加而难以持续运行。

可见，解决农业农村经营主体融资难问题，没有农村金融不行，光靠农村金融更不行。要注意引导农业农村经营主体通过提升企业家素质、创新产业发展方式，提升产业素质和质量效益竞争力，带动其增强融资能力。比如，顺应消费结构升级和消费市场细分的趋势，鼓励农业农村经营主体加强特色市场、细分市场、小众市场和中高端市场开发，促进农产品市场与旅游市场、文化市场等融合互动，带动农业农村经营主体增强创新供给、引导需求能力，提升产业附加值。在引导农业农村产业加强特色资源开发，培育特色竞争优势和市场营销渠道的同时，鼓励农业农村产业链各环节的经营主体之间加强联合合作，合力提升产业链供应链现代化水平。在鼓励农村金融改革创新的同时，引导农业农村经营主体多从自身寻找融资难的原因，通过办好自己的事——提升产业素质和抗风险能力、培育特色竞争优势和竞争壁垒，增强与农村金融的对接能力。

（三）把根留住：农村金融改革创新不能只讲金融忘了农村

客观地说，近年来深化农村金融改革的政策创新很多，各地因地制宜的探索也不少，在总体上取得了明显成效。但是，也有一些政策创新看起来高大上，实际上难接地气，对解决农业农村经营主体融资难问题作用不大。究其原因，主要是讲了金融、忘了农村，过度强调农业农村金融的金融一般化，不注意农村金融的农业农村特色。因此，深化农村金融改革创新，推动建立符合农业农村特点的农村金融体系至关重要。实际上，建立适合农业农村特点的农村金融体系，很早就引起中央有关部门的重视。如2008年《中共中央关于推进农村改革发展若干重大问题的决定》强调，"加快建立商业性金融、合作性金融、政策性金融相结合，资本充足、功能健全、服务完善、运行安全的农村金融体系""鼓励发展适合农村特点和需要的各种微型金融服务"[1]；2010年中央一号文件强调"针对农业农村特点，创新金融产品和服务方式"[2]；2015年中央一号文件强调"要主动适应农村实际、农业特点、农民需求，不断深化农村金融改革创新"[3]；2018年中央一号文件强调"坚持农村金融改革发展的正确方向，健全适合农业农村特点的农村金融体系，推动农村金融机构回归本源，把更多金融资源配置到农村经济社会发展的重点领域和薄弱环节，更好满足乡村振兴多样化金融需求"[4]。但是，建立适合农业农村特点的农村金融体系仍然任重道远，许多方面甚至仍待破题。如何有效利用乡村社会宝贵的乡土信用资源，发挥其在一定范围内的抵押担保功能，成为农村金融改革创新必须直面的重要问题之一。

现行农村正规金融体系对宝贵的乡土信用资源利用不足，一直是个突出问题。众所周知，信用是金融的宝贵资源，金融的本

---

[1] 中国政府网:《中共中央关于推进农村改革发展若干重大问题决定》, https://www.gov.cn/jrzg/2008-10/19/content_1125094.htm。
[2] 中国政府网:《中共中央 国务院关于加大统筹城乡发展力度进一步夯实农业农村发展基础的若干意见》, https://www.gov.cn/gongbao/content/2010/content_1528900.htm。
[3] 中国政府网:《中共中央 国务院关于加大改革创新力度加快农业现代化建设的若干意见》, https://www.gov.cn/zhengce/2015-02/01/content_2813034.htm。
[4] 中国政府网:《中共中央 国务院关于实施乡村振兴战略的意见》, https://www.gov.cn/zhengce/2018-02/04/content_5263807.htm。

质是经营信用。信用崩塌往往导致金融风险剧增。乡村邻里之间紧密的相互作用，造就了邻里之间一诺千金的美德。乡村熟人社会人与人之间的重复博弈，铸就了邻里之间"有借有还，再借不难"的行为规范。这为控制农村金融风险提供了有利条件。邻里之间违背乡土信用，遭遇经济索赔往往不是最大的惩罚，来自乡土熟人社会的道德谴责，甚至被人"瞧不起"，才是让失信者最难受的。因此，乡土信用可为控制农村金融风险提供重要的"抵押担保品"。许多地方乡村非正规金融的发展，正是有效利用了乡土信用的抵押担保作用。但是，信用也是易碎品，且不同的人所处的乡土信用等级往往是不一样的。有的人向邻居借10000元，不需别人担保，也不用提供抵押品，更不用向借出款项的邻居写字据；有的人获得同等待遇，只能借2000元。超过这个额度，仅靠乡土信用的担保作用，就是不够的。随着农户、农业经营主体特别是农村企业融资规模的扩大，乡土信用的抵押担保作用迅速失效，需要正规的抵押担保品等市场信用工具及时跟进，但由此很容易导致大量宝贵的乡土信用资源被闲置浪费。实际上，现行农村正规金融体系虽然也有一些利用乡土信用资源的积极尝试，如发展农户联保贷款等，但在总体上对大量宝贵的乡土信用资源视而不见，也缺乏利用乡土信用资源管控农村金融风险的能力。

在此背景下，建立符合农业农村特点的农村金融体系，一个重要方向是鼓励农村正规金融与非正规金融加强合作，通过强化农村金融联结，协同解决农业农村经营主体融资难问题。借此，在解决农业农村经营主体融资难问题方面，不仅可以发挥农村正规金融的主渠道作用，还可以通过农村非正规金融兴利去弊，挖掘利用乡土信用资源发挥拾遗补缺作用的潜能；甚至可以通过二者优势互补，将发挥农村正规金融的资金优势与发挥农村非正规金融对乡土信用的准确识别功能结合起来，为有效管控农村金融风险、拓展农业农村经营主体融资渠道提供便利。近年来，各地在此方面的探索已经很多，宜在总结经验基础上，鼓励各地因地制宜地推广集成提升。当前，经济下行压力加大，导致农民就业增收困难凸显，鼓励发展庭院经济和农村小微企业对于巩固拓展脱贫攻坚成果、全面推进乡村振兴的重要性更加凸显。鼓励农村正规金融与非正规金融探讨有效合作路径，有利于优化农村庭院经济、小微企业的融资环境。

当然，建立适合农业农村特点的农村金融体系需要探索的问题还有很多。比如由于农产品生产季节性强，农产品加工企业对农产品收购资金的需求往往规模大、时间紧，如何通过农村金融创新更好地满足农产品加工企业对收购资金的需求，一直是农村金融亟待解决的难题。又比如，利用基金、债券、期权期货等金融工具支持农业农村发展，一直是农村金融需要努力的方向。但是，如何将推进农业农村产业组织创新与提高农村经营主体的金融素养结合起来，也是农村金融创新需要关注的一个新增长点。

（四）系统思维精准求解：注重农村金融分层分类协同发展

在党的十九届五中全会上，习近平总书记作《关于〈中共中央关于制定国民经济和社会发展第十四个五年规划和二〇三五年远景目标的建议〉的说明》时强调,"系统观念是具有基础性的思想和工作方法""经济社会发展中矛盾错综复杂,必须从系统观念出发加以谋划和解决"①。破解农业农村经营主体融资难问题,也要坚持系统观念,强化系统思维。只有这样,才能让农村金融改革创新之路越走越宽广,让破解农业农村经营主体融资难的办法越来越有效。为叙述简便起见,在下文中,我们将以解决农村中小企业融资难为重点进行讨论。

通过深化农村金融改革创新,来化解农村中小企业融资难问题,需要坚持包容互补、融合协同的思路。换句话说,解决农村中小企业融资难问题的办法很多,但每种办法都有其各自的适用性和比较优势,多数只能解决特定领域的问题。张冠李戴,在不适合的地方使用不适合的方法,其效果往往大打折扣,甚至适得其反。比如,农村中小企业信用担保,主要解决中小企业信用增级问题。在通常情况下,A企业的经营状况和信用等级,不足以吸引金融机构提供信贷支持。通过中小企业信用担保的支持,银行愿意给A企业增加信贷支持,但这种支持只能在一定限度内。这类似于高考加分。本来考生B高考考了520分,离某985院校的录取标准还差15分,但他有某项体育特长,可享受20分的加分待遇。因此,他比该985院校的录取线还高5分。通过中小企业信用担保对A企业的加持,发挥了相当于给考生B增加20分的作用。但如考生C高考只考514分,离某985院校录取线还差21分,

---

① 人民网:《习近平:关于〈中共中央关于制定国民经济和社会发展第十四个五年规划和二〇三五年远景目标的建议〉的说明》,http://jhsjk.people.cn/article/31917783。

即便考生 C 拥有体育特长生加分 20 分的待遇，他仍难以达到该 985 院校的录取标准。如要让中小企业信用担保对 A 企业发挥类似给考生 B 加 20 分以上的作用，也是难以办到的，只得另想他法。

农村金融改革创新还应注意拓展路径，推动不同类型的解决方案优势互补、融合提升、协同发力。随着农业农村经济发展和农业农村经营主体规模的扩大，农村金融的区域分化、行业分化和主体分化迅速深化，农村金融需求日益呈现规模化、分层化、分类化并存的态势，开拓农村金融细分市场的重要性也更加凸显。因此，农村金融改革创新要在激活传统信贷市场支持潜能的同时，更加重视利用多层次资本市场、期货市场、保险市场，甚至发展融资租赁市场。这也为创新求解农村中小企业融资难问题，拓展了新的路径。与此同时，随着社会分工的深化和产业链供应链不同环节之间相互联系、相互作用的增强，发展供应链金融，发挥供应链核心企业对提升产业链供应链现代化水平、培育供应链战略伙伴关系的重要性也在迅速凸显。这也是支持大中小企业融通发展和城乡融合发展的重要方式。通过发展供应链金融，鼓励城市大企业发挥供应链核心企业作用，引领带动农村中小微企业融入提升产业链供应链现代化水平的行动之中，有利于带动农村企业转型升级和乡村产业振兴，并借此激发乡村人气活力。

坚持系统思维推进农村金融改革创新，还应注意强化网络经济视角。按照网络经济学的说法，网络的价值量与网络节点的平方成正比。因此，应该顺应农业农村经济、农村金融甚至城乡之间相互联系、相互影响不断强化的趋势，推动农村金融服务网络建设，更好地为优化农业农村经济布局、增强对农业农村发展乃至乡村振兴的支持能力服务。在网络经济中，关键性的节点和连接性建设，对增强网络功能往往具有画龙点睛的作用。因此，对这些关键性的节点和连接性建设，不仅要重视其项目价值，更要重视其网络价值。农村金融改革创新，也要增强战略眼光，重视这些关键性的金融服务网络节点或连接性建设。鼓励国家开发银行、中国农业发展银行面向乡村振兴加强金融支持，就具有这种加强农村金融服务关键性节点和连接性建设的作用。因为第一，对农业农村经营主体的中长期资金支持，是农业经营金融支持面临的突出短板；第二，国家开发银行、中国农业发展银行在很大程度上处于金融与财政的结合部，对于激发农村金融市场支持农业农村发展和乡村振兴的潜能，可以发挥画龙点睛的作用，甚至具有重要的基础支撑意义；第三，乡村振兴战略的推进和农村一二三产业融合发展的深化，还会带动农业农村对中长期资金的需求更快扩张；第四，对农业农村发展提供中长期信贷支持，一直是国家开发银行、中国农业发展银行的比较优势所在。2018年中央一号文件强调"明确国家开发银行、中国农业发展银行在乡村振兴中的职责定位，强化金融服务方式创新，加大对乡村振兴中长期信贷支持"[①]。推动这个战略部署进一步落实落地，甚至鼓励中国农业银行、邮政储蓄银行、地方商业银行，特别是农村信用社加强同国家开发银行、中国农业发展银行的金融合作，协同破解

---

① 中国政府网：《中共中央 国务院关于实施乡村振兴战略的意见》，https://www.gov.cn/zhengce/2018-02/04/content_5263807.htm。

农业农村经营主体融资难问题，对于推进乡村产业振兴乃至乡村振兴，不仅具有重要的战略作用，还具有重要的现实意义。

三、科技赋能：直面发展要求、发展环境新变化

党的二十大提出了"以中国式现代化全面推进中华民族伟大复兴"的使命任务，明确提出"教育、科技、人才是全面建设社会主义现代化国家的基础性、战略性支撑。必须坚持科技是第一生产力、人才是第一资源、创新是第一动力，深入实施科教兴国战略、人才强国战略、创新驱动发展战略，开辟发展新领域新赛道，不断塑造发展新动能新优势"，要"完善科技创新体系。坚持创新在我国现代化建设全局中的核心地位"；到2035年，要"建成教育强国、科技强国、人才强国、文化强国……""加快建设制造强国、质量强国"[1]。习近平总书记很早就强调，"农业农村现代化关键在科技、在人才"[2]。在新时代新征程大力推进农业农村现代化的过程中，发挥科技赋能作用是必须做好的大文章。这不仅是推进农业农村现代化高质量发展的客观要求，对于全面建设社会主义现代化国家也有重要意义。但是，科技赋能中国式农业农村现代化，必须直面发展要求和发展环境的新变化。

---

[1] 《党的二十大报告辅导读本》，人民出版社2022年版，第19—32页。
[2] 习近平：《论"三农"工作》，中央文献出版社2022年版，第216页。

（一）加快建设农业强国要求持续强化涉农科技和装备支撑

当今世界，由要素驱动、投资驱动向创新驱动转变，日益成为各国发展和建设现代化产业体系的潮流，也是抢占国际产业竞争制高点的重要趋势。为什么有的国家能够跻身农业强国，而大多数国家同农业强国的差距相去甚远，甚至越拉越大；有些国家还要为解决一部分人的饥饿或营养不良问题苦苦探寻。造成这种全球性偏差的一个重要原因是农业科技创新体系的整体效能存在明显不同，导致以科技为重点的农业或食品产业链创新驱动能力和竞争力存在明显差异。当前，我国加快建设农业强国的实践正在蓬勃展开，对强化科技赋能农业强国的要求更加紧迫。2023年中央一号文件强调，"要立足国情农情，体现中国特色，建设供给保障强、科技装备强、经营体系强、产业韧性强、竞争能力强的农业强国"[1]。习近平总书记在2022年中央农村工作会议上的讲话中强调，"建设农业强国，利器在科技，关键靠改革。必须协同推进科技创新和制度创新，开辟新领域新赛道，塑造新动能新优势，加快实现量的突破和质的跃升""现在比以往任何时候都更加需要重视和依靠农业科技创新"[2]。实际上，现有的世界农业强国农业及其关联产业链供应链创新力、竞争力、可持续发展能力强，农业现代化水平高，一个共同经验和普遍规律是，坚持战略引领、需求导向、实用为重原则，切实推进科技创新和产业创新顶天立地，

---

[1] 中国政府网：《中共中央 国务院关于做好2023年全面推进乡村振兴重点工作的意见》，https://www.gov.cn/zhengce/2023-02/13/content_5741370.htm?dzb=true。

[2] 习近平：《加快建设农业强国 推进农业农村现代化》，《求是》2023年第6期。

促进农业产业链创新链深度融合良性互动。[1]中国农业科学院信息所党委书记兼副所长刘继芳研究员提出,未来农业发展有六大重点方向,即无人农场、精准畜牧、数字育种、绿色有机农业、新型农业(如建设海上牧场、蓝色粮仓、盐碱水域水产养殖、西北戈壁生态设施农业等)和食品科技。这六大重点方向都必须建立在涉农科技和装备支撑的坚实基础之上。[2]

农业科技创新能力是农业科技创新体系整体效能的综合反映。农业装备特别是农机装备、智慧农业和设施农业装备,是农业科技和涉农工业、服务业科技的综合反映和物化形态。涉农装备外延更广,如农产品加工、物流、储运装备等。加快建设农业强国要求面向世界科技前沿、面向经济主战场、面向国家重大需求、面向人民生命健康,将加快实现高水平农业科技自立自强同提升农业科技创新体系整体效能结合起来,加快构建梯次分明、分工协作、适度竞争的农业科技创新体系,夯实我国农业产业链供应链的科技和装备支撑。借此,促进农业及其关联产业链节本增效提质降险,为提升创新力、竞争力和可持续发展能力赋能。随着经济发展水平提高带动消费结构升级和消费结构多元化的推进,发展特色农业对于增强农业竞争力日益具有重要意义。我国许多特色农业分布在丘陵山区和园地、林地,但适宜丘陵山区特别是复杂地形地貌特征的小型农机、智能农机和园艺机械发展滞后,很

---

[1] 姜长云:《农业强国》,东方出版社2023年版,第30—71页。
[2] 《中国农科院信息所党委书记刘继芳:未来农业发展的六大重点方向展望》,https://www.ximalaya.com/sound/670584593。

容易导致部分特色农产品采收成本高、难度大，经营主体缺乏积极性，甚至被迫转向粗放经营或陷入后继无人困境。又如畜禽养殖场工艺、工程和装备系统升级滞后，影响养殖场生物安全等级的提高，妨碍环境控制、消毒防疫、智能饲喂、物联网等系统功能的协同，不利于降低养殖场的人工成本、医疗防疫费、死亡损失费，对于提高畜禽产品质量也有不利影响。加工技术和装备落后，甚至质量控制水平与发达国家相比差距较大，是导致近年来我国部分农产品国际竞争力下降的重要原因，也制约农业的绿色低碳转型。有的畜产品加工龙头企业号称"其设备是引进世界一流企业的"，但若自身没有世界一流的畜产品加工设备制造能力，今天引进的"世界一流"很可能成为明天的"世界二流三流"。

（二）建设宜居宜业和美乡村亟待农业农村科技创新拓宽思维

推进农业农村现代化的过程，不仅是提高农业现代化水平、加快建设农业强国的过程，还是建设宜居宜业和美乡村的过程。建设宜居宜业和美乡村要求通过加强村庄规划建设、扎实推进农村人居环境整治提升、持续加强农业乡村基础设施建设和提升基本公共服务能力等，并结合加强数字农业数字乡村建设，提高乡村基础设施完备度、公共服务便利度、人居环境舒适度，推动打造便捷生活圈、完善服务圈、繁荣商业圈、体验旅游圈，让农民就地过上现代文明生活。在此方面，科技往往具有举足轻重甚至画龙点睛的作用，并且要求推进科技进步和成果转化的视野从农业生产科技向乡村产业科技和乡村生态、文化、社会领域拓展，甚至迫切要求深化大数据、云计算等数字技术在农业农村领域的推广应用。借此，促进宜居宜业和美乡村建设提质增效升级和节本降险，并助力产业融合、产城（镇）融合和生产、生活、生态、文化融合。如建设宜居宜业和美乡村，发展生态低碳农业、推进人与自然和谐共生是基本要求，而科技往往是发展生态低碳农业、推进人与自然和谐共生的底色所在。

推进科技赋能宜居宜业和美乡村建设，有些方面属于现有科技的推广应用及结合农业农村实际的转移转化，如智慧养老技术"傻瓜化改造"后的推广应用[①]；有些则需要科技攻关取得突破，如部分地方传染病或人畜共患疾病防控技术的创新；更有一些农村现代化问题需要基于对现有科技的集成创新或针对农村特点的适应性改造，如智慧农业、设施农业和数字乡村建设等。部分原先看起来高大上的技术，直接移植到农村可能"水土不服"甚至"中看不中用"，但在经历广泛深入的适应性研究后再转移到农村，就容易"开花结果"，变成农民或农村经营（服务）主体喜闻乐见或方便易学的形式。

科技赋能农业农村现代化，不仅是一个"求高求新求精"的过程，也是一个推动科技创新"走深走实走用"的过程。如畜禽健康是提升畜牧业生产效率的关键，对于提升畜禽产品质量也有重要影响。畜禽所处圈舍和周边环境不佳、饲料营养供应和疫情防控跟不上，都可能影响畜禽健康，导致畜禽产生各种应急反应，

---

① 因为农村老龄化程度明显高于城市，许多农村老人不识字，他们对数字技术往往可望而不可即。

在体内形成毒素，影响畜禽生产效率和产品质量安全。但保障畜禽健康，对圈舍建设的要求并非越高档豪华越好，也不是要求饲料越精细越好，而是要求根据畜禽自然生产和生活习性的不同去提供适宜的起居环境和饲草料供应，宜精则精，宜粗则粗；甚至在冬季对牛羊提供温水饲喂代替传统的冷水饲喂、对牛羊母畜提供放牧场条件替代圈舍，也可显著提升生产效率和经济效益。在此方面重视不够，是导致我国与发达国家畜禽生产效率和产品竞争力差距较大的重要原因。[①] 有些技术推广应用模式的短期效果和长期影响存在较大差异，甚至存在较大争议，在尊重实践选择和借鉴国际经验的原则下，推进不同类型技术模式的共存竞争和包容式发展，未尝不是一种理性选择，不宜强求"一个模式推全国"。如对农作物秸秆处理，可否因地制宜地设置禁烧区、限烧区和有条件允许区，鼓励探索秸秆科学还田、高效离田、能源化利用、有条件焚烧等不同模式[②]，在具备条件的地区鼓励发展秸秆工

[①] 王明利：《改革开放四十年我国畜牧业发展：成就、经验与未来趋势》，《农业经济问题》，2018年第8期。

[②] 如当前我国许多地方推进秸秆禁烧和秸秆还田技术，其理由是秸秆焚烧容易带来大气污染，秸秆还田可以增加土壤肥力和有机质含量，促进土壤改良并减少环境污染，减少化肥用量。但对秸秆还田的质疑者认为，秸秆还田容易形成作物幼苗与秸秆发酵争肥、增加农作物病虫害的问题，甚至会形成土壤间隙过大和死苗弱苗、出苗率不齐现象。支持秸秆焚烧的意见还包括，秸秆焚烧有利于减少病虫害和杂草发生，焚烧后的草木灰含有大量钾素、磷素，有利于增加土壤肥力，甚至可以改善表层土壤物理性状并增加土壤孔隙度。在气温低而且缺水的北方地区，秸秆还田后难以腐烂，容易加大其负面影响。至于连片大面积秸秆焚烧带来的环境污染问题，通过有序、分时安排焚烧，也可在一定程度上缓解。实际上，在多山多丘陵、粮食作物以种植水稻为主的日本，秸秆焚烧至少在部分地区是允许的。在美国，对秸秆的处理也有秸秆作牲畜饲料、秸秆打碎后还田作肥料、秸秆加工成草炭或造纸、秸秆有条件（如远离居民区）焚烧等不同方式。还有一些国家将秸秆加工成能源，甚至工艺品或工业产品。

艺品、秸秆加工品也是一种很好的尝试。与此相关需要创新或推广应用的技术，可能未必新但往往有用，甚至"传统而有效"。

（三）推进农业乡村产业高质量发展迫切要求农业农村科技转型发展相呼应

就全面建设社会主义现代化国家、加快推进农业农村现代化而言，加快建设农业强国、建设宜居宜业和美乡村都是重要的战略问题，虽然其也需要一步一个脚印地扎实前行，但推进农业乡村产业高质量发展更是重要的现实问题，并内化于加快建设农业强国、建设宜居宜业和美乡村的行动中。党的二十大报告要求"树立大食物观，发展设施农业，构建多元化食物供给体系。发展乡村特色产业"[1]。国务院印发的《"十四五"推进农业农村现代化规划》要求"将先进技术、现代装备、管理理念等引入农业""加快形成绿色低碳生产生活方式，走资源节约、环境友好的可持续发展道路"[2]。2023年中央一号文件将"推进农业绿色发展"作为"强化农业科技和装备支撑"部分的4条内容之一。这对推进农业农村科技转型升级的需求是广泛而深刻的。如顺应消费结构升级和消费结构多元化的需求，推动农业高质量发展，日益要求加强对农业专用化、特色化、绿色化、优质化甚至品牌化发展的支持。这必然对

---

[1] 中国政府网：《习近平：高举中国特色社会主义伟大旗帜　为全面建设社会主义现代化国家而团结奋斗——在中国共产党第二十次全国代表大会上的报告》，https://www.gov.cn/xinwen/2022-10/25/content_5721685.htm。
[2] 中国政府网：《国务院关于印发"十四五"推进农业农村现代化规划的通知》，https://www.gov.cn/zhengce/content/2022-02/11/content_5673082.htm。

农业科技转型升级和多元化、精细化提出新的更高层次的要求。

通过中美玉米生产亩产、产值、价格和成本及其结构的变化，可从侧面看出科技赋能农业高质量发展、促进农业节本增效提质降险和提升竞争力的重要性、紧迫性。玉米是我国第一大粮食作物，也是美国产量最高的农产品、最重要的饲料谷物和重要的出口物资，美国玉米种植面积在粮食作物中仅次于大豆。[①]从2010年到2021年，我国玉米每亩主产品产量由452.74千克增加到506.96千克，每亩主副产品产值合计由872.28元增加到1310.89元，每亩总成本由632.59元增加到1148.82元，分别增加了12.0%、50.3%、81.6%；每50千克主产品平均出售价格由93.62元增加到126.58元，总成本由67.89元增加到110.93元，分别增加了35.2%和63.4%。同期，美国玉米每亩主产品产量由606.75千克增加到769.95千克，每亩主副产品产值由712.84元增加到988.13元，每亩总成本由605.51元增加到742.65元，分别增加了26.9%、38.6%和22.6%；每50千克主产品平均出售价格由58.64元增加到64.01元，总成本由49.90元降低到48.23元。与2010年相比，2021年我国玉米生产每亩总成本和其中的物质与服务费用、人工成本、土地成本分别增加了81.6%、55.8%、90.7%和115.2%，美国玉米生产每亩总成本和其中的运营成本、人工成本（包括雇工费用和家庭劳动机会成本）、土地成本分别增加了22.6%、12.7%、25.5%和22.3%。美国玉米单产明显高于我国，

---

① 张广胜：《美国农业》，中国农业出版社2021年版，第38页。

每50千克主产品价格和总成本却明显低于我国。2021年美国每亩玉米生产的作业费、燃料动力费、人工成本和固定资产折旧分别为24.97元、28.65元、40.36元和143.10元，同年我国每亩玉米生产的机械作业费、燃料动力费、人工成本和固定资产折旧分别为121.12元、0.67元、448.27元和3.35元。[①]我国与美国玉米生产在涉及机械、人工成本上的这种差异，很大程度上源自美国农业机械大型化、智能化水平明显高于我国。

（四）消费结构升级和需求分化拉动农业农村科技转型升级的效应明显增强

推进农业和乡村产业高质量发展，亟待顺应消费结构升级和消费需求分化趋势，推进农业农村科技结构转型升级，在继续重视农业科技赋能农业现代化的同时，更加重视培育农村科技对农村现代化的赋能作用；并且加快实现农业科技由粮食科技向食物科技、非食物科技多元互补的农业科技转型，在继续重视大宗农产品相关科技的同时，拓展和加强对小众、特色农产品相关科技的支持；推进农业科技由增产科技向协调推进高产、优质、高效、生态、安全的转型，由粗放化农业科技向专用化、精细化、特色化农业科技转型，由农业产中科技向覆盖全程的农业产业链供应链科技转型，加快对农业科技综合化、集成化、网络化、融合化发展的支持，培育产业链创新链协同融合的发展环境。如促进农

---

① 根据国家发展和改革委员会价格司价格成本调查中心编，《全国农产品成本收益资料汇编2022》《全国农产品成本收益资料汇编2016》相关资料整理。

业生产科技与农产品加工科技、品牌科技、食品科技、数字技术甚至生物医学科技融合协同推进，更好地带动农业产业链供应链不同环节科技创新协同推进、科技创新链与产业创新链融合共进，夯实提升产业链供应链创新力、竞争力和可持续发展能力的根基。随着特色农业、乡村产业规模扩张和产能过剩问题的凸显，随着消费结构和消费需求分化，如何更好地应用大数据等新一代信息技术，精准发现和识别有效需求，增强需求牵引供给、供给创造需求能力，日益成为推动农业和乡村产业高质量发展必须重视的问题。这也需要农业农村科技结构转型升级与此呼应，如搭建数字技术在农业农村有效转化的通道。此外，随着农业农村现代化的推进，新型农业经营（服务）主体、乡村企业和各类产业园区、科技园区对推进农业农村经济高质量发展的引领带动作用明显增强，日益要求其在增强农业农村科技创新和成果转化能力中发挥中坚、引擎和引领作用。因此，直接面向千家万户的传统农技推广方式，其有效性已明显减弱，在许多地方甚至日益失去其存在价值；增强农业农村科技创新和成果转化能力，日渐要求发挥这些新型农业经营（服务）主体的枢纽或示范带动作用，甚至通过它们"点燃一盏灯"，达到"照亮一大片"的效果。如果说，促进小农户与现代农业发展有机衔接是推进中国式农业农村现代化必须坚守的主线，那么，引导新型农业经营（服务）主体、乡村企业和各类产业园区、科技园区在科技赋能小农户与现代农业发展有机结合中发挥中坚、引擎和引领作用，则是必须始终牢记的。

农业和乡村产业组织方式的重大变化，也日益要求创新农业农村科技组织方式。以农业产业化为例,这是与特色农业和乡村产业发展高度相关的问题,是推进农业和乡村产业发展方式转型的重要途径,也是消费需求变化和需求结构升级对农业及其关联产业链转型升级的新要求。我国农业产业化经营正在呈现以下趋势性变化:①由数量扩张向质量提升转变,要求更加重视提升质量效益竞争力和可持续发展能力,加快精细化、品牌化、特色化发展,更好地规避同质竞争、产能过剩和无效供给问题;②由松散型合作向培育产业链供应链战略性伙伴关系转型,要求提高产业链供应链整体协调性和适应环境变化的韧性,增强对农户农村普通经营主体的辐射带动力;③由单个龙头企业带动向龙头企业集群带动转变,要求转变龙头企业发展方式和竞争合作关系,引导农业产业化集聚集群集约发展,加强区域公共品牌建设;④强化分工深化和产业融合的趋势,要求促进产业链延伸和农村一二三产业甚至城乡产业融合协同发展,引导科技、文化、信息化与农业产业化深度融合,促进农业产业化业态和经营方式、商业模式创新,培育新产业新业态新模式带动传统产业转型升级能力;⑤企业或集群竞争战略由总成本领先向差异化、集中化转变,注意打造产品特色,培育细分市场,开拓高端市场,协同推进农业产业化技术、产品、管理、业态和商业模式创新,提升竞争力和价值链水平;⑥建设可持续食品供应链,将环境保护、食物营养和健康、食品质量安全甚至食品供应链不同环节的利益公平分配有机结合起来,将提高农业产业化经济上的盈利性和持久性,同增强农业产业化的环境友好、资源节约、食品安全和消费者导向结合起来，完善产业链供应链不同环节的利益分配关系。顺应农业产业化经营发展趋势的转变，推进农业和乡村产业高质量发展对推进农业农村科技结构转型升级的需求，日益呈现立体式、复合型、多元结合的特征，并需要科技创新与产业创新、管理创新融合发展、耦合共生。

（五）新一轮科技革命和产业变革深入推进导致科技赋能面临重大机遇挑战

当前，新一轮科技革命和产业变革深入推进，正在深刻影响各国现代化进程和产业竞合关系，影响各国推动农业农村现代化的机遇和动力机制，推动各国农业农村现代化格局加速重塑。与之前相比，新一轮科技革命更多呈现以下特征：①从单一技术主导转向一批前沿关键技术多点突破、交叉融合、群簇涌现，信息技术、生物技术、新材料、新能源技术几乎渗透到所有领域，带动以绿色、智能、网络泛在为特征的重大技术变革。②科学研究的深入和研究技术手段的革新，正在带动科研范式发生深刻变革。如科学技术的重大突破越来越依赖先进的实验装备、重大科技基础设施等科研条件和国家战略性工程的支撑带动作用，大数据技术对化学、生物学等实验科学研究的影响显著加深，甚至成为继实验科学、理论分析和计算机仿真模拟研究之后新的研究范式。③"互联网+""智能+"等数字技术对经济社会发展的驱动作用明显增强，成为推动经济社会加速数字化转型的主导力量，甚至重塑人类社会的生产方式、生活方式和社会结构。人工智能逐步成为引领新一轮科技革命的重要驱动力。以人工智能和大数据技术为核心,各项技术交叉融合成为推动产业融合的重要动力,甚至推动物理世界、数字世界和生物世界之间的界限逐步消融。数字化、网络化、智能化和产业融合化成为全球产业发展的新趋势。④科学、技术变革与产业变革的联系日趋密切,从基础研究到产业化的速度不断加快,技术变革向现实生产力的转化显著加速,产业链与创新链加速对接、深化融合的空间更加广阔。⑤全球范围的科技竞争和产业竞争更加激烈,科技创新生态和产业竞争格局发生深刻重塑,创新活动的复杂性和不确定性明显增加。

新一轮科技革命和产业变革迅速深化,不仅给科技赋能农业农村现代化提出了迫切要求、提供了难得机遇,也导致科技赋能农业农村现代化面临的挑战明显增加。如新技术不断冲击传统产业边界,并通过技术的组合、集成应用,推动新产业、新业态、新模式的形成,在赋能传统产业转型升级并激活其潜能、活力的同时,以应用场景为依托,形成市场需求牵引供给、供给创造需求的良性循环,带动构建创新导向的新型产业生态系统,加速产业链与创新链深度融合,导致产业融合、数字技术与实体经济融合的内容更加丰富多彩。大力推进农业农村现代化,应该顺应新一轮科技革命和产业变革的趋势与潮流,更加重视紧盯世界农业科技前沿,大力提升我国农业科技发展水平,创新探索加快实现高水平农业科技自立自强的路径,努力规避我国农业农村科技发展中"不进则退,慢进也是退"的问题。要高度重视科研范式变革、数字经济发展对农业农村科技创新的影响,更加重视国家战略性工程和重大科技基础设施等科研条件改善对农业关键核心技术攻关的支撑作用,更加重视构建梯次分明、分工协作、适度竞争的农业农村科技创新体系。创新政策,完善产业链和创新链深度融合促进机制。

鉴于新一轮科技革命和产业变革,叠加大国关系复杂化,导致经济社会发展中的许多问题容易交织叠加,形成复杂化的系统问题,加剧经济社会运行风险,要注意深化农业农村科技的国际合作和区域合作,以便更好地应对推进农业绿色发展、生态安全等人类面临的共同挑战;要顺应全球、区域产业链治理导向从效率优先到效率与安全统筹,并更加重视成本、市场、公平、安全兼顾的转变,科学把握近年来全球产业链布局本土化、近邻化、区域化、多中心化趋势,更加重视推动形成具有更强创新力、更高附加值、更安全可靠的涉农产业链供应链,并为此展开产业链供应链科技合作和食品安全综合治理,鼓励培育都市圈一体化的区域科技合作激励机制,提升产业链供应链韧性和安全水平。

四、融合赋能:激活农业农村现代化新动能

当今世界,产业融合、城乡融合、数字经济与实体经济融合正在不断拓宽推进农业农村现代化的"可能性边界",赋予推进农业农村现代化新动能,并带动推进农业农村现代化的现有模式转型升级。融合赋能涉及诸多改革创新,将其归入改革赋能也是可

以的，但因为其重要性迅速凸显，将其独立出来更有意义。鉴于本书许多章节都贯穿推进城乡融合赋能中国式农业农村现代化的思路，本节不再重复，只就产业融合赋能中国式农业农村现代化进行讨论，其中涉及的粮食金融化问题实际上同数字经济与实体经济融合也是高度相关的。推进中国式农业农村现代化，一分部署，九分落实。加快中国式农业农村现代化需要创新思维，强化产业融合的赋能作用。

(一)产业融合与中国式农业农村现代化

所谓产业融合，实际上是由于技术创新和制度创新，所形成的产业边界模糊化和产业发展一体化现象。产业融合往往经历从技术融合到产品和业务融合，再到市场融合，进而产业融合等层次渐进的过程，通过产业渗透、产业交叉、产业重组等不同方式，实现产业价值链的分解和重塑，带来产业发展方式、组织模式的重大变化，为建设现代化产业体系、推动经济高质量发展培育新的经济增长点，也为高新技术赋能传统产业转型升级提供新的路径。在讨论媒体融合时，李浩然认为，"媒体融合不是权宜之计，而是发展大计，不是'左手一只鸡、右手一只鸭'的简单相加，而是'你就是我、我就是你'的有机相融"[①]。这段话用在讨论产业融合问题时也是非常贴切的。研究产业融合的学者很早就发

---

① 李浩然:《勇立潮头，推进全媒体时代"融合+"》，《人民日报》2019年1月28日。

现，不同产业的结合部往往是创新最多、成长最快的领域。[①]最近有本较有影响力的书叫《灰度创新》，强调制造企业与上下游的联合创新处在一个交叉地带，它往往处在企业之间的结合部。这种围绕制造业结合部的创新，可以称作"灰度创新"，它往往发生在企业之间、组织之间，甚至扩展到整个产业链的协同和组合，是产业链上的联合创新，具有加固节点结合部的属性和完善供应链的作用。灰度创新更关注不同产业、不同企业之间基于双方合作的知识分享和交叉唤醒机制，从而激发创新活力和企业知识系统的效率。[②]这本书虽然主要讨论的是跟制造业相关的灰度创新问题，但对研究农业与制造业、服务业的融合也富有启发意义。实际上，农业产业链供应链也有灰度创新问题，推进农业产业链供应链的灰度创新，有利于赋能提升我国农业产业链供应链竞争力，助推中国式农业农村现代化。

从党的十九届五中全会通过的《中共中央关于制定国民经济和社会发展第十四个五年规划和二〇三五年远景目标的建议》到《中华人民共和国国民经济和社会发展第十四个五年规划和二〇三五年远景目标纲要》，再到党的二十大报告，都提出要"推动现代服务业同先进制造业、现代农业深度融合"。有人可能说，这与加快建设农业强国、推进农业农村现代化关系不大。实际上，如果细加推敲，不是关系不大，而是密切相关，甚至是世界农业强国

[①] 杨仁发：《产业融合——中国生产性服务业与制造业竞争力研究》，北京大学出版社 2018 年版，第 34 页。

[②] 林雪萍：《灰度创新》，电子工业出版社 2020 年版，第 1—18 页。

建设和发达国家推进农业农村现代化的制胜法宝之一。① 我们通常说发展现代农业要注意推进农业延伸产业链、发展农产品加工业，农产品加工业在国民经济统计里就属于制造业，农产品储藏保鲜和冷链物流、农业生产性服务业等均属于涉农服务业。通常，涉农产业融合主要有以下5种形式，引导这5种形式的涉农产业融合发展，都有利于赋能中国式农业农村现代化，推动其由"高大上"的理念切实转化为能够落地见效的实际行动。

一是推进农村一二三产业融合发展。如许多地方通过发展休闲农业和乡村旅游，推动农业发展与地域文化、特色旅游业深度融合，发挥龙头企业对乡村集体经济和小农户、现代服务业对现代农业发展的引领带动作用，甚至促进农产品向旅游商品、文化礼品转变，将拓展农产品营销渠道与带动农业价值链升级结合起来。许多花卉种植企业逐步向产业链前端后端延伸，形成集花卉新品种选育、优质种苗繁育关键技术研发、新品种新技术示范推广和花卉高效种植、加工、流通，包括花卉批发市场在内的高新技术企业，并通过"龙头企业+合作社+农户"方式带动周边花卉基地的农户种植。还有一些地方发挥农业产业化龙头企业的引领带动作用，通过培育现代粮食产业集群、食品产业集群等方式，带动农产品加工和优质、特色农产品基地建设，培育消费导向的农业发展模式。这种形式有利于带动农民"在干中学"，提升参与农业强国建设和推进农业农村现代化的能力，将促进农民就业增

---

① 姜长云：《全球农业强国建设的历史经验和普遍规律研究》，《社会科学战线》2022年第11期。

收与提升发展能力结合起来；也有利于激发农业乡村"资源变资产"的潜力和农业乡村产业的文化魅力，促进农业乡村产业转型升级，并拓展农民就地就近转移就业的渠道。但这种形式需要注意多在完善企业联农带农的利益联结机制上下功夫，注意培育小农户、农村社区或农民合作社等乡村产业组织参与发展能力，从制度上规避企业对农户和农村社区利益的过度挤压和侵蚀，更要规避龙头企业破坏生态环境、妨碍可持续发展等短期行为，可通过设置外来资本参与乡村振兴负面清单等方式，对外来企业、城市资本参与乡村振兴设置底线约束。

二是发展农业生产性服务业。如许多地方通过发展农业生产托管服务，承接来自小农户的服务外包，帮助其解决单靠自身"解决不了、解决不好、解决得不经济合理"的问题，促进农业节本增效提质降险。这是加快农业发展方式转变和发展多种形式农业适度规模经营的重要途径，也为部分农业劳动力跳出农业从事非农产业就业创新减轻了障碍，有利于加快推进农户、农民转型和农业发展理念创新。市场化、产业化的农业生产托管服务组织的发展，还为现代科技、经营理念和人才、资本等高级、专业化要素植入农业提供便利，为协同推进质量兴农、绿色兴农、服务强农、品牌强农创造条件。安徽淮南等地的经验证明，发展农业生产托管服务，还为解决农村土地撂荒问题提供了一条新路。有些地方通过发展农产品储藏保鲜和冷链物流，帮助农户减少农产品产后损失，解决农产品跨期销售、延期销售和价值增值问题，规避农产品产后集中上市带来的"价贱伤农"困境。按照发展农业生产性服务业的模式推进产业融合，关键是要在帮助农户和农民上下功夫，做好促进小农户与现代农业发展有机衔接的大文章，对小农户和新型农业经营主体赋能发展，促进农业经营主体转型升级；不能将帮助农民转为代替农民、取消农户，甚至推动小农户与现代农业发展脱轨。要注意发挥农业生产性服务组织对加快农业发展方式转变的引领、示范和辐射带动作用。

三是培育创意农业、都市型现代农业新业态。将现代服务业发展理念和组织方式植入农业，培育消费引领、文化赋能农业发展新格局，创新农业发展新业态新模式。如北京市将嘉年华的娱乐方式与农业节庆活动结合起来，打造突出农业主题，富有创意、文化、体验价值，集农业生产、生活、生态、休闲、教育、示范等功能于一体的都市型现代农业发展平台，带动农业及其关联产品销售，促进地方特色手工艺品、涉农创意产品和文化礼品设计制造。按照这种方式推进产业融合，关键是要结合促进涉农产业组织创新和加强农民培训，带动农户、农民增强参与产业融合发展的能力，鼓励利益相关者合作共赢，甚至打造涉农产业融合的区域公共品牌。

四是发挥涉农平台型企业和数字经济的引领、支撑、带动作用。如有些地方农业产业化龙头企业或涉农平台型企业探索基于平台经济的协同设计、采购、加工、销售、配送、农产品生产和休闲农业等全环节应用创新，带动自身与涉农产业链供应链不同环节的中小微企业之间深化数字化协作，增强产业链供应链协同转型能力。某些食品供应链龙头企业借助构建智慧供应链协同服务平台,推动自身从生产型制造企业向服务型制造企业转型,打造以食品公司为主体、以产业链上下游企业供需为导向的供应链生态圈,实现供应链不同环节之间的数据共享和作业可视化,打造产、供、销、物流采购环环相扣、良性互动,上下游企业协同高效的产业链供应链;并通过供应链协同服务平台为相关中小微企业建立信用档案,通过供应链金融带动产融合作和大中小企业融通发展。这实际上涉及现代服务企业引领带动涉农制造业、现代农业深度融合发展的问题。在此形式下,如何形成对小农户和农产品基地的辐射带动能力,也是需要注意的一个突出问题。

五是涉农虚拟经济与涉农实体经济融合。虚拟经济作为金融深化的必然产物,往往与基于资本化定价方式的资产价格系统密切相关。涉农虚拟经济与涉农实体经济如农业、农产品加工等融合,也是以现代服务业与先进制造业、现代农业深度融合为重点的。农产品期货市场是涉农虚拟经济的重要形式。培育农业利用期货市场的能力,借此完善农业宏观调控,增强在全球农业竞争中攫取超额利润的能力,也是部分农业强国建设的重要经验。[①]近年来,随着农产品期货市场的发展,世界范围的粮食金融化不断深化,成为推动涉农虚拟经济与实体经济融合的重要途径,也为促进产业融合赋能农业强国建设提出了一系列新要求新挑战。在此方面如何因势利导、兴利除弊,促进农业强国建设行稳致远,

---

① 姜长云:《全球农业强国建设的历史经验和普遍规律研究》,《社会科学战线》2022年第11期。

成为亟待关注的一个重要问题。刘慧提出,"谨防水稻金融化危及粮食安全"[①]。其后,关于这一问题的讨论,引起了理论界乃至相关政府部门的高度重视。后文将围绕这一问题进行重点讨论,从中可以发现,推动涉农虚拟经济与实体经济融合,作为推动现代服务业与现代农业融合发展的一种重要方式,需要立足当前、着眼长远,因势利导、综合施策,提高引导和应对能力。

(二)涉农虚拟经济与实体经济融合:以粮食、水稻金融化为例

1.粮食、水稻金融化与粮食安全。

近年来,粮食金融化日益引起各国政府乃至国际社会的广泛关注。所谓粮食金融化,简单地说,即粮食商品金融属性不断形成和强化的过程,由此导致货币供应量、利率、汇率、期货和其他金融衍生品价格等金融因素影响国际粮食价格变化的重要性明显增强,甚至在一定时期一定程度上超过粮食供求基本面因素对粮食价格变化的作用。随着粮食金融化的推进,国际粮食市场与货币市场、外汇市场、期货市场、能源市场等联动性显著增强,货币流通及与此相关的金融流动性、国际资本投机炒作,越来越成为影响国际粮价波动的敏感因素。粮食生产和流通受自然、市场双重因素的影响,许多粮食生产周期长、替代品少;加之农户、家庭农场等农业生产经营主体规模小,且影响市场价格的能力弱,这也导致粮食商品容易成为国际资本投机炒作的"热点话

---

① 刘慧:《谨防水稻金融化危及粮食安全》,《经济日报》,2022年7月14日。

题"，加剧国际粮价波动和粮食进口国的粮食安全风险。

近期全球粮价超常上涨与粮食金融化的深化密切相关。多年来，全球粮食安全问题主要不是总量问题，而是结构问题；主要不是生产问题，而是分配不平等问题。自2020年下半年以来，全球粮价在总体上呈现大幅上涨态势（图5-1—图5-3）。导致国际粮价上涨的主要原因是美国等发达国家货币超发等导致全球通货膨胀加剧。[①]在粮价总体大幅上涨的同时，国际能源价格涨幅更大，抬高了粮食生产成本。资本市场投机炒作、新冠疫情导致全球供应链断点加剧和物流费用剧增、俄乌冲突引发蝴蝶效应，放大了全球粮食商品市场的局部失衡，对国际粮价上涨添薪加火。这些在很大程度上都与粮食金融化的作用密切相关。美国等发达国家往往是粮食金融化的主要受益者，而粮食进口国特别是欠发达的粮食进口国很容易成为粮食金融化的主要受损者。

稻谷对维护我国和亚洲国家的粮食安全极端重要。稻谷是我国和亚洲大部分国家的主要口粮品种，当前受粮食金融化影响总体较小。亚洲大部分国家主食消费以大米为主，水稻自给率高，应对粮食安全风险基础扎实。我国是全球最大的水稻生产国和消费国，现有大约60%的居民以稻米为主食，40%的居民以小麦为主食，稻谷产量接近占全国粮食总产量的1/3。[②] 2021年，我国粮食、稻谷、小麦、玉米、大豆自给率分别为80.9%、98.8%、

[①] 姜长云、李俊茹、王一杰：《怎样看待当前的粮食安全风险》，《山西农业大学学报（社会科学版）》2022年第5期。

[②] 数据来自国家统计局，https://data.stats.gov.cn/easyquery.htm?cn=C01。

93.4%、90.6% 和 14.5%。近年来我国粮食自给率连年下降，有需求增长因素，也有国内粮价高于国际粮价导致的过度进口因素（图 5-2、图 5-3）。但稻谷常年产大于需，库存充裕，自给率稳居 98% 以上，成为保障粮食安全的"压舱石"和"定盘星"。

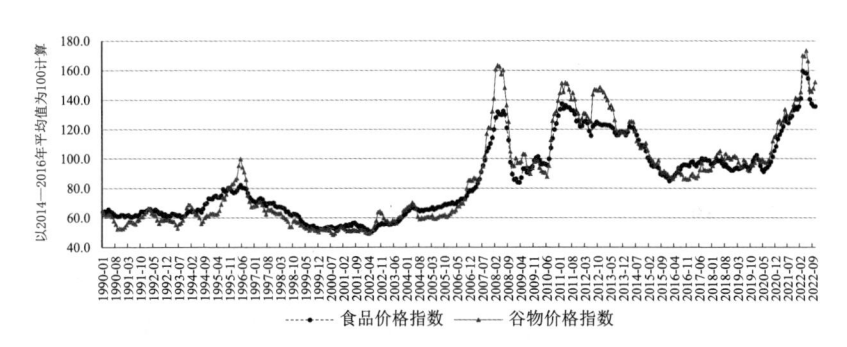

图 5-1 联合国粮农组织食品价格指数、谷物价格指数的变化[1]

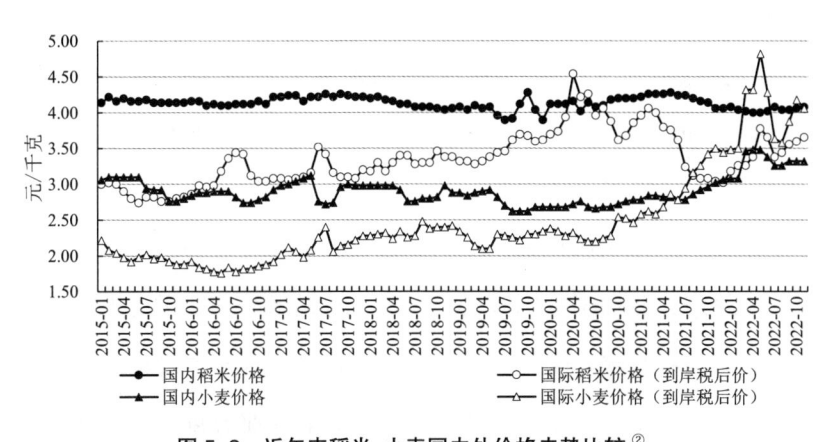

图 5-2 近年来稻米、小麦国内外价格走势比较[2]

---

[1] 数据来自联合国粮农组织（FAO），https://www.fao.org/worldfoodsituation/foodpricesindex/zh/。

[2] 本图及下图数据来自农业农村部大宗农产品供需形势分析月报（下同）。

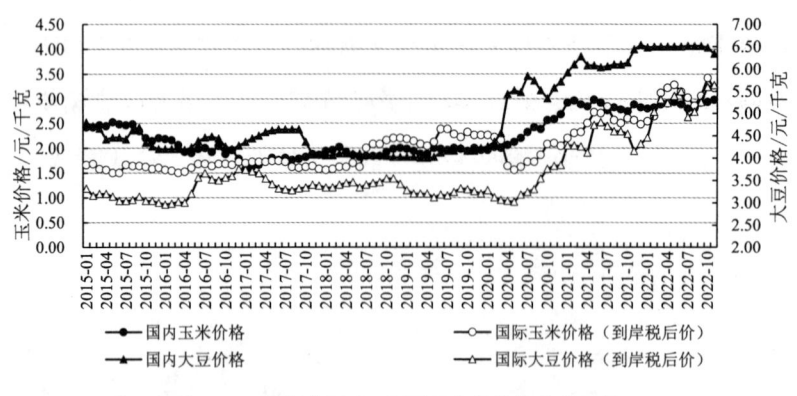

图 5-3　近年来玉米、大豆国内外价格走势比较

2. 立足当前、着眼长远、综合应对。

警惕水稻金融化危及国家粮食安全需高瞻远瞩、警钟长鸣。在全球水稻生产和消费中，亚洲约占 90%。2020—2021 年度，美国稻米生产量、进口量、出口量、期末库存量分别占世界的 1.4%、2.3%、5.9% 和 0.7%[①]，美国稻谷供求对全球稻谷市场影响有限。相对于其他粮食品种，稻米加工用途有限，投机炒作"题材"较少。因此，世界水稻金融化程度在总体上不如其他粮食品种。但水稻或稻米市场运行容易受到小麦、玉米、大豆等粮食金融化的传染效应，并加剧价格波动。当前全球稻米库存处于历史较高水平，但随着水稻金融化的发展，稻米价格出现较大波动的现象也容易发生（图 5-2）。从历史经验看，粮食价格持续大幅上涨的时间很难超过两年。自 2020 年下半年以来，全球粮价持续大幅上涨

---

① 数据来自美国农业部，https://www.usda.gov/oce/commodity/wasde。

第五章 赋能中国式农业农村现代化

的时间已经超过2年。尽管有俄乌冲突等地缘政治因素，但今后粮食价格见顶回落的可能性正在显著加大。粮食或水稻金融化、不同品种粮食市场的联动性，容易形成对粮食价格下跌的放大效应。从当前趋势看，全球能源价格即便出现见顶回落，之前能源价格高位运行对农资成本的影响仍可能滞后一段时期。这会导致化肥、农药等农资价格进而农产品成本保持较长时间的高位运行状态，侵蚀农民种粮收益和积极性，动摇保障稻米供给的根基。从历史经验来看，粮食产能破坏易、建设难，水稻产能尤其如此。况且，"水田改旱田易、旱田改水田难"。

要注意稳定稻谷生产和流通能力，增强抵御水稻金融化冲击能力。手中有粮，心中不慌。加强稻谷生产和流通能力建设，是抵御水稻金融化冲击的基石。要坚持"谷物基本自给、口粮绝对安全"不动摇。考虑到稻谷生产对维持我国粮食安全的极端重要性，要坚持稳定稻谷产能，并通过完善稻谷补贴和稻谷最低收购价政策，鼓励稻谷向优势产区适度集中。要注意优化稻谷储备能力战略布局，加强稻谷市场调控和应急保障能力建设。美国一些专家指责我国大规模种植水稻排放甲烷，是导致全球气候变暖的重要原因。[1]对于这种企图以全球气候议题道德绑架我国稻谷生产的行为，我们要保持战略定力和清醒认识，谨防被国际舆情打乱了我国保障口粮绝对安全的节奏。要看到，较大规模地减少水稻种植，不符合我国人多地少、需要保障"口

---

[1] 刘慧：《谨防水稻金融化危及粮食安全》，《经济日报》，2022年7月14日。

粮绝对安全"的国情农情。对于推进包括水稻在内的农业减排更要注意结合国情农情，保持维护粮食安全的战略坚定性，统筹考虑生态环境成本和社会成本、安全成本，不可被发达国家的舆情带偏了轨道。

要因势利导、综合施策，注意科学应对粮食特别是水稻金融化问题。不管我们喜欢不喜欢，粮食或水稻金融化均是大势所趋。理性选择不是掩耳盗铃地回避它，而是增强适应和驾驭能力，并注意未雨绸缪、趋利避害。利用成熟的农产品期货市场，引导家庭农场调整种植结构和经营决策，增强融资和套期保值能力；建立发达的农业调查、信息搜集发布和涉农统计服务体系，特别是全球农产品供需监测预警体系，借此完善农产品市场调控，影响国际农产品市场预期和利益相关者行为，为操控、利用全球农产品市场提供便利，并在推进粮食金融化过程中兴利除弊。这些都是美国引领利用粮食金融化的重要经验。我国要注意借鉴这些经验，为优化粮食、农产品市场跨周期、逆周期宏观调控政策服务。要创造条件，鼓励适应粮食金融化要求的各类人才脱颖而出。积极实施国家大数据战略和数字农业数字乡村战略，优先支持建立完善基于数字技术的农业生产和农产品市场运行监测预警机制，为优化农业宏观调控服务。要鼓励粮食产业链利益相关者加强分工协作、完善优势互补关系，优先支持培育具有较强国际竞争力和产业链供应链整合能力的跨国粮食企业（集团）。鼓励粮食期货市场与地方政府、保险公司或大型农业企业、农产品行业协会、农民合作社合作，支持通过优化完善"保险+期货"等方式，带动农户增强利用期货市场套期保值、增加农民收入的能力。此外，作为一个粮食消费大国，审慎把握粮食进口的规模和节奏，对于防范粮食、水稻金融化带来的粮食安全风险，也是重要的。

后记

长期以来，本人注重从宏观视角、历史视角和产业融合、城乡融合、学科融合视角，研究中国的"三农"问题，并把"三农"问题放到整个国民经济的背景下进行考察，努力推进有思想、有温度、接地气的研究。经常参与中央部委、地方政府决策咨询和政策研究的经历，让我感受到关注中国的"三农"问题，必须始终坚持问题导向，拓宽视野、创新思维，重视战略与现实、理论与实践、国际与国内的结合，兼顾前瞻性、战略性、基础性、储备性和现实针对性。作为一个研究者，需要基于理论，不断从鲜活的实践中汲取营养，提升理论、回应实践；也要在服务社会中不断提高理论联系实际、理论服务实践的能力。

本书研究，直接间接地得到国家社科基金重大项目和国家发展改革委、农业农村部、地方政府相关课题研究的支持，相关领导和委托单位在课题委托时的要求和建议让我深受启发。许多来自政府部门、研究单位、高等院校的朋友和本单位同事，长期支持并鼓励我的研究工作，也让本书写作受益颇丰。在此表示诚挚的感谢！但为免挂一漏万，恕不一一列举。

本书主要由姜长云撰写。姜惠宸撰写了本书第二章第二节。中国农业大学经济管理学院博士生万莹莹、巩慧臻为本书第三章第三节的撰写，王一杰、李俊茹为本书第五章第四节的撰写，协助查阅了相关数据或资料，并进行了相关研究辅助工作。

特别感谢东方出版社编室主任王学彦的精心策划和热心支持。本书责任编辑、统筹、封面设计、营销策划高质量的工作，也为本书增色良多。对此，仅用"感谢"两个字表达，是远远不够的。

最后，也要感谢热心的读者！你们的肯定、信任和建设性意见，也是本人进一步深化相关研究的动力！推进中国式农业农村现代化，要靠您，要靠我，要靠大家集思广益、群策群力。让我们共同努力吧！